U0544561

太庙国学讲坛

2013—2017

北京市劳动人民文化宫　组织编写

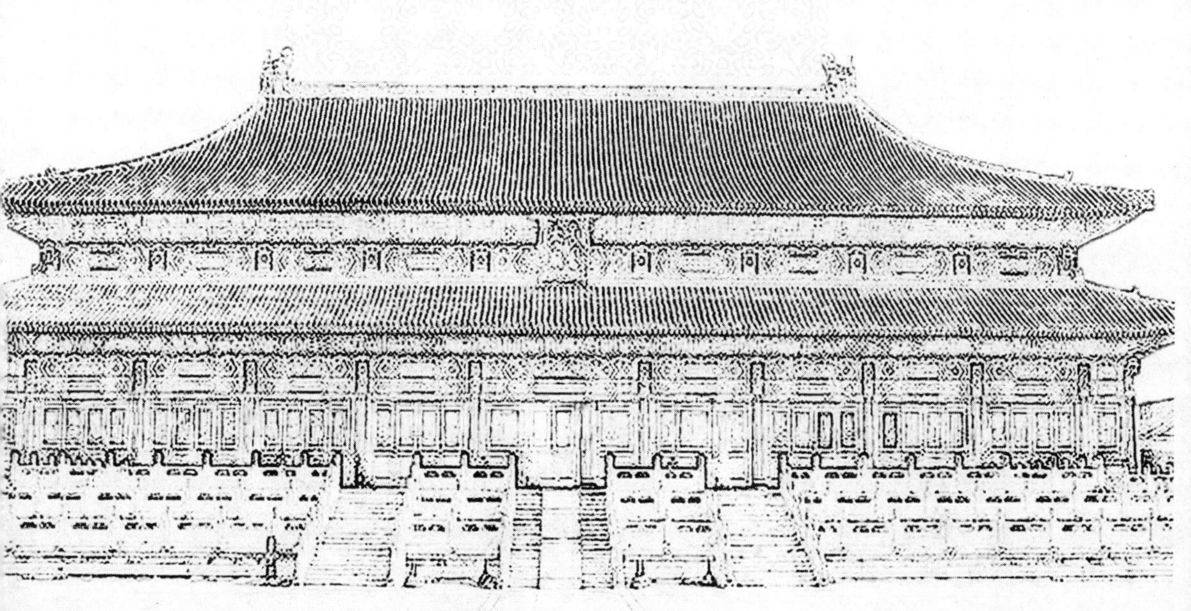

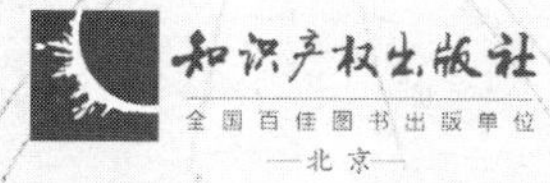

知识产权出版社
全国百佳图书出版单位
—北京—

图书在版编目（CIP）数据

太庙国学讲坛．2013－2017／北京市劳动人民文化宫组织编写．—北京：知识产权出版社，2019．11

ISBN 978－7－5130－6227－5

Ⅰ．①太… Ⅱ．①北… Ⅲ．①国学—文集 Ⅳ．①Z126．27－53

中国版本图书馆 CIP 数据核字（2019）第 077780 号

责任编辑： 崔开丽　　**责任校对：** 潘凤越

文字编辑： 李芸杰　　**责任印制：** 刘译文

太庙国学讲坛 2013—2017

北京市劳动人民文化宫　组织编写

出版发行： 知识产权出版社有限责任公司　**网　　址：** http：//www．ipph．cn

社　　址： 北京市海淀区气象路 50 号院　**邮　　编：** 100081

责编电话： 010－82000860 转 8377　**责编邮箱：** 419916161@ qq．com

发行电话： 010－82000860 转 8101/8102　**发行传真：** 010－82000893/82005070/82000270

印　　刷： 三河市国英印务有限公司　**经　　销：** 各大网上书店、新华书店及相关专业书店

开　　本： 720mm×1000mm　1/16　**印　　张：** 18

版　　次： 2019 年 11 月第 1 版　**印　　次：** 2019 年 11 月第 1 次印刷

字　　数： 280 千字　**定　　价：** 98．00 元

ISBN 978－7－5130－6227－5

编委会

让中华优秀传统文化滋养当代职工（代序）

“太庙国学讲坛”是北京市劳动人民文化宫组织的一个公益讲堂，本书是讲稿的选集。

国学是一门以中华传统文化为研究对象的学科。作为一门学问和学术的概念，国学诞生于19—20世纪之交，五四新文化运动时期是学科发展的一个重要时段。21世纪以来，说国学成为一门“显学”恐怕也并非夸张。因为21世纪的中国进入一个新的发展时期，优秀传统文化在新时期的重要作用不断被加深认识和凸显出来。习近平总书记在党的十九大报告中指出，中国特色社会主义文化，源自于中华民族五千多年文明历史所孕育的中华优秀传统文化。我国《国民经济和社会发展第十三个五年规划纲要》把传承发展优秀传统文化列为提升国民文明素质的四个目标之一。在这样的大氛围下，太庙国学讲坛应运而生。

2013年，北京市总工会领导下的劳动人民文化宫为了充分发挥“学校和乐园”的根本职能，策划开办公益讲堂项目。而文化宫是中国紫禁城学会的单位会员，于是孙彦卿、李颖两位同志找到学会，希望借助学会汇聚的专家资源和研究成果，使讲堂的内容与“国学”更契合，同时也可以更充分地发挥太庙固有的深厚历史文化和地缘优势。

中国紫禁城学会成立于1995年，是民政部注册的一级学会，以研究、保护故宫和中国古代宫廷建筑为宗旨，太庙正是学会的研究对象之一。明代永乐时期，从公元1406年起开始了北京城建设，也就是元大都城的改造工程。到1420年主要工程竣工，北京城从此开始了作为明清两代和新中国首都的历史进程。太庙与皇宫同期建造，作为皇家宗庙建筑，是与故宫具有同等重要地位的古代建筑群，也是构成北京城市历史文化的核心内容之一。在饱经历史沧桑之后，太庙与故宫同样幸运、完整地保存下来，成为中华民族的珍贵文化遗产。1950年政务院批准，将太庙作为职工文化活动场所，交由北京市总工会管理。毛泽东主席亲自题写“北京市劳动人民文化宫”。其管理机构顺理成章地承担起保护和管理太庙建筑群的历史责任，也因此被接纳为紫禁城学会的单位会员。在听取了文化宫的计划之后，学会十分支持。这不仅是因为学会理应支持单位会员的专业活动，而且还把它看作是学会的学术积累过程和传播的机会，因此十分高兴地接受了作为太庙国学讲坛支持单位的邀请。

2013年12月，讲坛在举办了9期之后，时任文化宫主任宋青松主持召开了一次“太庙国学讲坛工作推进研讨会”。裴焕禄（时任紫禁城学会副会长兼秘书长、原故宫博物院党委书记）、赵书（北京市文史馆馆员、原北京市文联副主席）、彭林（清华大学教授）、李景林（北京师范大学教授）、郑万耕（北京师范大学教授）、秦国经（时任紫禁城学会副会长、原中国第一历史档案馆副馆长）和我作了发言，高度评价了本年度讲坛的成功，充分肯定了举办讲坛的意义和作用。同时从各自的专业背景出发，从哲学、历史学、经典文献学和档案学、文字学，直至文学和民俗学等角度，为加强讲坛内容的系统性、普及性和针对性，推进讲坛的发展，提出了中肯的建议。研讨的中心，是讲坛可以讲些什么，突出什么。中国紫禁城学会的宗旨决定了它汇聚的学者和组织的活动都是属于文物保护和利用领域，属于文化遗产保护的大范畴。它的学科基础是历史学、考古学、建筑学等。近年，学会会长郑欣淼提出了故宫学的学科概念，是一项重要的学术创新。中华传统文化极其广博深厚，故宫本身是传统文化的浓缩。它集中国古代物质文化的大成，举凡古建筑、古陶瓷、古书画、青铜器、古玉石雕刻雕塑，等等，都位于我国同类文物的顶端。它也是中国古代宫廷文化活生生的标本，宫廷戏曲、宫廷制作、宫廷园艺、藏传佛教，等等，包括丰富的非物质文化遗产内容，构成百科全书式的知识。还有宫廷收藏的古文献，历史沉积的宫廷档案，构成了民族记忆的一部分。故宫学要求相关学科，从一个文化整体来认识故宫的价值，整理故宫的学问。正是从这个角度，故宫的知识，是中国传统知识体系的组成部分；

也是理解距离当代越来越远的古代知识的一把钥匙。在太庙国学讲坛中安排故宫学的丰富内容既合乎学术要求，也符合当代人民需求，同时也成为让故宫博物院文物活起来的一个举措。

2013 年 4 月 29 日，太庙国学讲坛开始第一讲，到 2017 年底，共举办了 54 期。文化宫的同事们付出了大量心血和劳动，除了紫禁城学会的学者以外，还邀请了来自其他教育和科研机构、博物馆的学者与非物质文化遗产传承人主讲，使来自北京各行业的 6000 多名职工，采取免费预约的方式聆听了讲座。从 2014 年开始与北京电视台合作录播“太庙国学讲坛”特别系列节目，是文化宫采取的重要举措。它空前地扩大了讲坛受众面，让平素高深的国学，以润物细无声的方式，成为寻常职工也能了解的常识。2015 年起，组织老师们把若干讲座直接办进单位，办进街道和社区，走到职工身边。太庙国学讲坛逐渐成长为弘扬和普及中华优秀传统文化众多活动中的一个品牌。

为了记录 5 年来太庙国学讲坛的成长历程，2017 年下半年，在北京市总工会主持下，文化宫开始汇集编辑《太庙国学讲坛 2013—2017》。在即将付梓之际，我除了要说明中国紫禁城学会与文化宫之间深厚的历史渊源之外，还要对文化宫的领导们和授课的老师们表示衷心的感谢。他们精心筹划并不断培育的讲坛，是中国紫禁城学会进行学术支持的最成功的项目之一。衷心祝愿讲坛更长久地持续下去，在中华优秀传统文化普及的活动中发挥更大的作用。

晋宏逵

2019 年 1 月 6 日

序

太庙国学讲坛的发轫并非一时兴起所致。其举办地北京市劳动人民文化宫原为明清两代皇帝祭祀祖先的太庙，依据中国古代“敬天法祖”的传统礼制建造，有着深厚的历史文化积淀。《礼记·曲礼下》中记载：“君子将营宫室，宗庙为先，厩库为次，居室为后”，古代帝王营建太庙以“慎终追远”之举率先垂范，使“民德归厚”。太庙在中国传统的以礼治国观念中意义重大，不但承载国运，还影响到社会生活的各个领域，调整着人与人、人与国家甚至人与天地宇宙的关系。

太庙国学讲坛的兴办也绝非一日之功。从20世纪50年代开始，老舍、郭沫若、茅盾、叶圣陶、梅兰芳、裘盛戎、马连良、叶浅予、侯宝林等各路前辈名家在红墙老殿里现身说法，培养出了一代又一代职工文化名家。六十多年薪火相传，使得文化宫成了名副其实的劳动人民的学校和乐园。在北京市劳动人民文化宫兴办太庙国学讲坛可谓是厚积薄发之举，也是这片红墙热土上自然成熟的丰收硕果。

太庙国学讲坛的创立实乃顺天应命之举。国学即中华民族优秀传统文化是中华民族的精神命脉，是涵养社会主义核心价值观的重要源泉，也是习近平总书记在党的十八大以来治国理念的重要来源。为了传承和弘扬中华民族的优秀传统文化，将“文化强国战略”践行于实际工作中，北京市总工会一直坚持对首都职工的国学素质教育和传统文化知识传承与转化。2013年4月29日，北京市总工会响应时代的召唤，由北京市劳动人民文化宫具体操办，中国紫禁城学会支持举办的“太庙国学讲坛”在北京市劳动人民文化宫启动，借助太庙深厚的历史文化底蕴，邀请当代名家为北京市广大职工开办公益性的国学讲座，以发挥文化传承、教育职工、服务社会的作用，进而实现提升职工的人文素养、文化素质的目标。

经过几年的发展，太庙国学讲坛的形式、内容不断创新，已经成为北京职工文化传承的重要平台，成为北京作为文化中心职能凸显的载体之一和首都文化传播的重要阵地。2013 年至 2017 年这五年期间，太庙国学讲坛共成功举办了 54 场公益性国学讲座，拍摄制作了太庙国学讲坛系列电视节目，围绕太庙国学这一核心理念，打造古代建筑、礼乐文化、工匠精神等多个系列的国学知识专题，6000 多名职工直接受惠，数十万观众收看了太庙国学讲坛系列电视节目。随着北京市总工会“劳动创造生活，劳动创造幸福，劳动创造未来”主线的提出，太庙国学讲坛将进一步融合传统文化与职工文化，将工匠精神、劳动精神、劳模精神融入讲座内容当中，打造具有鲜明时代特色的国学传承发展体系。

为了让太庙国学讲坛优质内容惠及更多民众，由北京市总工会主持，北京市劳动人民文化宫联合中国紫禁城学会共同策划，编辑出版《太庙国学讲坛 2013—2017》一书。本书汇集阎崇年、周桂钿、刘后滨、魏润身等各大院校国学专家，晋宏逵、王子林、余辉、聂崇正、任万平、赵中男、苑洪琪、严勇、王时伟、聂卉等故宫博物院专家讲座稿件，分为紫禁城建筑、故宫藏画、宫廷生活与习俗、中国传统文化四个主题阐述传统文化的内涵与精髓，从中华优秀传统文化中发掘历史智慧、汲取人生智慧，延续、发展中华民族“精神命脉”。

文化兴国运兴，文化强民族强。中华优秀传统文化源起于古圣先贤对大自然运行规律的探索，在五千多年的漫长岁月里，中华文脉孕育出了无数的时代巨人，并创造了领先世界的灿烂文明，我辈自当脚踩实地、仰望星空，焚膏继晷以续之。

是为序。

本书编委会
2019 年 3 月

主题一　紫禁城建筑

1 || 辉煌的紫禁城　晋宏逵　/ 3

2 || 故宫——中国礼仪建筑的典范　苑洪琪　/ 33

3 || 紫禁城的历史文化价值：照亮生命的那束光　王子林　/ 50

4 || 乾隆遗珍——宁寿宫花园研究与保护　王时伟　/ 64

主题二　故宫藏画

5 || 北宋张择端《清明上河图》揭秘　余　辉　/ 83

6 || 清代宫廷绘画漫谈　聂崇正　/ 97

7 || 清宫里的 3D 绘画——通景线法画与贴落画　聂　卉　/ 107

主题三　宫廷生活与习俗

8 || 清朝皇帝过大年　任万平 / 123

9 || 宫廷饮食——中国皇家文化的精粹　苑洪琪 / 141

10 || 锦绣霓裳——清代皇家服饰文化漫谈　苑洪琪 / 156

11 || 清代宫廷服饰制度及其文化内涵　严　勇 / 171

主题四　中国传统文化

12 || 读史与修心　阎崇年 / 193

13 || 郑和下西洋的终止　赵中男 / 205

14 || 漫谈国学的人生智慧　魏润身 / 217

15 || 阅读《资治通鉴》的三个层次　刘后滨 / 230

16 || 我的哲学观　周桂钿 / 243

主题一 紫禁城建筑

1 || 辉煌的紫禁城　晋宏逵

2 || 故宫——中国礼仪建筑的典范　苑洪琪

3 || 紫禁城的历史文化价值：照亮生命的那束光　王子林

4 || 乾隆遗珍——宁寿宫花园研究与保护　王时伟

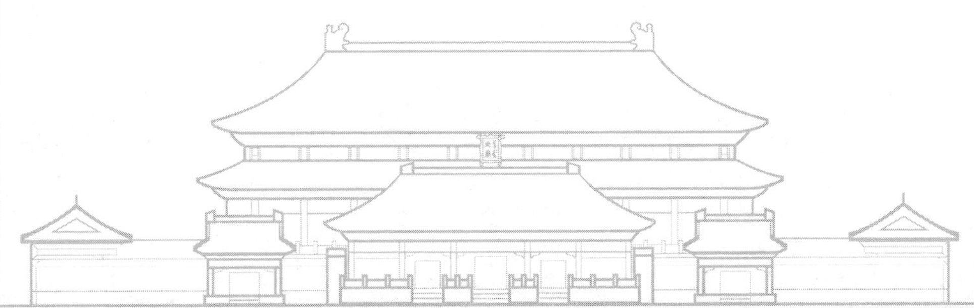

1 辉煌的紫禁城

晋宏逵

晋宏逵，毕业于北京大学历史系考古专业。先后在北京市文物局所属文物工作队、古代建筑研究所和国家文物局、故宫博物院从事文物保护和管理工作。2009 年退休，后受聘担任故宫研究院古建筑研究所首任所长。

1990 年主编的《司马台长城》研究报告获 1994 年北京市第三届哲学社会科学优秀成果一等奖。1997 年作为《中国文物古迹保护准则》编写组主要成员参与编写，该准则于 2004 年获国家文物局文物保护科技进步一等奖。2002 年以来，主要负责故宫整体维修工程的组织实施工作。与中国建筑设计研究院历史研究所合作编制《故宫保护总体规划大纲》，该项目获 2015 年度北京市优秀城乡规划一等奖。参加第 15 届 ICOMOS 大会科学研讨会、北京东亚地区文物建筑保护理念与实践国际研讨会等国际会议，并作大会发言。进行与宫廷建筑有关的古籍文献的整理工作和对中外文物保护理论的探索。在学术刊物上发表若干篇论文，组织主持了若干项文物保护科研项目。2009 年与中国第一历史档案馆合作，主编了《清内府绘制京城全图》。2011 年主编并出版了《故宫古建筑修缮工程实录——武英殿（上册）》（紫禁城出版社）。2012 年主编并出版了《明代宫廷建筑大事史料长编洪武建文朝卷》（故宫出版社）。2017 年与中国文化遗产研究院合作整理编辑并出版了《北京城中轴线古建筑实测图集》（故宫出版社）。

一、紫禁城的建设历史

大家都知道，北京故宫是中国最伟大的文物之一，也是世界文化遗产之一。2016 年，参观故宫的观众突破了 1600 万人，这展现出故宫无穷的魅力。今天的故宫占地 106 公顷，有超过 16 万平方米的古建筑，是中国最完整的古代宫殿建筑群。故宫博物院收藏有 1 862 690 件套馆藏文物，为什么要说“件”和“套”呢？这是我们统计文物的方法，有的文物若干件是一套，不能分开，有的一套里面就有好几件，甚至上百件，因此馆藏文物数据统计时说的是“件套”，其中大多数都是清宫的旧藏。而且我想特别说明，中国的文物是分级的，最珍贵的一级品的文物收藏数量，故宫博物院在全国高居榜首。如此丰富的文化遗产在全世界也是罕见的，联合国教科文组织认定故宫在世界范围具有突出的、普遍的价值，在 1987 年把故宫列入世界文化遗产名录，后来沈阳故宫也被列入了同一个项目。参观故宫博物院的观众中，当然有一些观众是专家和研究人员，很明确地，他们是为了研究金石铜瓷、珍贵书画等文物；但是更多的观众可能就是为了参观古建筑，亲身体验在故宫院落当中穿行的感觉，观察在古代殿堂当中的那些宝座，通过那些见所未见的陈设品，想象在其中发生的故事，这就是故宫博物院区别于普通的现代博物馆的最突出的一个特点。因此，我认为古建筑是故宫博物院最大的藏品，是需要大家珍视、保护的“大”文物。我们把帝王宫殿所在的城池叫作宫城，把前朝的宫城叫作故宫。中国古代几乎每一个王朝都建设了自己的宫城，但是宫城总是被后起的王朝摧毁。从秦始皇建立大一统的帝国算起，2200 多年以来，只有北京故宫完整地保存下来了。北京故宫代表的不仅仅是近 600 年历史，它是中国古代宫城 2000 多年建筑历史留下来的唯一标本。这座宏伟的建筑群非常生动地表现了中国古代的政治制度、礼仪传统、民族生活习俗，它的建造历史也充满了故事。下面我们就简单地回顾一下明清北京城和宫城建造的历史过程。

创建明代北京城的是永乐皇帝朱棣。他推翻了他的侄子登上宝座，当然遇到了非常多的抵抗，因此他希望离开南京，回到北京，这是因为北京有属于他的燕王府。在明代，燕王的属地也被称为燕国，这里有他雄厚的基础。但是他这个愿望不能明说，也不好说。在明代文献中，对于开始创建北京宫城的时间，说得有点含糊，很多专家在讨论这个问题。文献上只是说“永乐四年（1406 年），闰七月初五”，举行了大朝会。朝堂之上，以淇国公丘福为首的文武大臣请建北京宫殿，“以备巡幸”（皇帝来巡游的时候，可以在这儿休息一下）。这一天就决定了派遣大臣到四川、湖南、湖北、江西、浙江、山西监督开采木材，烧造砖瓦，并且征集了在南京和京畿地区以及河南、山东、陕西、山西等地的驻军，河南、山东、陕西、山西、南京和京畿各府的民工，被要求第二年五月到北京上工。至于永乐五年五月到底开工了没有，就没有直接记载了。但是从永乐四年的朝堂会议之后，砍伐木材的记载就很丰富了。工部尚书宋礼，在永乐五年三月的一个报告当中说，在四川有一个马湖府（已经接近云南了，这是一个土司所在地），大家砍伐了大木，但木材太大了，没办法搬运出山，可是在一个夜晚，有几棵大树不借人力，自己冲出了大谷，落入江水当中。当时的木材都是利用江水和运河运到北京来的，宋礼说这是山川的灵气促成了这个事。于是，朱棣就将这些木材所在的大山封为神木山，建祠立碑，北京也留下了“神木厂”这个地名。而实际上木材的砍伐、搬运非常艰辛。明嘉靖的时候，有一位工部营缮司叫龚辉的官员，也被派到四川采木，他请人把取得大木的过程画了 15 张图，自己写了《采运图前说》和《采运图后说》两篇短文，收录在他的文集当中。这些图非常生动，比如山川险恶、跋涉艰危、蛇虎纵横、采运困顿、飞桥渡险、坠木吊崖、饥饿流离、焚劫暴戾、疠疫时行、天车越涧、巨浸漂流、鬻卖偿官、验收伐运、转输疲敝，等等。据说明嘉靖皇帝因为看了这些图，当年确确实实就停止了采伐大木，当然这是后来的事情了。明嘉靖时期也有一个工部官员写了一本《造砖图说》，这些图已经失传了，估计它的体例跟龚辉的差不多，烧造砖瓦的工作也同样十分辛苦。这都说明为了建造新的宫城，人民付出了难以统计的代价。

永乐四年的时候，北京城的格局基本上是元大都的旧貌，彩图 1–1 浅黄色的部分就是元大都城。在洪武初期，徐达攻进了大都以后，就把元大都北半部废弃了，把北城墙移到了现在的西直门北，也就是德胜门和安定门这一线。永乐时期的任务，是要按照南京的模式，改造元大都，还要把当时的燕王府改造成紫禁城。我们分析，建造紫禁城的地下基础工程应该是用了大量的人力和材料。第一，大家都知道下大雨的时候，故宫从来不积水，这是因为地下有很好的排水工程。第二，故宫所有重要建筑的地基非常深厚，可惜留下的资料很少，也不够系统。最近几年故宫博物院开展了考古工作，发现了几处地下的遗址。图 2 是慈宁宫花园长信门外稍西的一个遗址。在做地基的时候，先挖一个大坑，深 3 米左右，由于比较潮湿，土比较软，于是用很多柏木，直径将近十几到二十厘米，竖着成排地打入地下，叫地丁。然后在地丁的上面，横着和纵着，分两层排布柏木，相当于做成一个木筏子。现在把这种做法叫作筏形基础，然后在上面夯土。这夯土也很有讲究，它是一层土、一层碎砖瓦块，相间着夯起来的。这里夯了有多少层呢？如果把土和砖各算一层的话，这样就有 30 层，土和碎砖各 15 层，另一面是砌了 20 层砖。我们平常在地面观察不到地基的情况，这么结实的地基，起什么作用呢？故宫的建筑保留至今将近 600 年，非常稳定，中间经历了几十次大的地震，如 1976 年唐山大地震，但故宫基本没受太大影响。文献记载康熙年间有一次大地震，北京城的房屋倒塌了十之八九，而故宫只是掉了一个吻兽，可见地基作用非常之大。综上我们就判断，永乐五年，开始兴建新宫城，这个事应该是可信的。

图 1（见彩图 1–1） 元大都城

图 2（见彩图 1–2） 慈宁宫花园地基遗址

从永乐七年（1409 年）五月初八到永乐十一年（1413 年），永乐皇帝还做了一件大事，他在北京的昌平建造了一座陵寝，后来被命名为长陵，埋葬了早在永乐五年在南京逝世的徐皇后，来表达迁都北京的决心。永乐十二年（1414 年），又开凿了南海，加上中海，就是现在的中南海。现在我们所说的前海、后海和西海是元代的积水潭。南海部分，是永乐建北京城过程中开凿的。永乐十四年（1416 年），皇帝又下令建造一座西宫，作为他举办朝会的地方。为什么工程这么紧张，还要另建一座西宫呢？西宫就在现在的国家图书馆老馆大街的斜对面的位置。建西宫的理由，我推测是因为燕王府应该就在现在的紫禁城这个位置，工程进行到这一步了，必须把老的燕王府拆掉，把地方腾出来，建新宫城。当时朱棣在北京还没地方住呢，还得回南京。回去之后，马上召开一次朝堂会议，再讨论营建北京宫城的问题，看看大家怎么说。结果这次大臣们全都改口了，当初只是说“以备巡幸”。现在改称“漕运已通”，大运河通了，运粮、运料全都没有障碍了；“储蓄充盈”，钱财的准备没有问题了；“材用具备”，这个很关键，就是木材、砖瓦到位了；“军民一心，营造之辰，天实启之”，老天爷让你建这宫殿了，说明已经取得了大家的共识，至少表面上大家都赞成了。这样，永乐十五年（1417 年）二月十五日，正式任命营建北京宫城总管的班子，有人就把永乐十五年二月作为营建北京宫城的一个标志。但是我的观点不一样，我觉得从永乐十五年到全部建完只用三年时间，是不可能的。这三年都干了什么工作？应该是集中建设宫殿。文献中还记载，永乐十七年（1419 年）的十一月，把元大都的丽正门一线的城墙往南边拓展了 500 米，到了现在前门的位置，在紫禁城南留了足够大的空间。到永乐十八年（1420 年）的十二月，这个伟大的工程终于竣工了，从此奠定了北京宫城的基本格局。不幸的是，四个月之后，三大殿就失火了。过了一年以后，乾清宫也被烧了，烧得永乐皇帝不知所措，于是他跟大臣们下诏，老天爷怎么这么对我呢，“莫知所措”（不知道怎么办好了）。此后至他去世时都没有再建宫殿，一直到永乐皇帝的孙子，就是正统五年（1440 年）的时候，才又开始了三殿两宫的重建工程，而且他孙子这次还按照南京的模式，建设了北京宫城的五府六部，建设了北京宫城各门的门楼、石桥，最终完成了永乐的蓝图。那么我们概括一下，整个北京宫城的建设过程，即改造元大都成为明北京宫城的过程，是从永乐四年（1406 年）到正统七年（1442 年），整个过程延续了 37 年。从此以后，明清两代各朝都根据自己的需要，不断地完善紫禁城的功能，其中明代的嘉靖时期和清代的乾隆时期是两次建设的高峰期，但是，他们的建设都没有离开永乐皇帝奠定的这个格局。

二、紫禁城的功能分区

下面重点给大家介绍一下紫禁城的功能分区，相当于我给大家作一次导游。皇宫是从明代中后期开始称为“紫禁城”的，为什么有些时候不叫紫禁城呢？因为明代嘉靖以后这个词才出现。明代初期，皇城和宫城是不分的，都叫作“皇城”。永乐建设北京宫城的时候，处处是以南京宫城为蓝本的，只是比南京的更为宏大与辉煌。紫禁城的建设经过了严密的规划，城内以大大小小的院落为单元，按照使用功能，总体上分成四个大的区域，彩图 1–3 的红色部分，是外朝区域，这个区域大致形成一个凸字形；然后是内廷区域，也就是绿色部分，它正好是一个倒置的凹字形，和凸字型嵌合在一起；外边蓝色部分是防御系统，把紫禁城严密地围成一个封闭的系统；里面没颜色的部分，即靠近城墙边边沿沿这些地方是什么呢？是紫禁城里面一些衙署、服务机构、内官居

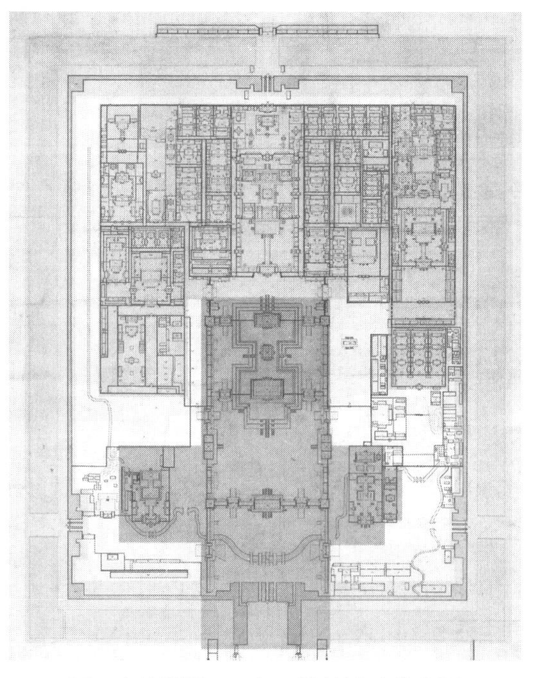

图 3（见彩图 1–3） 紫禁城功能分区

住的地方和作坊等。这么一划分，就把紫禁城复杂的建筑布局说清楚了，我们可以按照这个划分一步一步来考察紫禁城。

先说最简单的，就是外面的蓝色部分，即“防御系统”，包括城墙、城门、角楼、护城河和宿卫直房。城墙的平面是个长方形，南北长 961 米，东西宽 753 米，高 10 米，四面各有一座城门。南面正门是午门，大家都注意到它正面有三个门洞，实际上它左右还有两个门洞，叫掖门。在明代宫城制度当中，是把掖门也算作宫城正门的。东西北三面城门比午门简单多了，一个叫东华门，一个叫西华门，一个叫玄武门，玄武门在清代改叫神武门了，这三个门都是在一个长方形墩台上建一座重檐庑殿屋顶的五间门楼，它们都只有三个门洞。城墙四角各有一座精巧美丽的角楼。护城河 52 米宽，河岸用条石砌成，俗称“筒子河”。大家平常没注意到宿卫直房，因为它现在大部分已经不存在了。宿卫直房就在城墙和护城河之间，明代是分散的，叫作红铺；乾隆时期把这红铺全连起来了，围绕着紫禁城的东、西、北三面，叫作围房；民国时候这些围房陆陆续续倒塌得差不多了，就把转角的直房改造成一个敞厅，成了一个景观。现在城墙外个别地方还保留了一些宿卫直房。在北京故宫博物院新的规划当中，计划将宿卫直房恢复，把故宫博物院的办公机构全都迁到直房里面来，这样北京故宫里就更单纯、更安全了。

外朝区域中三组主要建筑，叫作三大殿。另外，午门虽然属于防御系统，但实际上它还有重要的外朝功能，因此我们也把它算在外朝建筑当中。中轴线的左翼是文华殿，右翼是武英殿，还有一个小小的箭亭，这就是外朝总的格局。

三大殿的院落是外朝的核心，整个院落从进午门就开始了，院落南边有一个太和门广场，它是出入外朝的总枢纽。广场的中部，横贯着一道宛如彩虹的内金水河，河面跨着五座石拱桥。河的南边，东侧有协和门，明代也叫左顺门，通向东边的文华殿；西侧有熙和门，明代也叫右顺门，通向西边的武英殿。正面三座大门，是太和三门。三门是明代经常用的形式，中间是太和门，左右是昭德门和贞度门，这三个都是清朝的名字。三门里面，最高的建筑是太和殿，太和、中和、保和三大殿建在同一个台基上。三大殿的左边有体仁阁和左翼门，右边有弘义阁和右翼门。这些门、阁都用廊庑（低矮一点的连房）连接起来，形成了院落。在太和殿院落的四个角，各建一个重檐的小楼，叫作崇楼。这样所有的建筑形成一个大院，大院最鲜明的特征就是所有建筑都在高台的上面，最低的就是这些庑房了，它的高台离地面大概有 1.5 米的高度。

外朝的左翼是文华殿院落，它的前面有一个文华门，主殿是前殿和后殿两个大殿，中间还用一个直廊连起来，这种形式叫工字殿。工字殿在故宫还有很多，实际这是元代留下来的一种建筑布局形式。文华殿的左右还有配殿。明代初年的文华殿本来是皇太子上朝的地方，朱元璋留下了一个传统：培养皇太子在文华殿听理朝政。因为是太子的宫殿，所以它用的都是绿色的琉璃瓦。后来这个传统慢慢就改变了，文华殿逐渐成了皇帝自己听儒臣们讲学的地方，于是明嘉靖皇帝就把这地方改成了黄色琉璃瓦。文华殿院落的最北部有一座特殊的建筑，就是乾隆时期所建的文渊阁，它是一座藏书楼。

外朝的右翼是武英殿院落，建筑布局跟文华殿很相像，也是一个门、一个前殿和一个后殿，中间用直廊把它们连起来，左右有四组配殿等。但是它的前面围着内金水河，而且用了很多栏杆，所以它的装饰比文华殿要华丽。武英殿在明代是皇帝的便殿。明清之际，李自成在崇祯十七年（1644 年）三月打进北京的时候，在武英殿宣布大顺皇帝的帝号，但宣布完以后，第二天就从北京城跑了。清王朝是多尔衮首先进到紫禁城，他也没有到正殿去，也在武英殿办事。因此清代最初在北京发布的命令应该是从武英殿发布出来的。到康熙十九年（1680 年），康熙皇帝决定在武英殿设一个修书处，后来很多皇家的书都是在这里面编辑出版的。

再说内廷。内廷区域在外朝的北边，是皇帝举行常朝的地方，皇帝每天真正理政是在内廷。同时，内廷也是皇帝的家庭住宅区，所以建筑非常密集，布局就像一个城市一样。内廷有四条街，从东数第一条俗称“东筒子”，文献上叫苍震门前直街；第二条叫东一长街；第三条叫西一长街；第四条叫启祥门夹道。这四条街，把内廷分成五个板块。从中间数，把它们叫作内廷中路、内廷东路、内廷外东路、内廷西路、内廷外西路。所以参观故宫北半部的时候，你只要知道自己在哪一路，就会很清楚方向。

咱们先看中央板块，即内廷中路。内廷中路前面也有一个小广场，广场是南北短，东西长，正面是内中路的大门，叫乾清门，两侧各有个小门，叫内左门和内右门，是通向东一长街和西一长街两个小街的。再往外，东边有景运门，西边有隆宗门，是分别通向内廷外东路和内廷外西路的。内廷中路分为前后两块，前面是乾清宫院落，后面是御花园。乾清宫院落核心建筑也是三座宫殿，叫作后三宫，前面一座是乾清宫，中间一座方殿是交泰殿，后面一个坤宁宫。虽然后三宫的形式和外朝三大殿类似，但是院落的面积还不到太和殿院落的四分之一，非常紧凑。换句话说，它的重要性，或者说国家象征意义远远低于外朝。

再看两边，内廷东路和内廷西路。内廷东路和内廷西路的核心是东西六宫。明代建设的紫禁城，东西六宫本来是完全对称的，连所有的胡同的名字都是对称的，比如东边有大成左门，西边就有大成右门，中间隔着后三宫，沿中轴线对称。每个宫是一个独立的单元，东六宫的名字，最东第一列延禧宫、永和宫和景阳宫；第二列是景仁宫、承乾宫和钟粹宫。西六宫从东数第一列是永寿宫、翊坤宫和储秀宫；第二列是启祥宫、长春宫和咸福宫。清代咸丰时期，把启祥宫和长春宫连起来了，改成了一个院子，后来慈禧太后又把储秀宫和翊坤宫连在一块儿了。所以清代晚期的时候，西边实际是西四宫，不是西六宫了，就是说清晚期改变了明代的建筑布局。东西六宫的北边，位于乾清宫北的东西两侧的各五个小院，分别叫乾东五所和乾西五所，是皇子们居住的地方。皇帝生了那么多孩子，他们被养在哪儿呢？就在这个地方。但后来因为乾隆皇帝幼年在乾西五所居住，他当了皇帝以后，这个地方变成了“潜龙邸”，别人也就不能住了。怎么办？乾隆皇帝就把它改造成重华宫，其中东侧的一组宫殿就叫漱芳斋。电视剧《还珠格格》里的小燕子住的漱芳斋，就是这个地方。重华宫的西边改造了一个建福宫和建福宫花园，也都变成乾隆皇帝自己的活动场所了。东六宫南边还有三组重要的建筑：西边的叫斋宫，是皇帝用的；中间是毓庆宫，是皇子们或者太子住的；东边是奉先殿，是皇帝家庙。西六宫南边最重要的建筑是养心殿。西六宫西侧有一组宗教建筑，明代叫隆德殿，清代把它建设成雨花阁和中正殿。

关于内廷东路和内廷西路，再讲几点。东西六宫的建筑非常有规律，各宫之间，南北有长街，东西有小巷，各设街门、院门，规整平直，宫外围着红墙，正南建有华丽的琉璃砖门，门内都是前殿后寝，配有耳房，每个宫有三十几间房屋。在明代东西六宫是妃嫔们的住所，但到清代，有时候皇帝和皇后也在东西六宫有专用的房子，因此东西六宫的性质发生变化了。清代雍正以后，皇帝实际在养心殿居住和处理日常政务，养心殿成为名副其实的“政治中心”。因此在乾清门广场靠近养心殿的地方，建了一个军机处。军机处非常狭小，柱子基本上只有一人高，我们从这里可以看出大臣和皇帝之间的等级差距。

内廷外东路用一周高大的宫墙围起来，紧靠紫禁城东墙根了。内廷外东路本来在明代建有一些库房和供前朝妃嫔养老的仁寿殿等宫殿，清代康熙年间改建为宁寿宫，作为皇太后的居所。后来乾隆三十七年到四十一年（1772—1776年），对它进行了彻底的改建和添建，作为乾隆皇帝“归政”后使用的地方，俗称“太上皇宫殿”。太上皇宫殿的布局也是前朝后寝，它的规模比整个紫禁城当然差得太多了，且建筑很密集。太上皇宫殿的前朝部分，包括宁寿门、皇极殿和宁寿宫，用一周廊子围成一个大院。太上皇宫殿的后寝部分分为三路，中路也是比较规整的，比较大的建筑主要有养性殿、乐寿堂、颐和轩和景祺阁。东路建筑，最南面是一个大戏楼，这是紫禁城里面最大的戏楼。接下来是一系列的四合院，能够读书和休息，比较清静，再北面有一些佛堂。西路是一个花园，也就是特别受关注的乾隆花园。宁寿宫虽然名为太上皇宫殿，但实际上乾隆在养心殿一直住到驾崩，也没上宁寿宫住，只是偶尔用一下。倒是慈禧在光绪亲政以后，在宁寿宫住过一段时间。

内廷最后一区是内廷外西路。内廷外西路的建筑比较多，布局好像有点乱，主要是太后、前朝妃嫔们养老的地方。内廷外西路最主要的建筑是慈宁宫，包括一组宫殿和一个花园。慈宁宫建筑是从明代开始建造的，清代乾隆为了给他母亲祝寿，把慈宁宫大殿屋顶从单檐改成了重檐，可见其地位提高了。慈宁宫西侧有座寿康宫，这是乾隆专

门给母亲建造的。

关于衙署和内官的服务机构，基本是沿紫禁城墙内侧布置。从午门东侧起，有内阁大堂、内阁大库（红本库、实录库）、内銮驾库、古今通集库、国（清）史馆、上驷院、太医院。从午门西侧起，有御书处、外瓷器库、内务府公署、造办处、果房、冰窖、尚衣监、实录馆、三通馆、方略馆。西侧、北侧城墙下建有长连房，作为各宫内监的直房、库房和酒醋作坊。这部分建筑内容庞杂，等级不高，也有一些已经不存在了。这里我要介绍一张地图——《乾隆京城全图》。这是乾隆十五年（1750 年），用测绘手段记录的整个北京城的全图，是一张实测地图。这图拼起来有多高呢？将近 14 米。这张图在世界上应该有一定的首创意义，是我们的骄傲。故宫博物院与中国第一历史档案馆合作已经把它出版了。图 4 就是紫禁城神武门东侧的一些服务机构，主体是长连房，前后有很多小院。现在这些小院没有了，长连房还在，现在是故宫博物院展示文创产品的地方。这组建筑修复的时候，里头没有上油漆，大木结构都是用的原木色，看起来结构清晰、格调古朴。

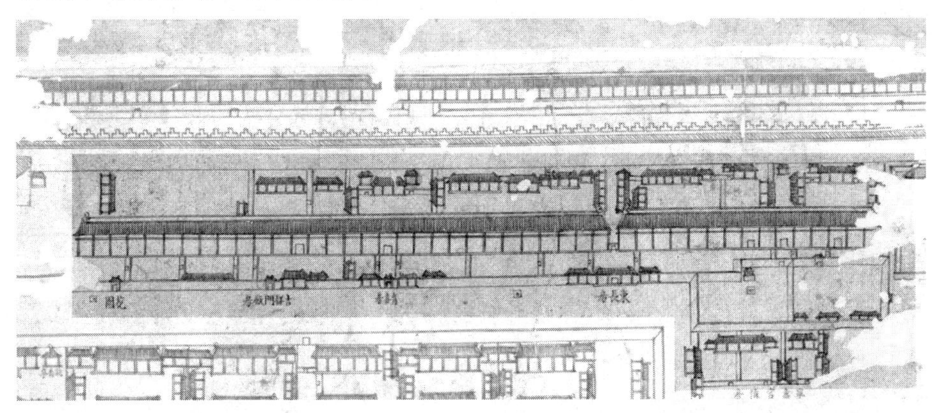

图 4（见彩图 1–4） 乾隆京城全图：东北部的服务机构

我把故宫的布局给大家介绍完了。总之，紫禁城的建筑满足了皇帝执政和家庭生活、教育、宗教、文化等全部复杂功能的需求，而且秩序井然。

三、紫禁城的特色建筑

刚才是从比较宏观的角度讲的，下面我就举几个紫禁城建筑的实例。

第一座建筑从大门讲起，即午门（图5）。午门是什么呢？它是故宫历史传统最鲜明的建筑。午门又叫五凤楼，它的体量很大，外观高大雄伟，它的下面是一个凹字形的巨大墩台，左右两翼向前伸展。因为午门的三面都是高台，所以无论谁走到这里，越往里走，都会不由自主地感到一种建筑的重压和自己的渺小。两翼向南还接着很长的庑房，它是有实际功能的，是明清两代的官员上朝之前的临时休息室，也叫作朝房。每个衙门都有自己的朝房。如礼部的朝房：在一间屋子里头，大半间屋子摆的都是各种礼品。为什么摆礼品呢？因为外藩来进贡，最后走的时候是要还礼的，这些用来还礼的礼品都在礼部的朝房里头堆着。朝房的功能主要还是用于官员们候朝。上朝是几点钟呢？清代的五更，相当于不到早上五点。百官们先在朝房等候，然后到午门前集合。上过朝，或者宣布今天不上朝了，官员们再回到自己的衙门里去上班。午门的城台有五个门洞，中间三个，左右掖门各一个。中间正门只有皇帝皇后能走，文武百官从左侧门洞走，宗室王公从右侧门洞走。东西两个掖门平常不开，只有举行重大活动的时候才开门，让百官们行走。午门的墩台上一共有九座建筑，中间最大的是城门正楼，面阔九间，屋顶样式叫作重檐庑殿顶。什么叫庑殿顶？它有四面坡，从东西南北四个面看，都有一个大坡；它有五条屋脊，最顶上叫正脊，从正脊两端斜往下走的四条屋脊叫垂脊，庑殿顶是有四面坡五条脊的屋顶。一栋单层的房子有两层屋檐的叫作重檐，个别建筑有三重檐。庑殿顶用在比较尊贵的建筑上，再加上重檐，就是最尊贵的等级了，因此午门城楼的地位是非常崇高的。城楼两侧窄窄的小房子叫作钟鼓亭，左右各三间，里面原来西边搁钟，东边搁鼓。只有皇帝出门的时候，或者举行大事的时候，才会敲钟鼓，而且什么时候敲钟，什么时候敲鼓，都是有严格制度规定的。左右墩台的前后两端各有一个高的楼阁，这两个楼阁之间又用廊庑把它连接起来，两庑就叫雁翅楼。午门的形式不是明代创造的，先秦文献中就有“阙门两观”的描写，汉代城门、宫门和陵墓的大门前也有双阙，这就形成了一种制度。我们在考古遗址上看到，汉代的长安城主要的宫殿大门前头都立有双阙，唐代的大明宫遗址上也是如此。另外，很多资料说明，这个制度只用于皇宫，而且是自古延续下来的。明代延续的是元代制度，元代学习的是金代制度，就这么一代一代延续下来了。因此故宫午门建筑虽然只有不到 600 年的历史，但是它的制度应该说已经延续了 2000 多年。

午门是干什么用的呢？它有重要的典礼功能。比如每年的颁朔之礼，就是每年的历书，都要在这里由皇帝颁发给王公大臣，然后再颁布天下。发生重要的战争，凯旋了，俘虏不在现场处理，而是押解回来，在午门前听候皇帝处理，这个形式叫作受献俘。皇帝说这个人放就放了，甚至个别还被封官了，也有的被判决死刑。我们看的戏文和小说中，常有“推出午门斩首”的说法，其实这是无稽之谈，午门不是杀人的地方。但是，明代有的皇帝有一个坏脾气，就是在生气时打大臣屁股，这叫“廷杖”，这种事确实是有在午门外执行的。但是廷杖可不是一般地打屁股，曾打死过很多重要的大臣。如今故宫博物院把午门城楼各建筑内部改造成展室，进行重要的文化交流。午门正楼展厅是在古建筑的内部另外附加了一个玻璃阁子，里面有空调等设备，既保证展品安全，也让人舒适，同时在结构上与古建筑隔绝开来，对古建筑没有任何不良影响。午门内部古建筑的彩画是清代顺治四年（1647 年）画的，非常漂亮，也非常珍贵。我们在展厅里看展览的同时，也能看到玻璃结构外面的彩画，使古建筑与文物相映生辉。

图 5（见彩图 1–5）　午门：历史传统最鲜明的建筑

第二座建筑，我们讲一下角楼（图6）。角楼是紫禁城最俏丽的建筑，俏丽是指它的外观。角楼的设置本身也有悠久的历史传统，在《墨子》等先秦著作当中，就提到了“城隅之制”。角楼看起来很复杂，但是经过分析，就好理解了。角楼的平面形状是一个“十”字形，而我们中国大部分建筑的平面都是长方形的。角楼的中央部分是一个方形，四边的中部，向四方延伸，成了十字的一横一竖。中央的方形加上柱子、屋顶，是主楼。四面伸出去部分的叫抱厦。四面抱厦伸出的长度不一样，朝城内那面长，朝城外那面短，由于有这点区别，角楼就不呆板了，变得灵巧了。角楼好看在什么地方呢？先看屋顶。这里讲个概念：歇山屋顶，朝向城内的抱厦是重檐歇山屋顶。歇山屋顶特点是什么呢？它可以被看成上下两部分：上半部分是两面坡的屋顶，我们老百姓房子的屋顶基本都是这个样子，前后两面坡，两边是山墙，三角形的部分叫山花；下半部分接一个四面坡屋顶。所以歇山屋顶有九条屋脊：一个正脊，前后各两条垂脊，角上各四条戗脊，因此歇山屋顶也叫九脊顶。角楼的屋顶把主楼和抱厦五个屋顶组合在一起，主楼是两个歇山屋顶组合成十字交叉的正脊，中间搁了一个鎏金铜宝顶，带金钉的红色山花朝向四面。朝城墙的抱厦屋顶是两面坡朝前，而朝城外的抱厦是山花朝前，这样整座建筑变化就很丰富了。再有主楼屋檐是三重，抱厦是两重，主楼下两重屋檐和抱厦屋檐又勾连在一起，形成很多曲折和屋角，往外凸出的叫阳角，往里收的叫阴角，这两层屋檐各有十二个阳角和八个阴角，特别华丽。而且每一面三层屋檐下面全都密布着斗栱，木柱之间全部安装着菱花隔扇和窗、汉白玉石栏杆，等等。这些都给我们留下一种非常精巧、玲珑剔透的感觉。另外，角楼黄色的琉璃瓦，屋檐下面青绿色为主的建筑彩画，红色的楼身和白色的台基，是故宫建筑的标准色彩，与它脚下灰色的厚重城墙形成了特别强烈的对比，更显得角楼极其俏丽。

图 6（见彩图 1–6）　角楼：紫禁城最俏丽的建筑

第三座，我们讲一讲紫禁城最重要的古建筑——太和殿（图 7）。一进太和门，我们马上就会被太和殿非凡的气势慑服，太和门里有紫禁城内最大的广场，有 26 000 多平方米。广场正北是气宇轩昂的三台和太和殿，东面高台上是弘义阁，弘义阁稍南有左翼门，西面有体仁阁和右翼门。这样的形象表现出开阔的气度和庄重的格调。广场地面上镶砌着两列白色石块，从三台前向南雁翅式地展开，这叫仪仗墩。皇帝上朝和大朝会的时候，仪仗队是按照这个墩站位的，不能乱站。大臣们也不能乱跪，大臣们跪的时候，沿御路摆青铜铸造的品级山，正一品、从一品、正二品、从二品等，距离皇帝越近品级越高。这个做法被当时的朝鲜效仿，朝鲜的昌德宫仁政殿前立着永久性的品级石。从这里我们可以看到中国宫殿对周边国家的影响。

图 7（见彩图 1-7） 太和殿：紫禁城最重要的建筑

太和殿建在一个工字形的台基之上，因为它高三层，所以叫三台。三台的每层都是须弥座的形式，围绕着汉白玉的栏杆，栏杆的望柱有1250多根，每一根望柱下面都有一个螭首，俗称“龙头”，都是排水用的。下大雨的时候，三台就会呈现千龙吐水的壮观景象。太和殿体量巨大，面阔十一间，进深五间，殿内的面积达2000多平方米。太和殿的高度，加上三台是35米多，屋脊高度接近正阳门城楼。在中国明清古建筑当中，太庙的前殿、十三陵的祾恩殿和太和殿的面积都是在2000平方米左右，太和殿的面积是最大的。除了体量之外，还有很多建筑手法来表现太和殿的崇高和特殊的地位。比如刚才讲到重檐庑殿、黄琉璃瓦的屋顶，这是最高等级的配置了。太和殿的正脊两端的正吻有多大呢？3.4米高，4.3吨重，是用13块琉璃构件拼起来的。另外，两层屋顶的四角，在垂脊的前段，兽头之前要安装小兽，小兽一般是单数，最高等级有9个，按9、7、5的等级排列。但是太和殿是10个，龙、凤、狮子、天马、海马等这么排下来，最后一位的名字叫行什。行什长得有点像雷公，背一对翅膀，手拿着一个杵，这个形象应该是为了表达防火的愿望，体现防火的功能吧。清代在全国只有太和殿有行什，一共有8个。太和殿的斗栱是单翘三昂镏金斗栱，它是等级最高的一种斗栱，也特别华丽。

彩画使用龙和玺的样式，大量的用金，也是一种最高的规格。

为什么需要这么高规格呢？因为太和殿是举行大朝会的地方，只有大朝会才能使用，是所谓的“正朝之地”，比如新皇帝登基、皇帝大婚、立储、亲征等大事都在太和殿举行仪式。另外，节庆日也在太和殿举行庆典，明清的最大节庆日就是三大节，即元旦、冬至和皇帝的诞辰。还有一些殿试也在太和殿举行。因此，太和殿举行的仪式都是非常隆重的。但是它的使用频率非常低，我统计了一下，明代每年使用次数不超过 10 次。太和殿也有很多故事，就讲一下它不幸的历史吧。太和殿本身曾经经历了四次大的火灾，可以说是“灭顶之灾”。永乐十八年冬天，当时的太和殿叫奉天殿，刚刚建成，正月初一在这儿举行大朝会，来了很多人，有太子、藩王、大臣，还有国外人员和少数民族的使者，他们写了很多的诗词歌赋来赞颂奉天殿，永乐皇帝也志满意得，非常高兴。没想到同年四月初八，三大殿一起失火了，被烧了个精光。第一版的奉天殿存在了四五个月，就是 1420—1421 年，很短的一段时间。后来一直到正统皇帝，就是正统六年（1441 年）才重建。这次重建实际上主要用的还是永乐皇帝当年留下的建筑材料，所以并没有像永乐时期那样对社会造成很大的震动。再建成功以后，正统皇帝才彻底打断了朝臣们回南京的念头。因为永乐时期，大臣们一瞧着火了，很多人心里便产生了回南京的念头，但是不敢说。到了永乐皇帝的儿子登基的时候，他已经宣布要回南京了，可是这个皇帝在位时间很短。正统皇帝没有南京情结，很快就把奉天殿重建好了，然后把北京彻底改成了京师。过了 116 年，到了嘉靖三十六年（1557 年），第二版奉天殿和整个三大殿院落，连同紫禁城其他 19 栋重大建筑全被烧光了。嘉靖皇帝很快又重建。嘉靖皇帝觉得老着火是不是因为名字起得有问题，于是把奉天殿改叫皇极殿了。皇极殿存在了 35 年，到了万历二十五年（1597 年），皇极殿等三大殿再次失火。这一次失火也一直等到 29 年之后，万历皇帝的孙子才开始重建，天启七年（1627 年）重建三大殿的工程才完成。清顺治二年（1645 年），顺治皇帝重新对三大殿进行了命名，改成了今天太和殿等三殿的名称。到了康熙十八年(1679年)，太和殿第四次失火。这一版的太和殿，是否存在了53年，是一个历史疑问，疑点在于李自成离开紫禁城时到底放没放火，或者放火烧到什么程度，在文献上记载得不太清楚。康熙朝太和殿失火之后，当时正在平定三藩之乱，没时间也没钱重建，所以一直搁了16年。康熙三十四年至三十七年(1695—1698年)，太和殿才重建完成。重建的时候由于缺少资料，工匠只能通过测量现场的遗址来决定太和殿的尺寸。另外，原来太和殿使用楠木，现在资源枯竭了，再加上当时三藩之乱刚刚被平定，国家也没有那么富足，于是康熙决定用东北的松木，所以现在太和殿的大木基本上是松木的。明代太和殿为什么总是着火，而且一失火就连带成片建筑？很有可能是因为太和殿两边，在明代是斜廊，是木头结构，因此康熙皇帝这次大修，把它改成了现在我们看到的隔墙了。康熙皇帝以后太和殿就没再着过火。我们现在看到的太和殿已经是第五版了，非常了不起的是，它至今已经屹立300多年了。

第四座，我们讲一讲乾清宫（图8）。乾清宫在紫禁城当中是故事最多的一处建筑。乾清宫是内廷的正殿，也使用的是尊贵的重檐庑殿顶。正殿左右两边还有两个小院，中间是两个小殿，一个叫弘德殿，一个叫昭仁殿。这个形式叫作“一个正殿两个朵殿”，这也是元代留下来的一种建筑布局形式。乾清宫前头有一个宽阔的月台，月台上的摆设非常重要，有象征皇权的日晷、嘉量等，这都显示它是一个皇帝专用的地方。另外一个比较特殊的是它的月台的下面，左右各有一个铜的鎏金建筑模型，叫作“江山社稷金殿”，同样标示着乾清宫的重要性。乾清宫反映了中国封建社会“家国重构”的结构特点，一方面，它是内廷的正殿，皇帝要在这里处理政务；另一方面，它又是皇帝家族最重要的礼堂。朱元璋自己说，他把元朝打败建立大明，他就化家为国了，也就是所谓的“朕即国家”了。明代乾清宫是皇帝和皇后居住的寝宫，是皇帝的正寝。明代的宣宗、光宗、熹宗都“崩于乾清宫”，叫作“寿终正寝”。

图 8（见彩图 1–8）　乾清宫：紫禁城故事最多的建筑

明嘉靖二十一年（1542 年），乾清宫发生了一个非常著名的事件，叫作“壬寅宫变”，壬寅是干支纪年。这个事件发生的地点和起因记载不太一致，我觉得发生在乾清宫的可能性大。嘉靖皇帝笃信道教到痴迷的程度，把宫女们当作炼丹药的材料，而且经常暴虐、责罚宫女，这些宫女忍无可忍了，最终下决心勒死他。有十五位宫女经过商量，在该年十月二十一日的凌晨，趁嘉靖皇帝熟睡之机，把他的脸蒙上，手脚摁住，将一根丝绳套在他的脖子上，但这十几个宫女手忙脚乱，绳子系了一个死扣，结果勒了半天，也没将嘉靖皇帝勒死。据传在这个过程中有一个宫女害怕了，跑到方皇后那儿去告密。方皇后带着太监跑过来后，还被其他宫女打了一拳。方皇后派太监抓捕宫女，同时立即传御医。诸御医来了之后，看到嘉靖皇帝气息将绝，都怕获罪，不敢用药，只有御医许绅冒死对嘉靖皇帝灌以猛药。结果嘉靖皇帝呕血数升，把瘀血都吐出来后活了过来。而御医许绅在这之后不久就死了，可能是心理压力太大了。此次事件以后，最大的变化是嘉靖皇帝从此不在紫禁城住了，而是住在了西苑万寿宫，也就是永乐皇帝时建的西宫。

晚明历史上有著名的“三大疑案”。第一个叫“梃击案”。有个叫张差的人，手持木棒，从东华门闯到太子宫，欲刺杀太子朱常洛。这个事件的真相没有记载，遂成为疑案。第二个叫“红丸案”。太子朱常洛当了皇帝，年富力强，但因为吃了别人进贡的红药丸，仅在一个月内便死了。究竟是谋杀还是意外？这是第二个疑案。第三个叫“移宫案”。朱常洛死后，立7岁的太子朱由校为帝，太子的养母身份不高，叫“李选侍”，她以抚养太子的名义住进乾清宫，还不让太子与大臣们见面。大臣们担心李选侍想当太后，有垂帘听政的野心，所以坚持要她移出乾清宫，而且想让太子先移居文华殿以便即位。据说太子已经走到乾清宫丹陛上，李选侍还派太监来拽住他的衣服。后来太子当了小皇帝，李选侍也移出乾清宫。晚明的这“三大疑案”都与乾清宫关系密切。

到了清代，情况有变化了。清代乾清宫是皇帝家族举行聚会的一个大厅，每逢三大节，即元旦、冬至和皇帝诞辰，皇帝都会在太和殿举行大朝会，接受天下臣民的祝贺，然后再回到乾清宫举行内朝之礼。南边举行的是国家的典礼，北边举行的是家礼，举办家宴。三大节以外的一般节日，比如灯节、端午节、中秋节、重阳节等，皇宫也跟老百姓家一样，全得吃点好的，因此在乾清宫举行家宴，共度佳节。内朝之礼和宴会都要奏乐，宴会还要演戏。清代宴会规模也很可观。康熙六十一年（1722年），年事已高的皇帝在乾清宫举办“千叟宴”，宴请730人。乾隆四十八年（1783年）正月，皇帝赐宴宗室王公，内殿、丹墀和甬道都摆上宴席，一共530桌，2000人。乾隆五十年（1785年）的“千叟宴”，在宝座前、殿廊下、丹墀内、甬道左右、丹墀外左右，共摆席800桌，与筵3000人。

清代乾清宫名义上是皇帝听政之所，实际上，例行的“御门听政”是在乾清门举行，听取各部的奏事。听政结束以后，皇帝回到乾清宫还要处理政务，需要的时候也会召见大臣们。乾清宫还是举办考试的地方，考试对象是翰林、詹事等“词臣”，他们是皇帝身边地位清要的知识分子精英，对太子甚至年轻的皇帝还负有指导的责任，所以这种考试是非常重要的。乾清宫还是皇帝接见“外藩”的地方。清代晚期，各国使臣来华，皇帝多在乾清宫接见。

乾清宫有一个重要的物件是正大光明匾，这四个字是顺治皇帝写的。

由于清代没有立嫡长子为储君的制度，导致康熙皇帝立储的时候反反复复，太子被废两回，还差点发生军事政变，因此雍正皇帝即位第一年就宣布了“秘密建储”的制度。也就是到底谁当太子，事先不予公布，但是预先写下储君名字，藏在正大光明匾的后面，一直到皇帝去世以后，才能打开。这样，正大光明匾就变成了秘密建储制度的一个标志了。

最后需要明确告诉大家一点，清代的皇帝虽然从雍正开始就不在乾清宫住了，但是死后都要回到乾清宫来入殓，仍是寿终正寝的意思。昭仁殿在清代被开辟为皇帝的书房，珍藏了大量的中国古籍版本，宋、辽、金、元、明各代版本都有，难得一见。乾隆、嘉庆、道光、光绪四个时期将内府的藏书目录编为《天禄琳琅书目》《书目后编》《书目三编》《书目四编》。可惜这些书因管理不善，尤其是昭仁殿失火后，损失数百部，这是很遗憾的事情。昭仁殿藏书反映了清代皇家的古籍珍本珍藏的情况。

第五座建筑，讲后三宫的最后一座建筑，叫作坤宁宫，它是最集中表现满族风俗的一座建筑（图9）。坤宁宫在明代本来是皇后的寝宫，乾清宫是“乾”，坤宁宫是“坤”，中间隔着一个交泰殿，这种安排是模仿和效法天象，表现“乾”“坤”的和谐关系。俗话所说的“中宫娘娘”“正宫娘娘”中的“中宫”和“正宫”就是指坤宁宫。清代坤宁宫是皇后名义上的寝宫，但皇后很少在这里住。清顺治十二年（1655年），也就是清王朝进京以后的第十二年，按照盛京旧宫的中宫——清宁宫的格式，改建了坤宁宫，并在北京皇宫里按照满族的习俗，进行萨满祭祀活动。坤宁宫最常用和最基本的两个功能，就是用来举行祭祀和作皇帝大婚时候的洞房。坤宁宫也是面阔九间，重檐庑殿顶，同样是非常尊贵的建筑规格。但是，从外观上就可以看出它与众不同：这九间殿，最东一间和最西一间，是两个过道；中间的七间，殿门并不开在中央房间，而是在偏东一间；故宫其他宫殿都是很大的隔扇门，而这里只是小板门，跟老百姓家一样；故宫其他宫殿都是菱花隔扇窗，而这里是很高大的支窗，窗台特别矮，棂条都是简单的直棂，窗户纸糊在外面，这些现象都是满族的建筑风格。从板门进屋，左边西面这四间房是一个连通的大房间。从前檐窗台往西是

图 9（见彩图 1–9） 坤宁宫：紫禁城满族风情最集中的建筑

一个长条形大炕，连到西山墙，再转到后檐，占三间房的宽度。这种拐弯炕的格局，在满族人的习俗当中，称为“口袋房，弯子炕”，有的文献上把它写成“万字炕”。为什么要这么多炕呢？因为祭神的时候，家族里不同辈分、不同身份的人，要按照规矩坐在固定的位置上，谁坐哪儿不能乱。正面应该是太后的位置，太后不来，皇上坐，其他人不能坐。正对着板门的，弯子炕的尽头有一间用隔扇围成的小房间，这小房间里有什么呢？有一个灶台，安了三口大铁锅，这个灶台的窗台上还挂着铁钩子等物件。干什么用的呢？一个锅蒸米糕，一个锅煮整只的猪，一个锅煮白肉。坤宁宫里还摆着两个瓷缸，也是做糕时用的。满族的习俗，祭神要每天早上一次，晚上一次，每次都要煮猪肉。每天的祭祀需要四口猪，这么多肉怎么处理呢？都分给紫禁城的侍卫包括侍卫大臣吃了。过节时候祭祀的肉，一般人不能吃，因为这肉变成了有仪式感的东西，要分给近支宗亲的王公大臣们吃。

坤宁宫东边的两间房，要从灶间旁的小门进去，里面就是皇帝大婚的洞房。房间后檐每间有一张床，东间床上搁了一个宝座，这是皇帝的宝座床，不是用来睡觉的，而是用来靠坐的，西间的床才是睡觉用的床。皇帝大婚的时候，在这儿举行合卺礼，即民间所谓的“喝交杯酒”。由于清代的多数皇帝在结婚后才登上皇帝宝座，真正在这个洞房结婚的皇帝，只有康熙、同治、光绪三位。宣统皇帝在民国期间才结婚，但是也用的坤宁宫做洞房。

现在故宫博物院中坤宁宫展示的是祭神和大婚两个场景。这种场景

陈列在故宫叫作原状陈列，是故宫最重要的一种陈列方式。这种陈列要查大量的档案，比对大量的文物，做到配套。比如墙上的字画，我们随古人的叫法把它们叫作贴落，都是一些皇帝、皇后和大臣们写的诗词、格言、对联以及作的画等，都是“真”文物。小到床头上挂的钥匙、钥匙袋都是乾隆时期做的，且按照原来的布局摆放。用原状陈列来复原一定时间里的历史场面，它也包含了学术研究的成果。满族的萨满祭祀包括朝祭和夕祭，早晚两祭是有区别的，而一个场景不可能同时体现早和晚。故宫博物院的专家查了很多文献，想办法把早晚两个祭祀的过程综合起来。故宫博物院的原状陈列对于讲好故宫故事的作用是不可替代的，而且故宫博物院主张尽可能多地开辟原状陈列的殿堂。

第六座建筑，我们讲一讲养心殿，这是宫城当中最实用的建筑（图10）。养心殿不仅是一栋建筑的名字，也是一组建筑的总称。养心殿向东开三个院门，南边的两个门一个通向南库，一个通向御膳房，最北边遵义门通养心殿。养心殿是一个工字殿，工字殿两边有两个顺山房，这是养心殿的核心。殿前两边，一个东配殿，一个西配殿。院落两旁的是围房，是那些等级较低的妃嫔等人待的地方。养心殿的平面格局本身就比较特殊，因为它建筑密度太大了，院子很小，所以现在游人参观很困难。更特殊的是在它的内部，我用样式雷的养心殿地盘图（图11）来说明一下。样式雷是中国建筑历史当中特有的一个现象，有一个姓雷的家族从康熙时期开始，世世代代在为清代的宫廷、园林、陵寝等建筑设计，用现代词来讲，他们就是“皇家建筑师”。建筑最初的建筑设计图就是这种地盘图，这张地盘图看着很乱，相当于现在说的设计草图，或者意匠

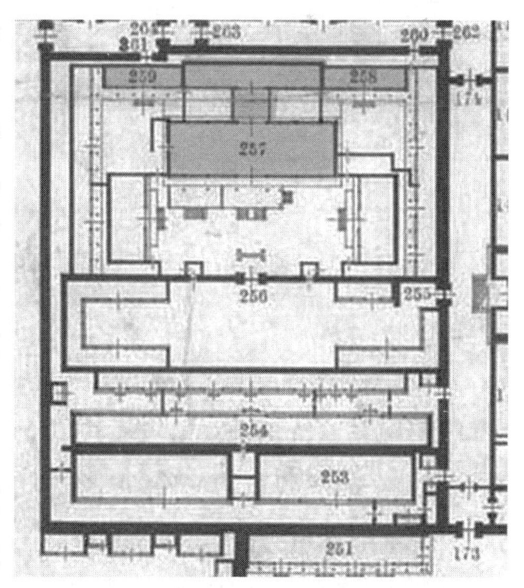

图10（见彩图1–10）　养心殿（平面图）：紫禁城最实用的建筑

图，说明这是他自己家族用的，但呈报给皇帝的时候就不这么乱了。这张图已经很具体了，柱高和面阔数字都注出来了。一个懂图和会施工的人，按这张图就可以施工了。从图 11 中可以看到，从建筑结构说，养心殿面阔只有三间，即明间和东、西稍间，稍间叫作暖阁。明代的房屋冷，清代的一些房屋安了地炕，有地炕的房间能取暖，比较密闭防寒，因此叫暖阁。因为东、西稍间具有这种设备和功能，所以也叫东、西暖阁。根据样式雷的设计，在进行内部装修时，用多种罩和隔扇，把养心殿分隔成多个很复杂的小空间，这些小空间具有皇帝“寝宫”等多种复杂的功能。

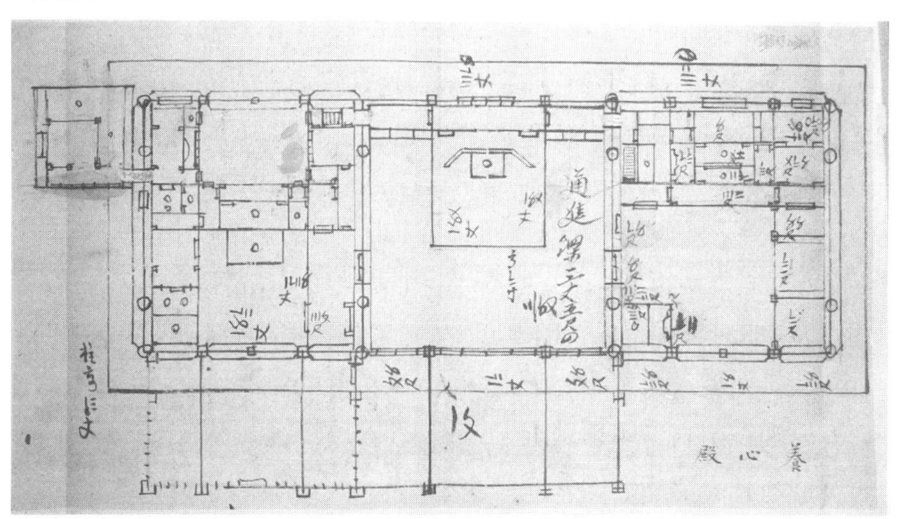

图 11　样式雷的养心殿地盘图

养心殿院的琉璃砖门正对的就是明间，叫“中正仁和殿”。正面是皇帝的宝座，屏风后两侧蓝布帘挡着的是书橱，黄布帘里面可以通向后头的建筑，也通向后殿。宝座前面两侧也有两个小门，门框上有门罩，叫作毗庐门，这种装饰是皇家专用的。

从东毗庐门进去是东暖阁，房间偏北的地方用一组碧纱橱，把这个房子分成前后两部分，前檐比较明亮，后檐昏暗一些。前檐偏东的地方，再用一组几腿罩，把前间分成东西两个部分，西间较大，是主空间，东间狭小，算是里间。西间对着毗庐门，在几腿罩前设一个宝座。里间正面正对宝座之后，又设了一张炕，炕上有黄色靠背。几腿罩上挂了一张黄纱帘，这就是垂帘听政的地方。清代垂帘听政一共两次，第一次是咸丰皇帝驾崩后，皇后和小皇帝的生母分别被尊为慈安皇太后和慈禧皇太后，六岁的同治皇帝就坐在这儿听政，他背后隔着黄纱帘坐着两位太后，协助小皇帝听政。后来同治皇帝长大亲政了，但不过才一年，他就离世了。于是慈禧提议让他的外甥——光绪登基。光绪登基的时候按周岁说多大呢？三岁半，于是就有了第二次垂帘听政。这次垂帘听政开始也是两位太后，后来东太后去世，只有西太后垂帘听政了。同治、光绪这两次垂帘听政各 12 年，共 24 年，所以慈禧太后统治中国的大半时间是用垂帘听政的形式来完成的，且发生在养心殿东暖阁。东暖阁的后室也分成三个小的空间，中间是一个休息室；西间有一个炕，也是皇帝休息的地方；东端是一个很小的房间，还不到十平方米，叫随安室，这个地方名义上也叫寝宫，是皇帝斋居时候的住所。

下面介绍西暖阁，西暖阁前檐中间的大房间叫“勤政亲贤殿”，是皇帝日常办理政务、接见大臣的地方。屋里正面朝窗设一个炕和一个宝座。接见大臣时，皇帝就坐这个宝座上。大臣们面对皇帝时是站着、坐着还是跪着？实际上大部分都是跪着的，资深的老大臣允许有一个垫。勤政亲贤殿西边的小房间就是著名的“三希堂”。老北京人形容屋子太小，就会说是“一间屋子半间炕”。三希堂真的就是“一间屋子半间炕”，一共不到 8 平方米，地下铺着蓝瓷砖，靠窗户有一个炕。三希堂最重要的意义在于收藏了三件中国早期的书法作品，就是王羲之的《快雪时晴帖》、王献之的《中秋帖》和王珣的《伯远帖》。这些都是稀世之珍，所以叫“三希”。这个命名还有乾隆皇帝对自己修养追求上的意义，“若必士且希贤，既贤而后希圣，已圣而后希天”，这也是三希。西暖阁的后室，在乾隆初期把它叫作长春书屋，作为乾隆的书房，后来又把它改建成一个私人佛堂，现在它基本就是一个佛堂的样子。从佛堂再继续往西，通向乾隆在养心殿西北角加建的一间小房，叫作梅坞，它里头装修得像一个小山洞，屋里头放了假山。

养心殿的后殿面阔五间，总宽度比前殿的三间还要短些，这五间房是皇帝真正的寝宫。最东端挂着“又日新”匾的这间房，是皇帝的卧室。养心殿后殿两边的顺山房，东叫体顺堂，西叫燕喜堂。

第七座介绍一下储秀宫。储秀宫是西六宫之一，是最纯粹的居住建筑。东西六宫是紫禁城当中真正用于居住的建筑，其礼仪性的东西不是很多。《乾隆京城全图》中的西六宫，反映的是乾隆十五年（1750年）时的样子，应该延续了明代布局。每宫院门开在南边的正中间，每个宫都分前后两个小院，前院中间是一个带月台的正殿，两侧有配殿和耳房，正殿两侧伸出卡墙区别前后。后院一个后殿，两边有配殿和顺山房。六宫大多院里都有井亭。每个宫也就是三十来间房的样子，这三十来间房住着六宫当中的一个主人和她的一群随侍，但后来有的被改造了，皇帝皇后有时候也选其中一个宫居住。储秀宫是西六宫之一，其后殿思顺斋现在叫丽景轩，慈禧太后进宫之初就住在这里，生了同治皇帝。后来她又去别的宫居住过，如养心殿燕喜堂、长春宫、宁寿宫等。在光绪九年（1883年）的时候，慈禧太后准备从长春宫移居储秀宫，这是为了在储秀宫祝贺她的五十大寿，并对储秀宫进行了大规模的改建，把翊坤宫的后殿和储秀宫的宫门改建合并成一个体和殿，还用游廊把后殿周围的房子全连起来（明代是没有游廊的，清代中晚期才有），现在我们看到的储秀宫基本上就是光绪十年（1884年）改造完成以后的面貌。它的内外装修都表现了祝寿的主题：在帘架、风门和隔扇上，都是用楠木雕的“万”字和“寿”字；在廊子里面，墙上用琉璃烧造的大臣们贡献的祝寿词、赋；装饰图案也都是五福、祝寿等主题；院子里陈设着铸铜瑞兽珍禽，除了龙凤之外，添加了鹿、鹤，也是祈求长寿的意思。储秀宫从整体上看非常华丽，又特别具有生活气息，是紫禁城真正的居住建筑。

第八座，我们讲一讲奉先殿（图12）。奉先殿是一处行家人之礼的祭祀建筑。奉先殿在东六宫的东南边，它体量很大，是紫禁城内体量排名第七的建筑，这说明了奉先殿的重要地位。南京宫殿在刚创建的时候本来没有奉先殿，因为朱元璋出身贫苦，父母早亡，所以他当了皇帝以后，非常思念自己的双亲，说自己没有养亲之乐，现在却经常痛切地感到思亲之苦。国家虽然设立了太庙，也规定了逢年过节祭享的程序，但是仍疏解不了自己的思念之情。他经常念叨此事，就找礼部官员研究解决方案。礼部查了文献后，发现宋代的宫殿群中，在主殿的东侧，建有钦先孝思殿，天子每日焚香，初一、十五和节令、生辰全要祭祀、行家人礼。礼部建议仿照宋代，在乾清宫之东建奉先殿。朱元璋马上决定建造，并于明洪武四年（1371 年）建成。永乐皇帝照搬南京宫殿的模式，在北京的新宫城内也建了这样一个奉先殿。明末奉先殿失火了，顺治十三年（1656 年）重建了奉先殿。奉先殿也是一个工字殿的格局，前后殿都是面阔九间的大殿，前殿是重檐的，后殿是单檐的，中间用穿堂连接起来。奉先殿外墙有一座朝西的琉璃门，叫诚肃门，是现在故宫博物院钟表馆的大门，清代的大臣一般不能进到这里面来。皇帝乘舆，到这个门口，也要下舆自己步行。奉先殿门是所谓的“砖城门”，即一座正门，两座角门。正门有三个门洞，皇帝进门的时候，只能走正门左边的门洞，中门是留给祖先的，祖先的地位才是最崇高的。奉先殿前殿是举行祭享典礼的地方，陈设着诸位前代帝后的龙凤宝座，宝座前面摆案子，在举行祭祀时陈设祭品。后殿就叫寝殿，隔成一个一个的“室”，每个“室”都设神龛，龛里供奉一代祖先的神牌、宝床、宝椅、衣架等。奉先殿建筑高贵还表现在什么地方？奉先殿的整个前殿的上架彩画全都是贴金的，包括全部梁枋檩和天花。北京太庙前殿级别很高，但也只在明间贴金，两边各间都是青绿的，这说明奉先殿的地位比北京太庙还要高。奉先殿的祭礼非常有人情味，除了逢年过节祭祀以外，每天、每个月皇帝都可以来祭祀。另外，每月都要向奉先殿进贡新的农、渔产品，有什么新的农产品下来了，比如说新的韭菜，皇帝不吃第一口，而要先放在奉先殿来供一下，先让祖先尝，这叫荐新。很长一段时间内，明代要从南京进贡一种白鱼送到奉先殿来荐新，而北京是没有白鱼的。这也是行家人之礼的意义。“文化大革命”期间，为了举办“收租院”展览，奉先殿的神龛、宝座全都被拆掉了，毁坏了奉先殿的原状。现在奉先殿被开辟为故宫博物院钟表馆，故宫博物院也计划把钟表馆移出去，恢复奉先殿的原状。

图 12（见彩图 1–11）　奉先殿：行家人之礼的祭祖建筑

第九座建筑，讲一讲文渊阁（图 13）。文渊阁的重要性在于它是最集中清代文化建设成就的一个建筑。明代文化建设最大成就是编了《永乐大典》，这表明了永乐皇帝具有帝王的宏图大略，可惜仅有残书存世，数量十分稀少。清代有两个重大的文化建设成就，第一个是康熙四十年（1701年）开始编撰的一部类书，康熙时期只完成了初稿，他的儿子雍正皇帝命人继续编完，并在雍正六年（1728 年）用铜活字印刷，这部书叫作《古今图书集成》。《古今图书集成》和《永乐大典》一样，是一部类书，即分类编纂的书。《古今图书集成》的正文是一万卷，装订了五千多册，字数是一亿六千万字。雍正时一共印了 64 部，之后铜活字就存放在武英殿里。可惜乾隆一时糊涂，把铜活字给毁了。后来他需要印书的时候，才发现铜活字的价值，但后悔也晚了。第二个是启动于乾隆三十七年（1772年），乾隆亲自下令汇编的《四库全书》。

《四库全书》和《古今图书集成》不一样的地方就在于，前者是一部丛书，它把全国官方和民间收藏的古今书籍包括已经失传的书全部收录进来，这是它的一个重要成就。但是《四库全书》在征集和编纂过程也有阴暗面，就是为了强调满族的地位和统治的正统意义，把很多书列为禁毁书目，不但不能收录，而且也不允许在社会上流传，这些书很多被毁掉了。但是《四库全书》成就还是主要的，它一共收录了 3500 多种书，编成了79 030卷，抄成了36 000册，大约8亿字。但这部书没有印刷，只是集中了很多人进行抄写。在选编工作接近完成的时候，乾隆下令专门为这部书建设藏书楼。当时一共建了七座，北方四座，南方三座。当时乾隆为圆明园文源阁写了一篇记，里面说明七座藏书楼都是按照宁波藏书楼天一阁的形式建的。文渊阁有什么特殊性呢？第一，从开间数量上看，中国建筑开间都是一、三、五、七、九等单数的。而文渊阁是双数的，共六间。这是因为天一阁建筑面阔的间数，是用《易经注》上的“天一生水，地六成之”来确定的。按中国古代数字与五行运行对应关系，认为一是天，是能够生水的，地是六，也可以形成水。可见，文渊阁开间数量为“六”是为了防止火灾。第二，文渊阁屋顶用的黑瓦，绿色剪边。按照五行理论，黑色也是水的属性。第三，紫禁城建筑的门窗、柱子和墙，一般都是红色的，而文渊阁是绿的，很特殊。阁前水池的石栏杆也是以水波和荷叶为主要形象，突出的还是防火意图。第四，一层柱间栏杆的形式，也不是宫廷的形式，还包括外檐使用苏式彩画，所以这座建筑反映了江南的传统和习俗。第五，文渊阁建筑外观是两层，实际上是三层，这三层里面都安设了书橱，这些书橱上都有编号，每部书多少卷、藏在哪个书橱里面，都是一定的。文渊阁建成以后，先收藏了一部《古今图书集成》。在《四库全书》被抄好以后，又把它收藏了进来。综上，文渊阁集中了清代两个最伟大的文化建设的成果。

图13（见彩图1–12）　文渊阁：最集中清代文化建设成就的建筑

总之，紫禁城建筑千门万户，本次讲座只能简要地给大家介绍紫禁城有些什么建筑，这些建筑大概是什么样子及其文化内涵。其实，这些辉煌的建筑折射出中国辉煌灿烂的传统文化，是特别耐看的“史书”。这些丰富的内容绝不是本次讲座短短的几十分钟就能涵盖的，希望本次讲座的讲解，能使大家更加了解故宫、热爱故宫，更加自觉地来保护故宫，这也就达到了本次讲座的目的。

2 故宫——中国礼仪建筑的典范

苑洪琪

苑洪琪，1976年毕业于南开大学历史系，同年到故宫博物院工作，从事宫廷礼仪制度的研究和宫廷展览，现为研究馆员。

故宫，是明清两代的皇宫，旧称紫禁城，是我国封建社会遗留下来的唯一完整的皇宫，距今已近600年了。

这座旧日的皇宫经历了1911年的清帝溥仪退位，但按照当时清廷与民国签订的优抚条件，清帝溥仪仍然居住于紫禁城内；1924年，冯玉祥发动“北京政变”，驱逐清逊帝溥仪出宫；1925年，在原紫禁城的基础上建立故宫博物院；1933年，故宫博物院文物南迁，以躲避日本侵略者；1949年1月，故宫博物院恢复开放；1961年，北京故宫被定为全国第一批重点文物保护单位；1987年，北京故宫被联合国教科文组织列入世界文化遗产名录。

故宫是世界五大宫之首，第二名至第五名依次是俄罗斯克里姆林宫、法国凡尔赛宫、英国白金汉宫、美国白宫。

说到故宫，很多人的记忆会停留在紫禁城的红墙、黄瓦，联想到它的金碧辉煌，庄严无比。故宫确实很美，而这些美景都是在宏伟的古建筑群的背景下产生的。

故宫建成于明永乐十八年（1420年），清代皇室入关后直接承继了这座宫殿，建筑有增减但未改变原貌。故宫建筑的“左祖右社”“前朝后寝”“中轴排列”设计明确了封建社会的等级制度，在设计上既均衡对称又富于变化，这一切都突出了“礼”这个中国文化的核心，集中体现了“天人合一”“皇权至上”的特点，是中国古代建筑礼制设计的典范。

一、体现帝王的权威

（一）位置

紫禁城的位置非常特殊，建在了北京城的中轴线上。北京的中轴线历史可以追溯到元朝，元世祖忽必烈弃金中都，在其东北方择址建设元朝国都——元大都，即明清北京城的前身，这时中轴线长 3.7 千米。明朝初年，大将军徐达将元大都北城墙拆掉南移，东、西、南仍沿用元大都城墙，中轴线长 4.78 千米。到了明朝永乐年间，沿用了元大都的城市中轴线，并修建紫禁城，营建皇城，又将元大都南城墙向南推了 1 千米。至此，形成明北京内城。明嘉靖年间，为加强京城的护卫安全，开始增建北京外城。清朝定都北京之后，没有做大的改动，只是沿袭明代格局，这时的中轴线长 7.86 千米。

1399 年，朱棣发动靖难之役，于 1402 年夺得帝位，是为明成祖，于 1403 年改北平为北京。永乐四年（1406 年），开始筹划迁都北京，并在燕王府基址上营建西内，次年西内落成。永乐七年（1409 年），在昌平天寿山营建寿陵。永乐十四年（1416 年）起，开始模仿南京故宫营建北京宫城。1420 年，建成紫禁城宫殿、太庙、太社稷、万岁山、太液池、十王府、皇太孙府、五府六部衙门、钟鼓楼，同时将南城墙南移 0.8 千米，以修建皇城。

中国古代帝王皆自命天子，是以大建九重天庭，“坐北朝南，殿宇接天”，构建君之权“受命于天”，中轴线起着相当重要的作用。

北京城市的营造，遵循了中国古代城市建设经典《周礼·考工记》提出的原则：“匠人营国，方九里，旁三门；国中九经九纬，经涂九轨，左祖右社，面朝后市”。明灭元后，改建了元大都，中轴线位置依旧并向南延伸，及至 16 世纪修筑北京外城，终于形成了今日所见的这条汇集着正阳门、天安门、故宫、景山、鼓楼、钟楼等大型建筑的雄伟建筑长廊，它以金、红二色为主调，与青砖灰瓦、绿枝出墙的四合院所营造的安谧，构成强烈的视觉反差，给予人极具震撼的审美感受。

中轴线与什刹海相切，将成片天然湖泊引入市区，确定了整个城市的布局，体现了“人法地，地法天，天法道，道法自然”的道家思想，第一次将儒、道兼容于中国都城营造中。北京城内重要建筑都沿着这条轴线结合在一起，这样就使紫禁城居于北京城的中心，从而为“王者居中”“尊卑有序”等封建礼制皇权打上“君权神授”的烙印。

从最南端的永定门起，以一条宽直的南北大道引导到内城正门正阳门，经大清门至皇城正门天安门，天安门两侧排列着整齐的廊庑——千步廊（现在已被拆除），天安门门前御街横向展开，广阔的空间里横穿一条外金水河，配以五座石桥，并以华表、石狮衬托着皇城正门。整个布局，沿着一条南北中轴线贯穿整个京城，南至永定门，北达钟鼓楼，全长约 8 千米，象征皇权的宝座就设在这条中轴线的中心点。宫殿房屋多为木结构，黄琉璃瓦顶，青白石底座，庄严雄伟，金碧辉煌，凝聚了中国古代建筑艺术与技术的最高成就，展现出独特风格。

（二）城池

城池是防御性构筑物，主要由城墙和护城河组成。“城”是指城墙及门楼、角楼等；“池”是指护城河。

紫禁城四周筑有城墙，城墙高 10 米，东西宽 760 米，南北长 960 米，呈长方形，皇城四周有宽 52 米的护城河。紫禁城总建筑面积 72 万多平方米，城内有宫室近 9000 间，殿宇巍峨，宫阙重叠，画栋雕梁。紫禁城的四座城门和四个城角都有精巧玲珑的角楼，所谓“九梁十八柱”，异常美观。

紫禁城有四座城门，上建城门楼阁。分别为南面午门，北面神武门，东面东华门，西面西华门。

四座城门中，最壮观的是午门，是紫禁城的正门，位于北京南北轴线上。午门前有端门、天安门（皇城正门，明代称承天门）、大清门（明代称大明门），其后有太和门（明代称奉天门，后改称皇极门，清代改为现名）。午门的平面呈“凹”字形，沿袭了北魏洛阳阊阖门和唐朝洛阳应天门的形制基础，是从汉代的门阙演变而成。午门分上下两部分，下为墩台，高 12 米，墩台两侧设上下城台的马道。午门有五个门洞，可是从正面看是三个，实际上正面还有左右两个掖门，开在东西城台里侧。但从午门的背面看，就有五个门洞了，所以有“明三暗五”之说。午门北面门楼，面阔九间，重檐黄瓦庑殿顶。东西城台上各有庑房十三间，从门楼两侧向南排开，形如雁翅，也称雁翅楼。在东西雁翅楼南北两端各有重檐攒尖顶阙亭一座。威严的午门，宛如三峦环抱，五峰突起，气势雄伟，故俗称“五凤楼”。午门中的正门平时只有皇帝才能出入；皇帝大婚时，皇后可以进一次；殿试考中状元、榜眼、探花的三人可以从此门走一次。在清代，文武大臣出入左侧门，宗室王公出入右侧门。左右掖门平时不开，皇帝在太和殿举行大典时，文武百官才由两掖门出入。午门正中门楼左右的两座阙亭，内设钟鼓。何时鸣钟，何时击鼓，都有规定。皇帝祭祀坛庙出午门鸣钟；皇帝祭祀太庙时击鼓；皇帝升殿举行大典时则钟鼓齐鸣。

神武门是紫禁城的北门，明永乐十八年（1420 年）建成，明称玄武门。清代因避康熙帝玄烨名讳改称神武门。神武门旧设钟、鼓，由銮仪卫负责管理，钦天监指示更点，每日由博士一员轮值。每日黄昏后鸣钟 108 响，钟后敲鼓起更。其后每更打钟击鼓，启明时复鸣钟报晓。皇帝住宫内时则不鸣钟。

神武门是宫内日常出入的重要门禁，明清两代皇后行亲蚕礼即由此门出入。清代每三年一次选秀女，备选者经由此偏门入宫候选。1924 年清逊帝溥仪被逐出宫，即日出宫之时亦由此门离去。

紫禁城东西两侧，分别是东华门和西华门。门外设有下马碑，镌刻着“至此下马”的满、蒙、汉、回、藏五种语言文字。东华门平时朝臣及内阁官员出入。清代大行皇帝、皇后、皇太后的梓宫皆由东华门出。清代帝后游幸西苑、西郊诸园，多由西华门出。清朝末期，庚子年（1900 年），八国联军攻打京城，慈禧太后、光绪皇帝一行仓皇离宫西逃，走的就是西华门。

《周礼·考工记》有“四隅之制”，紫禁城城垣上四隅各设一座角楼。古代城堡多设角楼，是为登临瞭望的防卫性建筑。传说，永乐皇帝想迁都北京，他经常幻想未来的皇宫的样子，一次他做了个梦：在皇宫外墙——紫禁城的四个犄角上，盖四座美丽的角楼，每座角楼要有九梁十八柱、七十二条脊。他问神仙如何盖，神仙只是笑笑。于是，醒来之后他下令大臣去修盖这九梁十八柱、七十二条脊的角楼，确保江山稳定，千秋永驻。

角楼高 18.2 米，基座宽 17.7 米，坐落在 9 米高的城墙上。角楼为十字形屋脊，重檐三层，多角交错，大木构架和斗栱十分复杂，是不对称建筑，结构、外观相同，仅彩绘略有差异。从不同角度观察它，就有不同的形象，给人以神秘、威严的感觉。角楼的绝妙规律，是中国古代劳动者非凡的智慧的体现，体现了中国人在古代建筑中的高超技艺，是中国古代建筑中的经典之作，北京故宫的象征。

池——护城河，又称筒子河、金水河。据《元史·河渠志》记载，其源出于京西宛平县玉泉山，流至义和门南水门入京城，故得金水之名。这条河是按照“帝王阙内置金水河，表天河银汉之义”而设置的。环绕紫禁城建筑的护城河，是明代建紫禁城时人工挖凿的。护城河作为城墙的屏障，具有防御作用，维护城内安全，可防止敌人或动物入侵。护城河水源来自京师西郊玉泉山，经积水潭、后海、什刹海、北海入濠涧，向东经景山西墙下，流入紫禁城西北角入护城河。河水经紫禁城西北角城垣下地沟流入大内的内金水河。

河水从金方（西方）来，至巽方（东南方）出，流经半个紫禁城。这条按古制设置而且规定流向的河，具有多方面的功能，它不仅是宫城内最大的水源，救火及建筑工程都用金水河的水，而且又是宫城内最大的水渠，全部南北及东西方向的下水道口都设在河帮上，同时它又给宫城景观增添了风采。内金水河流经外朝的三大殿，横穿太和门内庭院。河道采用曲线设计，与规整的汉白玉台基和雄伟的宫殿环境相互协调。河正中设五座桥，桥随河的弯曲走向而设。中间的桥为御桥，是皇帝通行专用，两侧为文武官员设置，依次退后。皇帝御桥的石栏杆望柱头雕龙云纹，官员通行桥的栏杆望柱头雕二十四节气，区分严格。内金水河中部宽，两端渐窄，河道走向从太和门庭院的东西朝房的地下穿过，西经武英殿后转向北流经文华殿西侧，从文渊阁前地下穿过，后又在东三座门前再现，贯穿整座紫禁城。河道有曲有直，时现地表，时而地下，往复循环，变化多端。河上设有多座桥梁，展现了丰富的艺术效果。

护城河及内金水河的功能在于安全守卫、防洪排涝、消防灭火、提供用水、点缀景观。紫禁城内 72 万平方米的面积，大小 90 余座院落，各设排水渠道，不论雨水有多大，宫内从没有阻塞雨水的现象。全院地势北高南低，雨水流进暗沟流向内金水河，顺河而出宫苑。内金水河虽短，却在历次皇宫火灾中凭“金水”扑灭，功效显著。

二、体现阴阳五行学说

我国的阴阳五行学说很早就产生了。《黄帝内经》中称“阴阳者，天地之道也”，说的是任何事物都有阴阳两面，互相对立，互相依存。对立的两面又都有各自的属性，如大小、上下、前后、左右，其中大、上、前、左为阳，小、下、后、右为阴；奇数为阳、为大，偶数为阴、为小，等等。称“阴无阳不生，阳无阴不长”，又“阴中有阳，阳中有阴”，所以“阴阳”是“万物之纲纪也”。向日为阳，背日为阴。阴阳的最初含义，可能是指日光的向背。古代思想家眼中看到的一切事物都有正、反两个方面，即阴阳极是宇宙发展的根本规律。紫禁城均严格按照封建礼制和“阴阳五行”学说布局设计与营造。

（一）紫禁城布局中的“阴阳”之道

紫禁城中阴阳在数字表现上，单数为阳，双数为阴。纵观前朝各殿面，进深均为单数，而后廷东西六宫进深则多为双数。乾清宫为阴中之阳，规制仿太和殿，高于后寝宫殿，为后廷之冠。保和殿为阳中之阴，规格远不及太和殿。坤宁宫为阴，明代作皇后寝宫，规格远不及乾清宫。乾清宫与坤宁宫之间为交泰殿，即乾坤交感，天下太平。至清代，坤宁宫又作萨满教祭祀鬼神场所，与宫中之阴地位相符。奇数为阳，外朝反复运用三、

五、九等奇数。纵轴线上奉天殿、华盖殿、谨身殿坐落于“三台”上；横轴线上为文华、奉天、武英三殿；奉天殿以南安排有五门，大殿面阔九间、进深五间，暗示天子“九五之尊”。此外，外朝的踏跺级数、台基和坎墙的砖皮层数也多用奇数。与之相对应的，内廷中多用偶数。中轴线上主要建筑是乾清、坤宁两宫，两侧分布十二宫、十所，以象征星辰拱卫。建筑的坎墙、台明、山墙、檐墙和宫墙下肩的砖皮层数以及踏跺级数多为偶数。

五行说在宫殿中的体现还有建筑的命名、匾联，很多使用阴阳互补与调和对偶之词，如乾清宫与坤宁宫、日精门与月华门、龙光门与凤彩门，等等，文与武相对应、仁与义相对应、天与地相对应、日与月相对应、春与秋相对应。

再如，“礼象五行”之处在紫禁城中则更是鲜明。阴阳五行包括金、木、水、火、土，其中土占中央方位。华夏民族世代生活在黄土高原上，所以对黄色就产生了一种崇仰和依恋的感情，于是从唐朝起，黄色就成了代表皇家的色彩，其他人不得在服饰和建筑上使用。而红色，则寓意着美满、吉祥和富贵。正由于这些原因，故宫建筑的基本色调便采用了红、黄两种颜色。

中部属土，为黄色，设计者巧妙地将三台平面做成“土”字形状，并大面积使用黄琉璃瓦，以此象征王者居中统摄天下。东方属木，为青色，主生长，故明代“太子视事之所”文华殿和清代皇子居住的撷芳殿（南三所）安排在东华门内，建筑屋面用绿色琉璃瓦。南方属火，为赤色，所以午门采用独特的红色彩绘。西方属金，生化过程为“收”，太后居住的宫室因此安排在内廷西侧。御花园绛雪轩与养性斋，平面构图一凸一凹，立面形象一低一高，东西相对，体现阴阳配合的原理。堆秀山与延晖阁，一山一阁，一为石质，一为木构，刚柔相济，统一中体现变化。凡此种种，以灵活多样的手法，充分展示了五行方位、色彩、生化过程相互间的关系。

五行中的金、木、水、火、土与五种颜色、季节和方位如此对应：木，对应东方，对应春天，对应绿色，相应于生醒开始，温和向上，如东方日之初升；火，对应南方，对应夏季，对应红色，相应于炎热向上，兴旺发展，如日之当空；金，对应西方，对应秋天，对应白色，相应于清凉萧条，如日落西山；水，对应北方，对应冬季，对应黑色，相应于寒冷向下，如北方天寒地冻、黑夜漫长；土，对应中央，对应盛夏，对应黄色，相应于长养化育，厚实适中。

绿色，对应勃勃生机，朝气蓬勃向上。因此明朝初建时，紫禁城东部的宫殿，均覆绿色琉璃瓦。到了嘉靖年间，为了表示皇朝的尊贵向四方延伸，才用代表至高无上的黄色琉璃瓦代替了绿色琉璃瓦。绿色，从木从春，合青少年成长的蓬勃向上，所以皇太子的宫殿，叫东宫，用绿色琉璃瓦盖宫顶。红色，对应红红火火。因此紫禁城宫墙、殿柱都采用红色，这是因为红色属火。用来藏书的文渊阁采用黑瓦，不用红墙而改为黑砖墙壁，这是因为黑色代表水，水代表冬季，主收藏。

五行学说中还有“相生相克”的说法，因此三大殿多用红色墙壁和油饰体现“火生土”的规律，尽量少用绿色，也不种植树木，就是为了防止“木克土”。五行学说更重要的一方面是揭示出五行之间的相互制约、相互依存，即“相生相克”的理论来认识事物的生消演变、时序规律。五行学说反映出天、地、人具有统一性，是不能割裂的，天地万物依序而行。作为人，没有权力也没有能力超越天、地、人的统一性和“相生相克”的制约。

（二）紫禁城建筑中的“阴阳”之道

1. 外朝

外朝占据紫禁城的大部分空间，以前三殿为主要殿堂，包括太和殿、中和殿和保和殿，建筑布局疏朗。其中又以举行朝会大典的太和殿为中心，象征着帝王权力、地位的至高无上，因而它占据宫城中最尊贵的位置。为了突出外朝宫殿的主导地位，太和殿的布局、规模、形式、装饰、材料、结构、工程做法等是最高等级的。

为突出外朝的阳刚之气，午门前的中轴线上依次布置了大明门（大

清门）、承天门（天安门）、端门，又在奉天门（太和门）东西配置文华殿、武英殿作为左辅右弼，使外朝气势恢宏，雄伟壮丽。建筑风格与建筑用途相一致，突出皇权的神圣威严与至高无上，体现阳刚之气势。

太和殿坐落在正北面，是一座辉煌雄伟宫殿，又称金銮殿，曾有奉天殿、皇极殿等名称。太和殿高 35 米，是重檐庑殿式建筑，建筑面积为 2377 平方米，72 根柱子，其中有 6 根蟠龙金柱，四面是“金扉和金锁窗”，是我国古建筑中开间最多、进深最大、屋顶最高的一座宫殿。重檐庑殿顶是我国木结构建筑中最尊贵的屋面形式，屋顶上有九个走兽，也是全国之最。所有这些设计，都充分显示了皇帝“至高无上”的威严。

太和殿前的丹陛上，东有日晷，是我国古代计时器；西为嘉量，俗称“官斗”，是乾隆时期仿新朝王莽时的形式制造的，上面有乾隆时期的铭文。还有鼎式炉、铜龟、铜鹤，是举行典礼时放置及点燃松柏枝和檀香的器具，象征江山永固。丹陛上还有两个铜缸，可以贮水防火，缸下有石为垫，以备冬天气温低时点火加温，防止水冻结冰。太和殿东有中左门，西有中右门。

太和殿后面是中和殿，曾名华盖殿和中极殿，这座宫殿规格较小，曾遭火灾，方檐圆顶，内顶雕刻彩绘极其精美。皇帝每逢亲临太和殿典礼前，会在此殿小坐，翻阅表具奏章，接受内阁、内务府、礼部和侍卫等官员跪拜行礼。清朝每十年修纂一次的玉牒（皇室的家谱）修好后进呈皇帝审阅时，也在此举行较隆重的仪式。

中和殿后面是保和殿，曾名谨身殿、建极殿。明朝册立皇后和皇子颁诏、百官称贺上表的时候，皇帝都是先在这里穿上礼服，再到奉天殿升座。清代每年除夕，皇帝就在这里宴请少数民族王公大臣。乾隆后期，此处成为殿试的场所。保和殿东侧有后左门，里面是大臣值班的地方，称为值房。与其相应，保和殿西侧就是后右门。

外朝前三殿轴线的两旁，按文东武西之制，东侧是文华殿一区，西侧是武英殿一区，这两区建筑组合都是一正两厢前后殿的庭院。从外朝建筑布局的体制看，它们是两座东西偏殿，两组建筑东西对称，遥相呼应，在前三殿的两翼形成左辅右弼的格局。前三殿一区宫殿最为壮观，局势开阔，建筑端庄，气势凝重，从而体现了封建王朝至高无上的地位和权威。

2. 内廷

内廷宫殿布局与前朝截然相反。内廷宫殿的中心后三宫，是中轴线的后半部分主要建筑。

内廷三宫包括乾清宫、交泰殿和坤宁宫。东西两翼有东六宫和西六宫，是皇帝平日办事以及与后妃居住生活的地方。后半部在建筑风格上不同于前半部。前半部建筑形象是严肃、庄严、壮丽、雄伟，以象征皇帝的至高无上。后半部内廷则富有生活气息，建筑多是自成院落，有花园、书斋、馆榭、山石等。坤宁宫北面是御花园，御花园里有珍贵的花木、山石和亭阁。名为万春亭和千秋亭的两座亭子，可以说是目前保存的古亭中最华丽的了。

乾清宫在内廷最前面。清康熙前此处为皇帝居住和处理政务之处，清雍正后皇帝移居养心殿，但仍在此批阅奏报、选派官吏和召见臣下。清康熙一般在召见群臣、听他们面奏政事后，就在乾清宫批阅奏章。他常利用中午吃饭的时间，与前来觐见的地方大员进行交谈，对他们提出行政建议。清人赵翼记载说，乾隆皇帝一早到乾清宫处理政事时，蜡烛还要燃一寸多才天明。他吃过早饭后，开始批阅奏章，然后召见大臣，每天要有四五起。最后是召见军机大臣，做出指示。如有新选任的文武官员，还要由吏、兵二部官员带领朝见，这时便已接近中午。乾清宫的重要性，还体现在它与清代皇位继承制度的变化有直接联系，这一变化对清中后期的政治产生了重要的影响。

乾清宫正殿挂着顺治御书的“正大光明”匾。由于在康熙年间皇子间争夺皇位的斗争相当激烈，所以雍正皇帝采取了秘密建储的办法，即皇帝生前不公开立太子，而秘密写皇位继承人的文书，一式两份，一份放在皇帝身边，一份封在建储匣，置于“正大光明”匾后，在皇帝死后验看，由被秘密指定的继承人即位。由于皇子事先不知谁被立为继承人，因此也无从争斗。到了清代后期，由于咸丰皇帝只有一个儿子，同治和光绪皇帝没有儿子，这种办法也就无须再使用了。

在乾清宫东西庑，还有为皇帝存储冠、袍、带、履的端凝殿，放置图书翰墨的懋勤殿。南庑有皇子读书的上书房，有翰林学士承值的南书房，以及管理宫廷日常生活的处所。

交泰殿在乾清宫和坤宁宫之间，含天地交合、安康美满之意。其建于明代，清嘉庆三年（1798 年）重修，是座四角攒尖、镀金宝顶、龙凤纹饰的方形殿。明、清时，该殿是皇后生日举办寿庆活动的地方。清代皇后去祭先祖坛前，需至此检查祭典仪式的准备情况。清代的“宝玺”（印章）也收藏在这里。

坤宁宫在故宫内廷最后面。明时为皇后住所，清代改为祭神场所。其中东暖阁为皇帝大婚的洞房，顺治、康熙、同治、光绪四帝，均在此举行婚礼。在坤宁宫的东西两侧，分别是众妃嫔居住的东六宫和西六宫，众皇子则居住在乾清宫东西两侧的宫殿里。

清雍正以后皇帝的寝宫移到乾清宫西边的养心殿，乾清宫只用于皇帝平时召见大臣。坤宁宫也只在皇帝大婚那两天使用，平时多用作敬神的场所。

养心殿位于内廷乾清宫西侧，西六宫以南。自雍正皇朝开始到宣统皇朝为止，清代共有八个皇帝居住于养心殿。顺治、乾隆和同治三个皇帝死于养心殿。养心殿的前殿是皇帝处理政务、接见大臣、学习与休息的场所。正殿设有宝座和御案，还有书橱，内藏历代皇帝治国经验教训等记载与书籍等。清代皇帝经常在这里召见大臣，有时也在这里接见外国使臣。康熙五十九年（1720 年），康熙皇帝在这里接见过罗马教皇使臣嘉乐，亲自接过嘉乐所进的教皇表章，并赐给嘉乐若干衣物、用具等。慈禧在养心殿以“垂帘听政”的方式实现长达 48 年的统治。

东西六宫象征十二星辰，拱卫在象征天、地的乾清宫、坤宁宫两侧。内廷宫殿作为帝后、妃嫔及皇子的生活起居之地，各院落的布局也都经过了精心的设计。殿宇的基本形式大都为“一正两厢”式，即北京传统的四合院式布局方式。主殿与配殿多廊庑连贯，庭院鳞次栉比，布置严密深邃。建筑布局密集的组合，空间紧凑、舒适、安宁。建筑虽相应低小，但便利日常起居生活，与实际使用的要求一致。

在东西六宫的后面各有五所四合院式的建筑。东六宫后的叫乾东五所，西六宫后的叫乾西五所，这两组建筑是众多的皇子居住的地方。

但是，各院落又根据不同院落的实际功能而被灵活运用，因而形成了多种多样的风格。如西六宫的太极殿，一改院门建正中的常例而建在东南角；在明代和清初是皇帝的幼年子女们的生活区的乾西、乾东五所，前院、中院均为“一正两厢”式的三合院格局。这些区域各自也有轴线，都是依照使用功能而加以改变的。

内廷的这些院落象征天上的众星，具有两两相对、对称和谐、完整统一的审美思想。位于东西两路建筑整体空间布局井然有序，亦张亦弛，人与建筑融合在大自然之中。

三、儒家思想的体现

（一）尊崇礼制

儒家思想或儒学，是以“仁”为核心、“和”为贵、“敬”为先的思想体系，崇尚和谐是中国最为重要的传统文化。儒家思想对中国乃至全世界都产生了深远的影响。在人与自然方面，古人认为“天”至高无上，主宰一切牲畜五谷、人间福祸。而天地自然的最大特点，就是和谐。明清北京紫禁城的规划与建设，符合《周礼·考工记》关于“左祖右社，前朝后市”的和谐原则。“左祖右社”，是指将祭祀其先祖的祖庙设在皇宫的左侧，将祭祀代表国家的社神和稷神的社稷坛设在皇宫的右侧，即现在的太庙和社稷坛。

紫禁城建筑上的和谐布局，表达出人们的某种良好愿望和文化内涵。“左祖右社”的建筑格局象征着中华民族的历史和文化绵延不断、源远流长，国家顺天应民、长治久安。

紫禁城右前方的社稷坛周围以方形矮墙，坛上铺设青、赤、白、黑、黄五色之土，墙上所覆琉璃瓦之颜色与坛上土色相应。每年二、八月第一个辛日行祭。社为土神，稷为谷神，社稷代表了土地和粮食，在中国传统文化中，两者属于农业自然文化的范畴。师法自然，法地则天。农业生产对封建社会无疑是极其重要的，故首建社稷坛于紫禁城之右。《考经纬》云："社，土地之主也，土地阔不可尽敬，故封土为社以报功也。稷，五谷之长也，谷众不可遍祭，故立稷神以祭之。"社稷坛的主要建筑为一汉白玉围成之方形土坛，地铺以五色之土。《周书》云："诸侯受命于周，乃建太社于国中，其壝，东青土，南赤土，西白土，北骊土，中央焘衅以黄土。"

对祖先的崇拜，于紫禁城之左建有太庙。《释名》曰："宗，尊也，庙，貌也，先祖形貌所在也。"将太庙设于重阳方位，象征着皇家人丁兴旺、香火不断，国祚之延续千秋万代、绵延久长。太庙中轴线上依次排列着三座琉璃门、三座大殿、戟门和石桥。大殿为重檐庑殿式，面阔十一间，梁柱包以沉香木，其余用金丝楠木，中央三间之殿顶、天花、四柱均贴赤金花。每年四、七、十月的初一、清明节、岁末、先帝生辰和忌辰行祭。

（二）崇尚和谐

崇尚和谐为中国文化的最高境界，是建筑的核心理念。和谐是指阴阳之和，其内容主要包括"天人之和""人际之和"与"身心之和"。故宫内廷大大小小的院落里，处处都可见到"和谐"，如"家和万事兴"，"家和"的关键，在于夫妻之和。坤宁宫是皇后居住的中宫或正宫，乾清宫是皇帝居住的地方，这两座建筑所构成的泰卦格局，象征着国家第一家庭的夫妻之和。

在内廷建筑中，象征十二地支的东六宫、西六宫，与象征十天干的乾东五所、乾西五所（均为皇子住所，乾西五所在乾隆年间有所改动）之间，所表达的阴阳之和，象征着母子之和。建筑表达了"天人合一"和"以人为本"的中国传统的居住和谐理念。东六宫、西六宫前殿的功能为居住者接受朝见的客厅，后殿设隔扇、花罩、寝床，为居住的寝室。配殿、耳房也设隔扇、寝床，是为身份等级低的女眷、宫女居住。

建筑构造、用料、内外檐装修以及给排水、采暖、照明等设备，内廷各殿集中采用了各方面的先进技术，构成当时最科学的居住系统，同时经过细致的艺术加工，又起到了很好的装饰作用。每座院落的二进院内都安置井亭，为生活起居提供用水。院与院之间外有长街相连，内有角门相通。

冬季日照充足、夏季遮挡烈日的冬暖夏凉，既符合实用的要求，又达到在外观上优美舒适的目的。内廷起居的宫殿前廊后厦，北房冬暖夏凉。冬季取暖设有地炕，也就是地暖（火地），即室内地面下砌筑有火道，在室外地炕口内烧火，通过火道将热力传到室内地面，散热面积大，热量均匀。室内没有明火，不会产生烟气，不会影响室内主人的正常生活。为使热力循环畅通，火道的尽头都设有排烟孔，而且这种火道还直通睡觉的炕下面，宫殿冬季不再寒冷，整个环境温暖如春。

到了夏季，四合院里搭起高过正殿的大凉棚，屋子设置堂帘（堂帘是廊檐每间按面阔尺寸制作的大竹帘）、支窗或卷帘窗，可保持室内凉爽。到太阳西下，堂帘卷起，支窗支起，凉风进到屋内。至今故宫博物院还保存有竹制的堂帘。清乾隆帝御制夏日养心殿诗，曾写道："深沉彤殿暑全祛"，这是对皇宫居住的感受。再有，皇宫建有冰窖藏冰，供夏天皇宫内廷使用。内廷各殿内设置"冰桶"降温纳凉。"冰桶"是珐琅或木制，锡里，外有铜箍，约一尺五寸高，二尺见方，下有约一尺高的木座，上有两块带透空钱式孔的木盖，把天然冰摆在"冰桶"内透过冰桶的孔隙，达到屋子降温的效果。故宫博物院至今还保存有这种"冰桶"。

（三）中和之美

含蓄性是中和之美的重要特色。中和的艺术表现婉转曲折、韵味深长。古人诗意在言外，故从容不迫，蕴蓄有味，所谓温厚和平。源于"温柔敦厚"的儒家传统诗教，含蓄蕴藉的表现具有强烈的艺术魅力，是历代中国艺术家追求的理想境界。紫禁城的建筑特色集中体现了儒家的这一美学思想。

登上景山主峰抬眼望去，故宫那一层层的金碧辉煌，各式屋顶绽放出别样的灿烂。有一条正脊和四条垂脊的庑殿顶，一条正脊、四条垂脊和四条戗脊的歇山式，四角攒尖顶，圆形攒尖顶，卷棚式，盝顶式，十

字脊式等。太和殿的重檐庑殿顶，则更是古代建筑屋顶中的顶级形式。十字脊是特别的屋顶，它是由两个歇山顶呈十字相交而成，有代表性的十字脊建筑是故宫的角楼。

故宫建筑屋顶满铺各色琉璃瓦件。主要殿座以黄色为主，绿色用于皇子居住区的建筑，其他蓝、紫、黑、翠以及孔雀绿、宝石蓝等五色缤纷的琉璃，多用在花园或琉璃壁上。太和殿屋顶当中正脊的两端各有琉璃吻兽，稳重有力地吞住大脊。吻兽造型优美，是构件又是装饰物。一部分瓦件塑造出龙凤、狮子、海马等立体动物形象，象征吉祥和威严，这些构件在建筑上起了装饰作用。

紫禁城内的宫殿楼阁、亭榭轩馆，多为琉璃瓦顶，宫殿区大部分饰以黄色，花园等处用各色琉璃装饰。屋面之上装有吻兽、吻锁、帽钉，檐头有沟头、滴水，皆根据建筑物的使用功能、所处环境和等级差别来确定。富于变化的色彩和装饰，为建筑外观做了美的点缀。

大吻，又称龙吻，是安放在正脊两端的琉璃构件。屋顶的前后坡交汇接缝处易进雨水，于是在这里压脊，称之为正脊。在正脊的两端与戗脊相接处装有龙形的琉璃构件，清代称之为吻，也叫龙吻。龙吻有一个漫长的发展过程。汉代画像砖上正脊的两端已经微微向上翘起，有的屋脊之上可以看到形似凤凰的图案，体态轻盈而美丽，汉代以后逐步变化成鱼尾形态。唐以后鸱尾装饰发生了明显的变化，鱼尾变成了鱼吻，回过头来紧咬正吻不放。正吻经过了鱼形到鱼龙形再到龙形的变化之后，遂成为紫禁城宫殿巅顶上的龙吻。从鱼吻到龙吻经过唐、宋、辽、金、元长期的变化过程，所以这一时期龙吻的造型多种多样，纹饰复杂，非常具有装饰性。

门窗隔扇中和之美又强调杂多审美因素的和谐统一。每一个系统内有多种不同的因素，正是它们之间的相辅相成、融合互济，构成了一个个和谐有机的统一体，比如故宫外檐装修的门窗，内檐装修的隔扇。

进入故宫午门，首先看到的城门洞内安装的板门，板门是用木板穿暗带（或明带）实拼而成的门，多用作宫殿大门、居住式院落大门或是库房大门，它具有对外防范的功能，故尺寸较大，防御性也较高。板门依照构造方法的不同，可分为实榻门、攒边门（棋盘门）、撒带门和屏门四种。

殿宇门座中安装的板门是实榻门或穿带木门，故宫四座大门都是实榻门。攒边门多用在院墙门或屋门，屏门多用在垂花门的内门或是走廊、影壁中。故宫内的殿宇式大门与院落大门多为实榻门；院落的垂花门为屏门。在故宫，不同的板门用在不同的建筑上，使用的原则取决于功能性及建筑规格。

故宫古建筑外檐窗的类型多种多样，十分丰富。根据不同的位置、不同的功能，可分为不同的类型，有槛窗、横陂窗、风窗等；根据窗扇开启方式，又有支摘窗、推窗、吊搭窗、隔扇窗等；根据窗的隔心样式又可分为平棂窗（步步锦窗、直方格窗、斜方格窗等）、菱花窗（三交六椀菱花窗、双交四椀菱花窗）。故宫中的正殿建筑外檐隔扇隔心多用三交六椀、古老钱菱花（白毬纹菱花）、双交四椀这些等级较高的菱花样式，效果端庄大气，能够很好地衬托出建筑的威严。此外，还有较为朴素的步步锦、直方格等平棂样式。

支摘窗，顾名思义窗子可以支起、摘下。四扇都为双层，中间有间柱隔开，分上、下扇安装。上扇为支窗，内层窗扇多糊纸或安装纱屉；下扇外层为摘窗，在抱框和建筑上凿有销子眼，窗可以拔掉铁销摘下，下扇的内层多做玻璃屉。

吊搭窗也称“支挂窗”，其外形与推窗相似，不同的是，推窗的棂条看面做混线样式，窗户纸糊在棂条内侧。而吊搭窗的棂条看面不做混线，窗户纸裱糊在棂条外侧（看面上）。吊搭窗为故宫内带有满族特色的窗，出现在故宫坤宁宫、宁寿宫的前檐，它也是东北民居独有的特色窗。

隔扇的裙板、绦环板也是装饰的重点部位，如裙板会雕刻夔龙团纹、万字锦底五福捧寿纹、竹纹等纹饰。绦环板纹饰多与裙板纹饰配套出现，较为具有代表性的建筑如西六宫翊坤宫、储秀宫，外檐隔扇的大边与裙板上都雕刻有精美的吉祥纹饰，非常精美。

结束语

一条中轴线、金色的琉璃瓦、朱红的高墙，故宫的一砖一瓦都将皇权、礼制的语言铸造在其中。故宫的建筑是以凝固的形态，留住了历史的精神气质。故宫的建筑群包括了政治、宗教、祭祀、文化、家居、休闲、娱乐等各种功用，它代表了中国古代建筑的最高艺术成就和营造水平，可以说是古代东方建筑的典范之作。

3 紫禁城的历史文化价值：照亮生命的那束光

王子林

王子林，1989 年北京大学考古系毕业，同年入故宫博物院工作，从事原状宫殿文物的保管、陈列与研究工作。主要研究对象是明清宫廷建筑、宫殿原状陈设及帝王思想，现为研究馆员、宫廷部副主任。

代表著作：

《紫禁城原状与原创》（紫禁城出版社，2007 年）

《明清皇宫陈设》（紫禁城出版社，2011 年）

《在乾隆的星空下——乾隆皇帝的精神境界》（紫禁城出版社，2011 年）

《正谊明道——紫禁城的精神灵魂》（紫禁城出版社，2014 年）

我讲的题目是“紫禁城的历史文化价值：照亮生命的那束光”，因为我们的文明是一个有生命的文明，跟其他文明不一样，它充满了生命力，所以就跟大家讲讲这个课题。与乾隆时期相比，我们现在看到的北京城已经发生了很大变化，但有幸的是紫禁城完整地保存了下来。紫禁城始建于永乐时期，虽然它到现在还不到 600 年的时间，但它凝聚了中国 2000 多年以来的政治制度、宗法礼教、建筑文化等。可以说紫禁城的历史就是中国的历史，紫禁城的文化就是中国的文化。

一、生命的历程

我们文明的生命历程是什么样的？那就让我们从什么叫紫禁城开始，去追寻一段神奇而又震撼的生命历程吧。

人类文明包含以下三大文明。第一大文明是狩猎文明；第二大文明是游牧文明；第三大文明是农耕文明，农耕文明是定居的，需要驯化动物，需要培育农作物，比如培养一颗种子，从春天开始发芽，到夏天生长，秋天成熟，冬天再收藏，第二年再重新进行，这是一个生命过程。这个过程需要时间，因此必须要定居下来，我们的先民从遥远的地方来到了华北平原并定居下来。我们的文明是在迁徙中不断成长和成熟的。

我们知道适合农耕的最好地方就是华北平原，就是我们说的两河流域，即黄河、长江流域。我们的先民迁徙到这个地方，这里土地肥沃、河流纵横、物产丰富，到了这里就不想去其他地方了，东边是浩瀚的太平洋，北边是寒冷的西伯利亚，因此这个地方是最好的地方，必须把这个地方守住。先民定居下来后就要发展农耕，发展农耕就需要“测天”，因为农耕要靠天吃饭。我们的农耕文明是一个什么样的文明呢？《孟子》中有一段记载，有几亩土地，在土地上面盖个房子，在房子前面栽几棵桑树，栽桑树是为了养蚕，是为了有衣服穿，还可以驯养动物，比如猪、鸡、羊，这样就有肉吃。当满足了吃穿，下一步就要兴办学校，要学习。因此，农耕文化是这样的一个过程：从事生产生活，然后进行文化教育，最后教化天下。

我们再回到紫禁城，原来它的名称不叫紫禁城，叫“禁中”或“省中”。现在的媒体和学术界有人认为，因为帝王的宫殿取象于天上的紫微垣，禁止老百姓进入，所以叫紫禁城。这个“禁”是禁止的意思，大家可能对这个说法比较熟悉，听到的都是这种解释。我们可以想一想，天子建的宫室是自己住的地方，公开宣称禁止老百姓进入，这不太可能。

因为古人是讲仁义的，是比较谦虚的，不可能说这样的话。

《史记》记载秦二世住在禁中，不理朝政；汉高祖刘邦躺在禁中，做了一个梦，梦见英布要取他的性命；在北京的燕王到了都城，他是在禁门朝见天子的；汉昭帝的姐姐鄂邑公主被封为长公主，她是被养在省中的。因此皇宫不叫紫禁城，而叫禁中或省中。

为什么叫禁中呢？汉代的蔡邕说，守备严密的地方，只有皇帝身边的侍者可以进入，这个地方叫禁中。也有人说，天子的车在路上行驶，道路两边是仪仗队，中间的道路叫禁中。为什么叫省中呢？孝元皇后的父亲名禁，因为名讳，所以由禁中改称为省中。现代的人已经搞不明白了，那怎么办呢？这个时候我们就想到了文字，因为中国的文字和其他国家的文字不一样，中国的文字是象形文字，象形文字是当时的行为和思想的一种反映。那我们就去找这两个文字，看看什么叫“禁”，什么叫“紫”。

东汉的《说文解字》，怎么解释这个“禁”呢？“禁”，从示，表示吉凶，它主要是代表吉凶。“示”是什么呢？我们再去查甲骨文，甲骨文的“示”跟“工”“巫”是一个字，就是巫师手里拿的规矩，“工”就是巫师，巫师就是“示”，他手里拿着一把尺子和测天用的杆子。我们进一步想到了古代的“明堂”[①]，“明堂”上面有一个土台子，上面插了一根杆子，这根杆子是测天用的。怎么测天呢？就是我们说的立杆测影。先民很有智慧，要定居下来，就需要两个条件，一是空间，二是时间。没有空间、没有时间，人们怎么能够集中起来进行生产和生活呢？那是不可能的，因此必须要把时空观建立起来。先民建立起来时空观的工具也很简单，就是由一根杆子测量太阳的影子，早晨太阳从东边升起来，到了傍晚太阳从西边落下去，在远古的时候东西方向是最重要的。这么一根杆子就把东南西北、春夏秋冬确定下来，就有了时空的概念。

测量的太阳影子的长度，最长的是冬至，中间的是春分和秋分，最短的是夏至，这个影子走一圈大约是360天，每一个节气相当于这个影

---

① 明堂：先民祭祀天的场所，夏代称“世室”，商代称“重屋”，周代才称“明堂”。它既是祭祀天帝和配祠帝王的场所，也是帝王处理政务的场所，还是天子的寝居之所。

子走 15°，二十四个节气就有了，这些都是为农业生产服务的。测量太阳的影子需要一把尺子，这把尺子用什么来制作呢？因为当时没有铁器，也没有铜器，最好的材料就是玉器，所以由玉器制作的这把尺子很重要，由巫师掌握，代表上天。

先民在长期测天的实践中发现了天的规律，什么规律呢？就是当这根杆子八尺高的时候，杆子在太阳下的影子是一尺五寸长。为什么是一尺五寸呢？因为当是一尺五寸的时候这个地方就是大地的中心，从此找到了天的规律。

由此我们想到了汉代的画像砖，画像砖上有一位由人与动物合体的形象，以往都认为他是伏羲女娲，手里拿了一个三角板和圆规。是这样吗？不是这样的。他其实是一个巫师，是最早的神的形象，他手里拿着三叉形的瞄准器，在瞄准很远的地方。农耕首先要培植农作物，把种子培育出来，它就是一个生命，即培养生命，因此我们的文化产生于此，文化的起点就是从这个地方开始的，即掌握生命的规律。朱熹说天只知道生，所以有春、夏、秋、冬四季，春天种子发芽，夏天成长，秋天收获，冬天收藏，第二年又重复出现，年年如此，生生不息。这与对生命的哲学思考是完全一致的，因此儒家提出了一个最重要的思想就是“天地有大德曰生”。所以，朱熹说儒家找到了真理，因为儒家文化是中国的传统文化，我们的文化就是儒家文化。

那什么叫省中呢？还是去《说文解字》这本书中找，“省”就是看的意思，省视、查看，就是用眼睛观察。汉代的画像砖上就有巫师拿着三叉形的瞄准器，去望天上的一个东西。《诗经》里面记载，那个时候祭天就叫“望”，我们现在说的祭天是“拜”，过去都是拿一个瞄准器去瞄准天，去测天，这就叫祭天，这个就是“望”。这样就想到了中国古代有一种兵器，如果大家对兵器感兴趣的话就会知道是弩弓，弩弓的瞄准器叫“望山”，后人把三叉形的瞄准器当成“山”字了，因此这个瞄准器的名字“望山”就是由此而来。

白天测天其实就是测太阳，是立杆测影；到了夜晚也要测天，是测天上的星星。天上最显著的标志是北斗七星，如果把北斗七星给测出来了，天的中心是不是给找出来了？古人是这么想的。因为古人观察天空的运行，发现天在不停地运转，是北斗七星带着天上所有星绕着一个中心在周而复始地运转。

我们的祖先从遥远的地方迁徙到今天的黄河流域和长江流域，这是最好的地方，天下没有比这个更好的地方了，因此一定要把天的中心给找出来，来论证这个地方是天下的中心。那怎么测呢？这就是牵星术。什么叫牵星术呢？如图1所示，巫师站在“眼睛”处，在“表”也就是杆子上系了一根绳子，“眼睛”通过杆子顶端这一点瞄准天上的北斗七星，跟着北斗七星走，把每天走的点在地上作个记号，当回到原点时，正好是360天，就知道天运转一年是360天，这样天数就确定下来了，东西南北的方位也定下来了。巫师走了一圈发现天是圆的，因为在地上最后是画了一个圆圈，然后告诉大家天是圆的，是测出来的，而不是想象出来的。

怎么把天的中心测出来呢？巫师站在东西连线与南北连线的交点上，“眼睛”通过交点正上方瞄准了天上的点，天的中心就给找出来了。但是，天上这一点是没有星星的，怎么办呢？它旁边有一颗小星，就把这颗星命名为天的中心，叫北极星。因为我们在北半球，这颗星是天的中心，是最高点，所以称北极。找到了天的中心，思想肯定也发生了变化。为什么这一点不动呢？先民想来想去终于想明白了，是因为天上有一根天轴存在，当然这是想象的，所以这一点是不动的。打一个比方，伞有一根伞轴，我们把伞撑开，伞盖代表天盖，伞盖上面有很多点，代表星，我们转动伞轴，伞盖就转动，但是伞轴的顶点

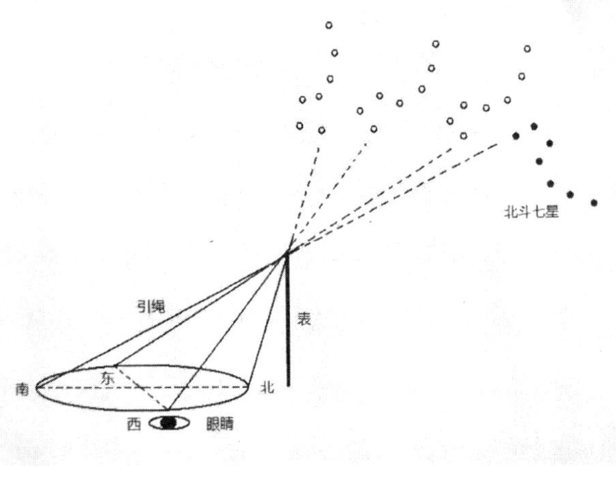

图1　引绳测星图

是永远不动的，因此天的中心北极星是永远不动的，这个理论就是“天轴理论”，同时先民就知道了天的体积是一个圆锥体，如图2。这对我们的城市规划和设计产生了极大的影响。我们现在来看看天坛，是不是就明白了？古人认为天有三重，因此天坛有三层，天坛是一个圆锥体，上面的圆球代表北极星，即天的中心。

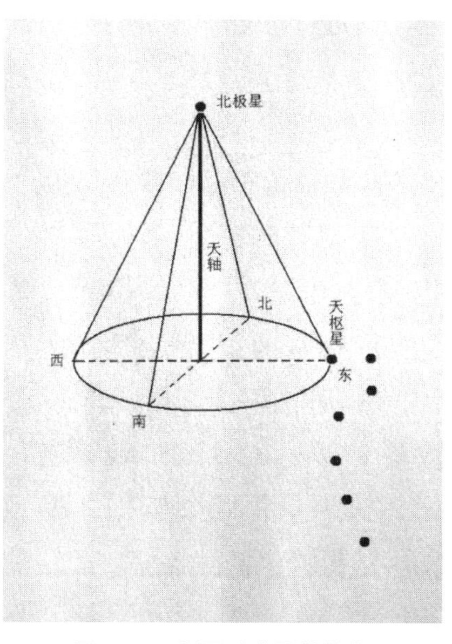

图2　天为圆形（圆锥体）

找到了天的中心，从此就改变了人们的思维方式。巫师掌握这把尺子，有话语权，后来王权战胜了神权，这把尺子归王所有。《尚书》记载，大禹治水成功后，舜帝把玄圭交给了大禹，让他去治理天下。

测天之地归王所有，成为君王的活动场所，其名称直接用了巫师测天的名称，即禁中或省中。测天是为了找出天的中心，测太阳的影子是为了测大地的中心，大地的中心就叫作禁中、省中。

先民通过禁中和省中掌握了天象，天文学就得到了发展，一张完美的天文图就画出来了。春秋战国时代有一本书名为《甘石星经》，说天上有“三垣”，即紫微垣、太微垣和天市垣，周围有28星宿，图3是古人想象画出来的天象分布图。天空发生了变化，大地上的都城也将要发生变化。

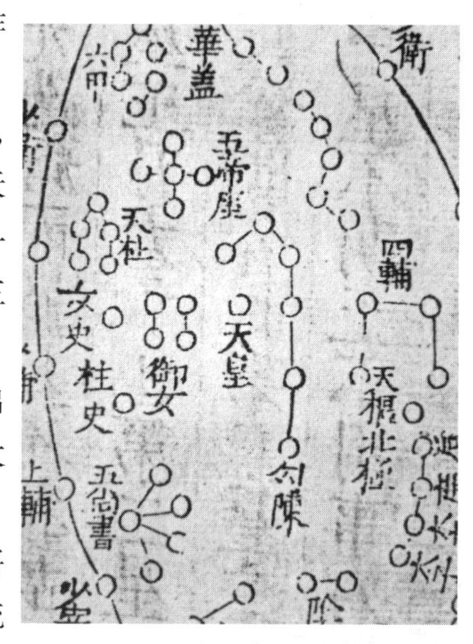

图3　天象分布图（局部）

我们再来看看“紫”是何义？将皇宫比作天象，始于秦始皇。秦始皇统一六国，定都咸阳，建了一座宫殿叫信宫，信宫就像北极，这个地方是天下的中心。汉代时皇宫称为紫宫，取象紫微垣。《史记》解释“紫”就是“此”的意思，“宫”就是“中”的意思，这是不是就是禁中、省中的意思呢？道理是一样的，天上的那颗北极星就是中心，这个就叫紫宫。

我们说紫禁城起源于一根绳子，为什么这样说呢？根据《说文解字》的记载，“紫”，此声，从糸，是否可以认为天的中心是用一根绳子测出来的。甲骨文里面有一个词叫“大玄冥”，大玄冥是一个神，因为先民把天的中心给测出来了，需要把中心神化成天神，需要给它取一个名字，这个名字怎么取呢？自然就想到了这个中心是靠绳子测出来的，因此就把这个大神取名为“大玄冥”，“玄冥”就是绳子。“绳”字的形态为“糸＋黾”，“糸”即“玄”，“黾”读音为“冥”，与“冥”通，绳为“玄黾”也即“玄冥”的合文，故“大玄冥”即“大绳”，而“大绳”之义即“大神”。

测天的结果就是天的中心找到了，就有了禁中和省中。皇宫的称呼到了南朝为“禁城”，或者叫“紫禁”，到了唐代为“紫禁”“禁城”“紫宫”，到了明代为“紫禁城”。因此，“紫禁”的历史就是中国的历史，“紫禁”的文化就是中国的文化。

二、生命的目的

刚才讲了生命的历程，那生命的目的是什么呢？就是要建立一个大一统的中央帝国。北方有强悍的游牧民族，在古代，最强大的部队就是骑兵部队。所以，为什么要修长城？为什么每一座城市都有城墙呢？因为城墙和长城连在一起就组成了一个强大的防卫系统。

传统的中心观，《尚书》里面有“中邦”，《诗经》里面有“中国”，周代的青铜器上面的铭文有“中国”，“中国”就是都城。周武王灭商后，随着国土面积增大，需要迁都到东方，于是派周公到洛邑相土，确定洛邑是为天下的中心。他说了一句“四方入贡道里均”，即四面八方到洛邑进贡的距离都是一样的，洛邑是天下的中心。

秦始皇统一六国，国土面积虽然扩大了，但他没有把都城迁到东方，仍然以咸阳为都城。天下中心在洛邑，秦始皇竟敢无视传统中心的存在，那他如何辨方正位呢?

秦始皇不再把眼光放在自己的脚下，而是抬头望天，浩瀚无垠的宇宙超越了他对大地的想象，他不去找大地的中心了，而要根据天上的中心来建立一个大地的中心。于是，秦始皇决定效法天来建立一个中心。他是怎么建立的呢? 秦始皇二十七年，下令营建信宫，象征北极星，“信宫为极庙，象天极。自极庙道通郦山”，从阁道修了一条道路直通骊山，这条道路就是中轴，象征天上的天轴，这个地方就是天下的中心。这个方法是不是很简单? 修一座大殿，前面修一条道路，就可以确定天下的中心了。

秦始皇三十五年，他觉得信宫太小了，又建了一个庞大的阿房宫，阿房宫象天极，“表南山之巅以为阙”，从阿房宫前殿修了一条道路直通前面的南山，这条道路成为新的中轴，象征天上的天轴。图 4 为整个咸阳都城，信宫前修了一条道路直通骊山，我们说早期东西向方位是最重要的，到后来变成南北向了，到了秦始皇三十五年，从阿房宫前修了一条道路直通南山。在古代很多建筑要确定方位，前面一定有一座山，这个山是为了定点，包括现在的十三陵，它的前面都要

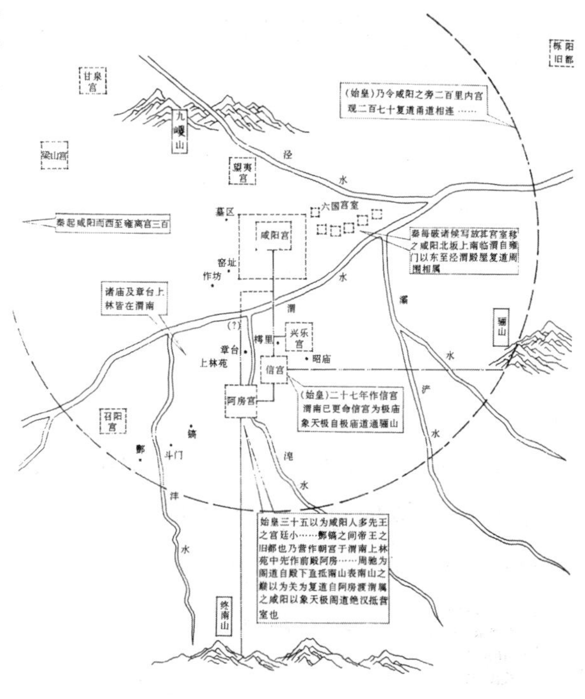

图 4　秦咸阳宫规划示意图[①]

---

① 贺业钜．中国古代城市规划史［M］．北京：中国建筑工业出版社，1996：313.

对着一座山。北京城前面有没有山呢？北京城前面有一座山，叫泰山，这个在后面也会提到。

中轴说代替了圆心说。中轴说的方法很简单，天下的中心可以随意地定在任何地方，不一定非得到洛阳去定都，这就是中国人的辩证思想。北魏时期定都洛阳，说洛阳是天下的中心，洛阳宫城大殿叫太极殿，太极就是北极的意思，太极殿正对南边的祭天圜丘，圜丘是不是相当于秦始皇时候的骊山？隋唐长安城的宫殿叫太极宫，太极宫前是朱雀大街，朱雀大街有多宽？达156米。156米是一个什么样的概念呢？大家可以想象一下，现在北京长安街有多宽？160米。在唐代这个街道这么宽是不可想象的。为什么要修这么宽的道路？因为唐代长安城是丝绸之路的起点，我们现在所说的“一带一路”起点就在隋唐的都城长安城。当时的诗人王维写诗曰“九天阊阖开宫殿，万国衣冠拜冕旒”，意指九天上所有宫殿的大门都打开了，来迎接“万国”（指天下诸国）的到来。

中轴说经过千年是不是过时了？因为这些中轴都没有成为天下的地轴。天上的北极星为什么不动呢？因为它有一根贯穿整个天体的天轴存在，为什么大地不能出现这么一根地轴？以中国人的雄心和宽阔的胸怀，一根贯穿大地的中轴一定会被发现。朱熹提出来了，他称“冀都”是正天的中间。《朱子语类》（卷二）中记载，朱熹认为，冀都是正天地中间，好个风水。山脉从云中发来，前面黄河环绕，泰山在左，华山在右，嵩山为前案，淮南诸山为第二重案，江南诸山和五岭又为第三、第四重案。他根据什么理论说冀都是正天的中间呢？就是我们前面讲的天轴理论，天上有一根天轴，天不变，道亦不变，大地也应该这样。冀都周围所有的山水就好像天上的诸星拱卫北极一样在拱卫冀都，所以冀都是正天的中间。我根据朱熹的说法画了一张冀都中轴想象图（图5），冀都在子午线上，有黄河，有长江，冀都前面有嵩山，天下所有的山水都在拱卫冀都，冀都当然就是天下的

中心了。但是朱熹没有提出冀都在哪个地方，北方的哪一座城市能承担这么重要的天下中轴的分量呢？

到了明代，北京城的中轴承担了这个重任。中轴上有庞大的建筑群，还有一座庞大的山。明代成化年间丘濬写了一本书叫《大学衍义补》，说北京城在北方是天上的紫微垣，前面有一座山是太岳，太岳就是泰山，是五岳之尊，因此北京是天下的中心。明万历年间章潢也写了一本书叫《图书篇》，他说北京城前面有泰山，有黄河，有淮南诸山，有长江，有江南诸山，大河大江都在眼前，这个地方就是天下的中心。这两段文字都直接来源于朱熹。

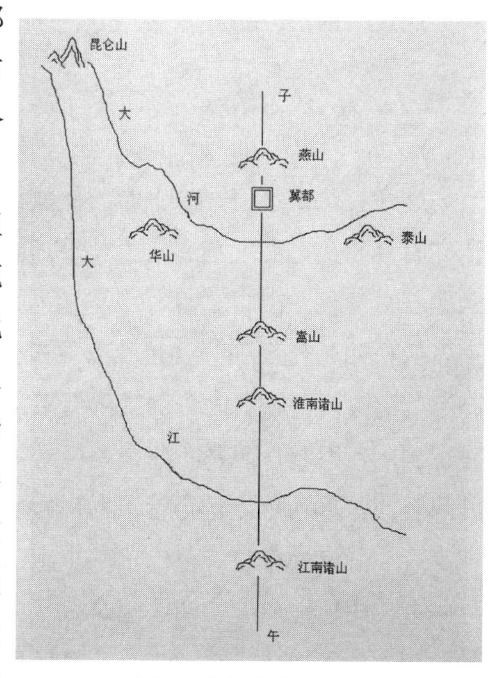

图 5　冀都中轴想象图

明代徐善述写了一本书叫《人子须知资孝地理心学统宗》，他认为朱熹说的“冀都是正天地中间”这句话指的不是尧都，而是北京城，为什么呢？因为朱熹说完这句话的时候接着再说尧都，证明尧都和冀都是两座城。幽燕古通称冀，因此冀都指的是北京城，证明北京城是天下的中心。在北方大地上只有北京城才能够承担这个责任。唐代诗人王勃说这个地方是“王不得不为王之地，霸不得不为霸之地”，谁占有这个地方就可以称王称霸，这个地方的重要性是多么显著啊！

这根中轴把中国的万里江山统贯了起来，成了地轴的象征，有泰山、黄河、长江、江南诸山等，就像天上的诸星围绕北极旋转一样拱卫在北京城周围，这就像唐代杨筠松所说的“千山万水皆入我朝”。明代陶望龄的《帝京篇》称紫禁城大中轴为地轴：“地轴幽燕壮，星辰北极尊。向明开帝服，面势敞天门。”

通过中轴，北京城实现了孔子所说的“居其所，而众星共之”的理想。

三、生命的价值

生命有什么价值呢？生命的价值在于施善于民，把好处施给老百姓，让老百姓得到好处。这就是生命的价值，因此我们要去教化天下。先从两块石头说起。在周代朝门外置有两块石头，东边叫嘉石，西边叫肺石。嘉石的作用是什么呢？就是让有罪过但还没有触犯刑法的人跪在嘉石上，以令其悔改。立肺石的目的是民有不平，可击石以鸣冤。到西晋时建立了直诉制度，因此自西晋时起，在朝堂外悬设登闻鼓，允许有重大枉屈者击鼓鸣冤，直诉中央甚至皇帝。唐宫城承天门朝堂外东置肺石，西设登闻鼓，就是这一制度的反映。金代于千步廊两侧建文楼和武楼。元大内继承了这一制度。明代之前文武两座建筑只是大朝正殿的两座配殿，明代文武两楼的作用发生了变化，它把整个北京城分成了“文”和“武”两半，文楼到清代改称为体仁阁，跟“仁”有关系；武楼到清代改称弘义阁，跟“义”有关系。永乐时大学士李时勉所写《北京赋》称“列大明之东西，割文武而制异”，大明门的东西，严格按照文武来布局。中轴的两侧，东属文官的办公衙署，西属武官的办公衙署，文武严格分开。以中轴为准，“文”的建筑有文华殿、文楼、崇文门，在东边；“武”的建筑有武英殿、武楼、宣武门，在西边。东边属于阳，西边属于阴。可见这两块石头在明代北京城里变成了文楼和武楼，它改变了北京城的格局，提升了北京城的思想。

北京城的这种文武格局，反映了一阴一阳之谓道的思想。什么叫一阴一阳之谓道？《周易》六十四卦作了解释，第一层是太极，第二层是一阴一阳，又生了八卦，八卦生六十四卦，阴阳又生出一阴一阳，阴阳不断地生成，无穷无尽，因此称一阴一阳之谓道。万物生成的道理，天生一，一生二，二生三，三生万物，无穷无尽，所以天地有大德曰生。

对于生命的起源，儒家是这样解释的，在没有生命之前，宇宙是一片空虚，是黑暗的，是没有光的，什么都没有，突然这里面出现了一股元气，把宇宙搅动，元气发生了分裂，产生了阴阳二气，阳气比较轻，上升形成了天，阴气比较重，下降形成了地，天地就形成了。但是，阳气可以下降，阴气可以上升，阴阳交汇，天就下雨，有了雨就有了水，有了水生命就产生了。因此中国的哲学思想里面有一句话叫作“天一生水”，水是排在第一位的，我们的生命就这么产生了。

大家可以看看这两本书，一本是《礼记》，一本是《周易》。《礼记》称：“地气上齐，天气下降，阴阳相摩，天地相荡，鼓之以雷霆，奋之以风雨，动之以四时，暖之以日月，而百化兴焉。”地气即阴气上升，天气即阳气下降，阴阳二气相互摩擦，天地相互激荡，雷霆来鼓动，风雨来振奋，四时来运行，日月来照耀，万物因此而化育生长。《周易》称：“大哉乾元，万物资始，乃统天。云行雨施，品物流形。”儒家不仅告诉大家生命是怎么来的，它最重要的是要告诉大家天是让万物生长的，不是让万物灭绝的，说明天的本性是善良的，是仁的，因此说天最大的德是“生”，这样就能自然地推出要替天行道，推行仁政，把好处施给老百姓。儒家思想源自于此，这是文化的起点，也就是农耕文明的起点。

我们的文化是建立在生命基础之上的，因此我们的文明是一个有生命的、建立在我们生命诞生的基础上的文明，我们的文化就是我们的生命，没有我们的生命就没有我们的文化，没有我们的文化就没有我们的生命，这个生命就是天，就是天命。可以说这是世界上最伟大的文明，因为它讲的是善，讲的是天地有大德曰生的德。《中庸》说：“天地之道，可一言而尽也：其为物不贰，则其生物不测。”这句话意思是说天地之道的这个道可以用一句话来总结，就是天生成万物的时候没有二心，它就是生成下去，一直生成下去，大地才充满了生机，这才是宇宙，这才是整个世界。那我们要为生命做一点什么呢？儒家思想说，对于最高的统治者，就是要替天行道，推行仁政，施善于民；对于个人而言，要修身养性，自省明德，因为我们的生命是天给的，天的本性是善良的，所以人的本性也是善良的。

四、生命的意义

生命有什么意义呢？在前面讲到天地有大德曰生，我国古代的一些制度和建筑蕴含了这一道理，由此来告诉我们生命的意义。

自周代就有六寝六宫制度，当时为住在六宫里面的嫔妃规定了一种礼，这个礼就是纺织缝纫。为什么要这么规定呢？因为远古时候是男耕女织，女人只要懂得织布缝衣就行了，这就是所谓的“阴礼”。但是到了宋代、明代就变了，因为宋代是礼学三纲五常思想高度发达的时期。怎么变的呢？这个礼被固化于建筑之中了，我们根据建筑能说明这个问题。礼不仅代表正统，也代表天道和人道。

宋代鲍云龙在《天原发微》中称天上的勾陈六星，象坤六数。紫禁城东西六宫的建筑平面结构就是一个坤卦。坤卦的最大特点就是顺从，坤要顺从于乾，就是地要顺从于天，女要顺从于男，这就是古代夫为妻纲的思想。承乾宫就是要顺承乾，顺承皇帝的意思。乾清宫取象乾卦，坤宁宫取象坤卦。乾清宫与坤宁宫中间有一个交泰殿。乾清宫就是把帝王的六寝集合成了一个宫，坤宁宫把皇后住的六宫集合成了一个宫。乾清宫在前面，坤宁宫在后面；乾清宫在南边，坤宁宫在北边。这个都是有思想根源的，即天南地北，先天八卦。《周易》里说天南地北，就是天尊地卑的思想，天在南边属于尊，地在北边属于卑。天高地低，因此说天就是尊，地就是卑。我们再往下想，这不就是男尊女卑的思想吗？我们现在看天坛和地坛，天坛在南边，地坛在北边，这就是天南地北。

如果到故宫参观，经过乾清宫和坤宁宫的时候，会看到乾清宫在前面，坤宁宫在后面，它们就好像是一对夫妇，夫在前面，妻在后面，夫妇在那对话一样，传达出来夫妇之道。中国古代特别讲夫妇之道，先齐家，然后再治国平天下。齐家就是夫妇之道，怎么把夫妇之道处理好呢？夫妇之道就是天地之道，天地之道就是阴阳之道，阴阳之道就是仁，就是善。乾卦的作用是创始，坤卦的作用是滋生，就好像是一粒种子，这粒种子要长成一棵树必须是阴阳的结合，有阳无阴，有阴无阳，都不能孕育生命。因此夫妇之道是为了强调“生”的。

我们来看看交泰殿。乾坤相交，阴阳合和，背后到底有什么含义呢？交泰殿悬挂着一块匾，上书“无为”，什么叫无为？可能大家不自觉地就想到道教了，无为就是什么都不作为。其实无为是儒家思想，指的是天地之道，阴阳相交。阴阳相交是一种无为的行为，它是一个自然规律。乾隆写过一副对联：“恒久咸和，迓天休而滋至；关雎麟趾，立王化之始基。”恒是《周易》里面的恒卦，咸是《周易》里面的咸卦。两个卦是讲男女交合的，意思是只要夫唱妇随，就可以恒久，就可以迎接老天赐给的大富。古人认为，老天赐给最大的福气是多子多孙。为什么呢？因为天地有大德曰生，所以说赐给人的福气就是多子多孙，这样就可以像天地日月那样长久。下联中的“关雎”，出自《诗经》“关关雎鸠，在河之洲”。什么叫关关呢？就是鸟的叫声，雄鸟在这叫，雌鸟在那和，叫夫唱妇随。所以我们就明白了，为什么儒家特别注重《诗经》的第一首诗呢？因为这是儒家的礼。“麟趾”，出自《诗经》“麟之趾，振振公子”。繁衍子孙是建立王化的基础，是立国的根本，是每个人的根本。乾隆的这副对联是对“无为”的最好注解。东西六宫有四座门，四座门都是代表多子多孙。螽斯门，螽斯就是蝗虫的意思，形容子孙跟蝗虫一样多。麟趾门、百子门和千婴门，都有祈望多子多孙的寓意。

最后总结一下，紫禁城的平面结构，象征阴阳相交。后宫的恒久咸和、多子多孙、夫妇之道，都是跟天道有关系，因此天是最重要的。天地有大德曰生，生生不息，这个就是天地万物之心。天地万物之心就是自我之心，这颗心就是仁心。如果每个人都有了仁心，就会有包容之心了，就不会去揭别人的短处。就好像是大地上所有的江河流向大海，大海才能成其深；泰山不让一寸土，泰山才能成其大。这就是古人讲的天地之心，即“包容”。

4 乾隆遗珍——宁寿宫花园研究与保护

王时伟

王时伟，故宫博物院古建部原总工程师、研究馆员，清华大学建筑系古建专业毕业，从事古建筑保护研究设计工作四十余年，任中国文物保护技术协会理事长。中国艺术研究院硕士生导师。完成多项故宫及国内文物建筑保护设计工作。主持中美合作故宫倦勤斋及乾隆花园保护项目，在国内外获得很高评价。主持新加坡凤山寺保护修缮项目获联合国教科文组织亚太区卓越奖（2010 年）。主编《倦勤斋研究与保护》《乾隆花园保护规划》《符望阁》《木艺奢华》等。

宁寿宫花园也被称为“乾隆花园”，是紫禁城内最为休闲的一处建筑，坐落于紫禁城东北的宁寿宫内西路。倦勤斋位于宁寿宫花园最北端，符望阁后，北依宫墙，是宁寿宫花园中最具有特色的建筑之一。今天主要给大家讲述三个方面的内容：一是介绍宁寿宫、宁寿宫花园与倦勤斋建筑的基本特点；二是宁寿宫花园的价值；三是宁寿宫花园的修缮——以倦勤斋为例。

一、宁寿宫、宁寿宫花园与倦勤斋建筑的基本特点

（一）宁寿宫

宁寿宫一带在明代和清初都作为皇太后宫殿，明代曾有本恩殿、哕鸾宫、喈凤宫等殿宇，清康熙二十六年（1687 年）至康熙二十八年（1689

年）改建为宁寿宫。乾隆皇帝年幼时深受康熙皇帝钟爱，这为日后登基打下了基础。所以在其即位之初便发誓，如能在位 60 年就退位，以表示对在位 61 年的康熙皇帝的尊重。乾隆三十六年（1771 年）开始营造太上皇宫殿，以备归政后使用。乾隆四十一年（1776 年）建成，耗银 140 余万两，仍名宁寿宫。

与故宫整体布局相似，宁寿宫也分为前后两部分。前部分以皇极殿、宁寿宫为主体，后部分作中、东、西三路。中路依次为养性殿、乐寿堂、颐和轩和景祺阁；东路从前至后为畅音阁、阅是楼、寻沿书屋、庆寿堂、景福宫、梵华楼和佛日楼；西路是闻名遐迩的宁寿宫花园，俗称“乾隆花园”。

宁寿宫建成后，乾隆皇帝曾来此听戏、赐宴。嘉庆元年（1796 年）正月初四，为庆祝政权移交，在皇极殿举行的“千叟宴”盛况空前，应邀者达 5000 人之多。乾隆皇帝退位后，并未移居宁寿宫，仍居养心殿，直至逝世。乾隆皇帝生前曾有谕旨，限定宁寿宫日后仍作太上皇居所，不可照雍和宫之例改成佛寺，宫殿形制亦不可改变，因而宁寿宫作为仅存的太上皇宫殿保留下来。乾隆以后各朝，仍以宁寿宫为庆典、观剧、赐宴场所。只有光绪时慈禧太后曾居宁寿宫，以乐寿堂为寝兴之地，过了一把太上皇瘾。

（二）宁寿宫花园

宁寿宫花园是宁寿宫的点睛之笔。在南北长 160 米、东西宽 40 米的狭长地带里，克服深宫高墙所带来的种种不利条件，巧妙构思，于规整中见变化，融南北造园风格为一体，博采众家之长，显示出高超的艺术水准。

宁寿宫花园由南向北划分为四个主体院落，形成风格各异的四个景区。

衍祺门内为第一景区，迎面一屏假山，有曲折石径通向古树参天、山石环抱的院内，有“曲径通幽”的意境。院内正中是古华轩，因轩前古楸而得名。东有假山露台，西有“曲水流觞”的禊赏亭，北有垂花门。门内为第二景区。东南角又以游廊隔出小院，有抑斋和建于石山上的撷芳亭。第二景区为一正两厢的住宅式院落，主体建筑遂初堂坐北居中，院内散点湖石，花木三五，别有一番情趣。遂初堂后为第三景区，院内以山景为主。峰峦叠嶂，主峰上建有耸秀亭，北侧、西侧有萃赏楼、延趣楼，东南角有三友轩，取松、竹、梅“岁寒三友”之意。第四景区从布局到建筑形制都仿自建福宫花园。华丽端庄的符望阁巍然屹立于院落正中，室内空间分隔巧妙，俗有迷楼之称。南为一带假山，山上建有一平面为五瓣梅花形的碧螺亭。西南有曲尺形的云光楼，西为玉粹轩，西北为竹香馆，北为倦勤斋。

宁寿宫花园布局紧凑多变，又以游廊、洞谷、阁道、飞桥穿插联络，平直与曲折相结合，开阔与幽深交替，步随景移，形成引人入胜的艺术效果。其建筑形式也十分灵活，绝无雷同之感，室内空间分隔和装饰装修更是煞费苦心、精益求精，通过倦勤斋即可见一斑。

（三）倦勤斋

倦勤斋仿建福宫花园敬胜斋而建，斋名取“耄期倦于勤”之意。面阔九间，硬山卷棚顶，前有游廊与符望阁相连，形成东五间和西四间的格局。

东五间内以木装修隔成“凹”字形转角仙楼。门后入口处留出开敞空间，形如广厅，其余则为上下两层仙楼。楼下正中设宝座，其余各间也设床榻。楼上各间相对独立，隔为封闭空间，以回廊相互连接。西四间相对开敞，西侧设一方亭式戏台。乾隆皇帝曾命南府（升平署前身）太监在此演唱岔曲。岔曲又称辇下小唱，以八角鼓、三弦伴奏，内容大多为歌功颂德、粉饰太平之作。戏台两侧设竹篱，为木雕髹漆工艺。西四间东侧与仙楼相接，楼上楼下面西一侧设有宝座床，为观戏听唱之处。

仙楼木装修多为紫檀、花梨等名贵材料，装饰工艺包括镶嵌、竹黄、双面绣等多种，形成高贵中不失典雅的总体风格。竹黄为清代乾隆时期出现的竹刻工艺，又称翻黄、贴黄，是将毛竹去节去青，留下内层竹黄，经煮、晒、压平、磨光，然后雕刻出纹样图案，镶嵌胶合于木胎之上，利用材料天然色泽和质感，具有典雅大方的艺术效果。倦勤斋仙楼有四块大面积的竹黄作品，楼上两块为百鸟图，楼下两块为百鹿图，面积之大，工艺之精，世所罕见。双面绣也是清代出现的刺绣工艺新品种，其特点是绣面正反如一，可供两面观赏。倦勤斋内大量使用隔扇空间，其隔心部位使用双面绣装饰，图案秀雅，端庄中显出高贵，不同凡响。仙楼所用镶嵌

工艺也别具特色，以竹丝、紫檀丝拼成万字锦地，嵌以碧玉，亦显典雅大方。

西四间最重要的装饰是覆盖天花和墙壁的通景画。北墙上绘有斑竹篱墙，与南侧木雕髹漆篱墙形成真假与虚实的对比。中间绘一月洞门，门外庭院有两只悠闲的仙鹤，庭院一侧巍然耸立一座楼阁，宫墙外显现出远山蓝天。西墙上也绘有竹篱、远山和长青的松柏。上顶天花部位满绘藤萝架，枝叶繁茂，盛开着淡紫色的花朵，花朵依远近透视而不同，形成奇妙而逼真的立体感。据专家考证，该通景画为清代宫廷画师意大利人郎世宁的中国弟子王幼学所绘，其中也有部分郎世宁的手笔。通景画为分块绘制，贴裱拼接为一体，与欧洲的全景画和天顶画有异曲同工之妙。画面之大，画艺之精，为国内仅存的珍品。

二、宁寿宫花园的价值

（一）历史价值

紫禁城中现存格局完整的花园共计四座：内廷后中路的御花园、太后太妃生活区的慈宁宫花园、乾清宫以西的建福宫花园和宁寿宫区的宁寿宫花园（俗称乾隆花园）。前两座花园始建于明代，同样经历了多次历史改造，始终是紫禁城重要的组成部分。园林在中国宫殿建筑群中具有不可或缺的功能，对于帝王自己和那些上代帝王的遗孀，尤其是当时皇帝的生母而言，园林更是她们喜至之所，因此园林中又往往专设太后太妃们所用的宗教、游观空间。此二者确是“皇家”的花园。四座花园中的后两座都是在乾隆皇帝的决定下修建的，只是修建目的各有不同。由于乾西二所所在区域曾经是乾隆皇帝青年时代居住的地方，整个乾西五所便在他登基后得到了改造，西四、五所被改为建福宫花园。而后，乾隆皇帝又决定为自己归政后建造一座太上皇宫，宁寿宫花园理所当然地被规划成为年迈的乾隆皇帝专用的花园。这一早一晚两座乾隆的花园也确实具有相似的基因。此二者至少在乾隆时期更主要地专属于乾隆个人。

具体而言，宁寿宫花园具有浓厚的乾隆皇帝个人色彩，反映乾隆皇帝的精神世界。它所在的宁寿宫一区也是唯一现存的太上皇宫，宁寿宫所贯彻的指导思想也都是出于乾隆皇帝本人。也正因如此，宁寿宫花园恰当地被俗称为乾隆花园。说到乾隆皇帝归政的原因，历史记载是非常明确的，毋庸赘言，但说到乾隆对他归政后生活的设想，则反映在宁寿宫整体布局之中。

乾隆皇帝得到他继任者的绝对尊重，即使在训政期间也在帝国中拥有绝对权威。正如许多学者所指出的，整个宁寿宫因而被规划为紫禁城核心区的缩影。可以说，宁寿宫中各座主要建筑与紫禁城核心建筑在规制上是相呼应的。如果要进行建筑的一一对照的话，乾隆皇帝是将整个太上皇宫与皇帝的后宫作为并列骈置的同等规格来设计的。这一点尤其体现在宁寿宫前半部：皇极殿仿乾清宫；宁寿宫仿坤宁宫；宁寿宫后部的第一座殿宇养性殿则仿照雍正以来皇帝的正寝——养心殿，只不过又将原来养心殿相对于紫禁城偏西的位置在宁寿宫中调整至中轴线上。这种布局上的变化实际上反映出乾隆对于宫殿规制的理解——以大清门至午门间区域为外朝，以自午门、经太和门至乾清门区域为治朝，以乾清门内区域为燕朝，所得到的结果也与古代宫殿制度形成比较恰当的吻合。

至于宁寿宫后部花园的各座建筑，如符望阁仿延春阁、景福宫仿静怡轩、梵华楼和佛日楼仿慧曜楼和吉云楼、倦勤斋仿敬胜斋等，则可以归结为一点——乾隆皇帝在宁寿宫花园中“填满”了他所钟爱的花园的片段、建筑和室内装修装饰。在这一点上，乾隆皇帝无疑表现出了比较强烈的怀旧情绪，或许是期冀在归政后仍然在同以前一样的生活空间中，过同以前一样的没有羁绊的生活。无论是对建福宫花园的追仿，还是照搬长春园含经堂的做法，都是这种情绪或者说是期望的直接反映。

（二）艺术价值

1. 乾隆皇帝的“造园观”

中国古典园林与西方古代造园相比，在建筑与园艺相结合方面更为综合，园林的功能属性更加复杂。中国历史上曾经出现过不同的园林类型，也以不同的角度区分各种园林，诸如可以按照皇家园林和文人园林来区

分，也可以根据地域的风格将园林归为南方和北方。谈及宁寿宫花园，我们还可以引用《园治》中的一个说法，造园“三分在匠人，七分在主人”。作为宁寿宫花园的真正主人——乾隆皇帝，在花园的营建中发挥了怎样的作用？融入了他怎样的造园理念？

第一，乾隆皇帝是非常爱好汉族文化的，尤其是传统汉语文学。他总是在他的诗文中以及他的园林中“填充”大量的典故，以至于其所作御制诗文有些晦涩艰深。特别是在造园方面，品题固然非典不用，造园母题也动辄追访一些著名的江南园林，其中一些是他南巡行程中亲眼所见的。在乾隆皇帝 29 岁那年，1738 年，刚刚登上皇帝宝座四年，他开始着手营造第一座自己的园林——建福宫。时至 1751 年，乾隆皇帝 42 岁那年，他开始了第一次江南之行，直到此时，他才真正有机会切身感受江南园林的风韵。

在通常意义上的汉族文化之外，乾隆皇帝对于汉族风格的室内设计是尤其偏爱的。这种偏爱是如此的强烈，以至于他早就将祖父的一些教诲当作耳旁风，而祖父对乾隆的影响恰恰又是非常深的。从童年时代开始弘历便得到了康熙皇帝的特殊宠爱。正是康熙皇帝将大清帝国领上了稳定和繁荣的道路，也正是康熙皇帝给予了儿孙们一段“断不可做套房”（指汉式曲折隔断的室内布局）的训诫。不过从乾隆皇帝的父亲雍正皇帝开始，尽管后代清帝人人恭表孝敬，但已经没有人在装饰他们的宫室的时候真正想到这段祖宗的教诲了。亲身经历过康熙皇帝教导的乾隆皇帝，在这里起到了极大地为汉族式样室内设计推波助澜甚至是领导潮流的作用。

与大多数中国传统的装饰主题一样，宁寿宫花园的装饰设计主要采用象征手法。室内的装饰设计大多采用松、竹、梅主题，以象征人的品质；装饰材料主要采用玉、珐琅、铜，而几乎不用金，表现出乾隆在象征气质与财富的材料之间的取舍。这种做法一直都是两千年以来汉族传统文化所推崇的，尤其在文人阶层最为流行。

第二，从大量乾隆皇帝谕旨、诗文中，我们可以得出这样的印象——乾隆皇帝善于将事物体系化，以应乎天地之“道”。他曾经命章嘉呼图克图整理藏传佛教诸佛、菩萨的系统和造像规矩。在建筑和园林设计中，他更加关注朝寝制度和等级制度。正是乾隆皇帝在位期间，整理并定型了具有典型清代正统意志的紫禁城布局与主要殿宇的功能设置。

第三，乾隆皇帝对于艺术的热爱同样涵盖西方舶来风格。众所周知，他在圆明园的长春园北部建有著名的西洋景区，而他在各处宫室室内所下令绘制的大量通景画则不甚被人了解。无论是建筑，还是室内装饰、喷泉设施，清宫西洋风格的完成都是在西方传教士的直接帮助下，甚至是直接参与施工的情况下，“纯正”地完成的，而非派遣工程技术人员远赴西洋了解学习。因此，乾隆皇帝的西洋式样是完全不同于西方同时期“点缀”和“创造”式的英、法中式园林的，他也仅仅将西洋式园林作为他“园林收藏”中的一个片段，从未全心投入西式园林的建设。

2. 装饰技术与艺术

通过在上述大背景下的分析，可以看出，宁寿宫花园与紫禁城其他园林和其他皇家离宫园林不同的首要特点在于，其凝聚了乾隆皇帝至为钟爱的造园艺术，从更广泛的意义上讲，也包括了装饰艺术和相关门类。

从建筑学的角度上看，宁寿宫花园的布局是在十分苛刻的空间条件下完成的，为此，乾隆皇帝也将一些在类似苛刻条件下曾经创造出来的园林片段组织了进来。这里，整体上最为突出的特色反映在“组织片段”的方式方法。

进一步关注宁寿宫花园的园林设施和内檐装修，便不难看出乾隆皇帝的两个苦心经营之处。

其一，乾隆皇帝降旨将一些重要殿宇的内檐装修和家具等装饰配饰在南方完成。南方工匠一向以精美细腻著称，南方工匠所偏爱的材料范围广泛，包括了竹、玉、珐琅、瓷器、玳瑁、铜器、漆器及各种硬木镶嵌，这一切在当时的宫中也属稀有。有雍正皇帝的一段谕旨作参考，他当时讲：“朕看从前造办处所造的活计好的虽少，还是内廷恭造式样，近来虽其巧妙，大有外造之气。尔等再造时不要失去内廷恭造之势。”他没有亲身感受到江南格调，他的主要审美情趣也是基本排斥江南风格的。把康熙、雍正、乾隆三代帝王对于内檐装修的要求排比起来，这条从满洲传统风格逐步走向对新奇风格的追求的轨迹是多么明显，又是多么有趣！

其二，为了避免花园中有限的空间所带来的压抑感，乾隆皇帝有规模地引进了通景画手段。尽管宁寿宫花园不是唯一存在通景画的地方，但是这里的通景画的使用密度确实非比寻常，继郎世宁以后的这代画师的工作方法和成果也没有在其他地方得到重复。如果将宫廷绘制通景画的频率绘制成图表，郎世宁时期无疑是一个创作高峰，而他的学生王幼学在宁寿宫花园中的创作实践无疑是又一个高峰。

（三）科学价值

1. 园林手法

宁寿宫花园占地0.59公顷，宽37米，长160米，总体长宽比例为4.6∶1，呈狭长状。在宁寿宫西路这个不大的空间中，把中轴线上的建筑安排进去以后，所剩空间已显狭隘，但园林设计者却利用曲折、遮挡、隐约对视等手法将这个尺度问题巧妙地解决了。具体方法首先是将中轴线上的建筑处理成尺度上互相映衬的错动的韵律式排列；其次是使用假山营造出更小尺度的空间，用来反衬中尺度空间的宽敞；最后便是利用建筑和自然景观遮挡封闭感很强的院墙。

很多研究表明，花园的轴线设计是建筑及其外围空间设计的重要特点。花园四进院落中前两个院落是共用一条主轴线的——起自花园南门衍祺门，直至第二进院落的正殿遂初堂。随后这条轴线被弱化、错动了，第三进院落假山上的耸秀亭的中心轴线向东偏移了约1.1米，约合三尺四寸。第三进院落的后楼萃赏楼和第四进建筑的中轴线继续向东偏移动了约2.9米，约合九尺一寸。而第三、四进院落中的人行路线则须先后穿过曲折的假山下隧洞，并不似前两个院落中较为通达的行人动线。

中国园林中自然景观处理以叠山和理水为重。宁寿宫花园中的叠山做法使用得最为丰富，第一、三、四进院落中的假山上均设有登临路径，第三、四进院落中的假山最为集中，更有穿山洞穴和隧道，为径，为室，为厅。但是由于紫禁城中用水受到了极大的限制，园中仅仅借鉴了最重要的中国传统园林观念之一——曲水流觞的做法，在第一进院落中的禊赏亭中采用了曲折细流。一般而言，叠山往往用以营造野趣，屏蔽视线，而宁寿宫花园中的叠山则在这两个基本功能之外负担起了围合小尺度空间，以便在空间规模受到很大限制的院中，在缺少水面配合的前提下，和其他尺度空间形成对比映衬的作用，创造出一种无穷的空间变幻效果。

建筑布局与形式设计也是中国园林设计的基本要素。园中前两进院落，主要采用单层建筑，形成基本方正、左右呼应的布局，仅有撷芳亭和旭辉亭设于不高的假山之上，追求较为活泼的效果。在后两进院落中，除了假山上的亭子和作为附属建筑的游廊、耳房外，八座主要建筑中的五座都是两层以上的。在仅有的三座单层建筑——三友轩、玉粹轩、倦勤斋中，倦勤斋的室内还采用了仙楼做法，形成了两层的室内空间。如果我们看一看花园的整体剖面，便能够直观地体会建筑群乐章般起伏的效果及其背后铺陈和高超的设计手法。

2. 内檐装修

游历过清代中期宫室室内空间的人都会有这样的体会：走过养心殿暖阁、倦勤斋仙楼的时候，不禁会想，雍正、乾隆皇帝一定身材不高，因为他们是如此热衷于营造变幻无穷、狭小私密的空间；走过乐寿堂门厅、颐和轩明间的时候，又不禁会想，乾隆皇帝一定气魄很大，因为他同时还拥有如此高大弘敞、明亮轩昂的大堂。仅此判断乾隆皇帝偏爱狭小空间是武断的。

如果归纳反映雍正、乾隆皇帝时期宫室室内布局的样式房图样，如慎修思永、春耦斋、淳化轩、乐寿堂等，再将其特点与清代晚期的慎修思永、九州清宴、畅和堂等进行并置比较，那么很自然地，可以发现以下变化。

（1）雍乾时期的室内布局设计参考柱网平面，但并不拘泥于此，空间划分丰富；清代晚期则往往又沿柱网轴线布置装修。

（2）雍乾时期的室内布局设计往往打破对称形式，相对强调使用功能和空间情趣；清代晚期则大多采用相对严格的对称布局。

（3）雍乾时期的室内空间尺度对比显著，小空间仅容床张，而大空间敞亮，可容数十人聚会；清代晚期室内空间划分平均，缺乏戏剧性变化。

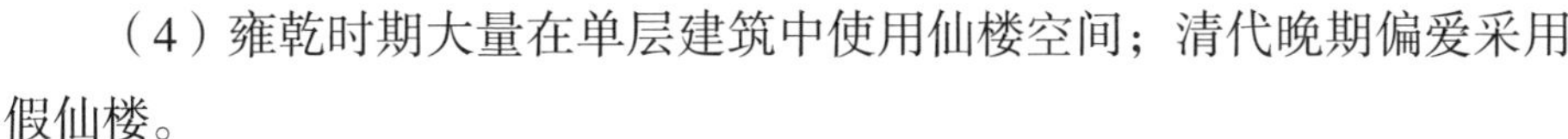

（4）雍乾时期大量在单层建筑中使用仙楼空间；清代晚期偏爱采用假仙楼。

如果说清代中期的室内设计较之清代晚期具有更高的复杂程度、更高的空间创造能力，应当是公允的。而乾隆皇帝在这高水平、高难度的室内设计过程中所起的作用，也应当得到公认，即所谓“三分在匠人，七分在主人”。

“仙楼”称谓本身来源于江南，李斗在《扬州画舫录》有所记载。值得注意的是，《扬州画舫录》中有很长一段文字与《圆明园内工现行则例》之《硬木装修作则例》雷同。可以肯定这段文字是摘抄宫内则例的。乾隆皇帝在大量吸取江南风格和工艺之后，将地方做法提高、升华了，并使这种做法提高后的风格在更广的范围内流行开来，甚至重新影响了风格的诞生地。

3. 南北方工艺的融合

宁寿宫花园以其精美的内檐装修令人折服，其蕴涵的独特风格是中国南北方手工艺相互融合的产物。其中，两淮盐政李质颖为江南工艺走入宁寿宫起到了非常关键的作用，是他竭尽全力地将最为精美奢华的工艺进呈乾隆皇帝。然而，同一时期，宁寿宫其他建筑的内檐装修仍然是内务府造办处承办的，表现出相对朴实简约的风格。可以通过将同样存在于宁寿宫中的两种风格进行比较而得出他们的相对特点，简要整理如下。

（1）两淮盐政承办的内檐装修多采用珍稀木材“实做”或“包镶”，如紫檀、黄花梨、乌木、鸡翅木等；内务府造办处所用多系楠、柏木，少量使用紫檀木雕刻花结作为点缀。

（2）两淮盐政承办的内檐装修采用多种镶嵌手法，涉及玉器、珐琅、瓷器、畝铜等工艺，并大量使用竹丝、竹黄等不甚适合北方气候的做法；内务府造办处所做除绦环、群板云盘纹路之外，不使用镶嵌做法。

（3）两淮盐政承办的内檐装修多用夹纱绣片纹饰，技法均高于内务府所出。

还有一则历史上的小插曲应当补充，即在 1774 年，就是南方承办的带有竹丝、竹黄镶嵌的隔扇运抵北京后的一年，由于温度湿度的差异，不少竹质镶嵌做法的装修便开裂破坏，有如下相应的记载：

> 惟是京师风土高燥与南方润湿情形不同，各项装修俱系硬木镶嵌成做，现值冬令，间有离缝走错，并所嵌花结漆地等项俱微有爆裂脱落之处。奴才等详细查看，其硬木漆地活计有离缝走错者，即令该工监督楦缝找补，收拾完整；其玉铜花结有脱落者，亦交造办处随时修整，务取妥固；外惟花结内有磁片一项，虽迸裂只有三小块，但在京一时难于置办，奴才等愚见，该盐政从前成造时或有余存亦未知，请交与李质颖坐京家人，寄信顺便照式寄送数块应用。是否允协，伏候圣明训示遵行。

江南造作除了直接承办内檐装修工程之外，还派送大量匠人供役内务府造办处，是为“南匠”。研究表明，造办处中“南匠”比“旗匠”具有更高的地位，报酬也丰厚得多。北方匠作在主持制作部分硬木装修之外，还主要负责裱糊壁画、墙纸、安装隔扇等工作。

三、宁寿宫花园的保护——以倦勤斋为例

宁寿宫花园是故宫乾隆时期内檐装修的宝库，倦勤斋室内多材质装饰装修，以及家具陈设等可移动文物做工精美、技艺精湛，是故宫内现存的唯一的室内未受到系统人为干预的原状遗存，是清代帝王宫廷生活的生动体现。因此，故宫博物院和美国世界文化遗产基金会合作，对倦勤斋实施了保护，该工程以室内装饰装修保护为重点，之后合作扩展到整座花园，至今仍未结束。下面为大家介绍一下此次倦勤斋保护工程的背景和目的、主要工作成果。

（一）保护背景和目的

倦勤斋从建成至今历经230余年，虽经历种种历史变迁，建筑内檐装修、家具陈设自清代晚期至今还并未经过全面保护，也没有采取日常保养措施，尤其是其精美的内檐装修正在遭受自然力的日益侵害，已处于濒危状态，亟待采取恰当的保护措施。倦勤斋内檐装修装饰所反映出的多种匠作工艺至今已经失传或正在失传，这些工艺必须结合保护工作

进行重新发掘或抢救。倦勤斋的历史重要性首先体现在其保留了大量原始而真实的历史信息，保护工作将通过全面发掘其历史价值和文物遗存，并针对不同类型的遗存制定合理的、切实可行的研究保护计划。只有在长期有效保护的前提下合理利用、逐步开放，向公众全面有效地介绍倦勤斋，提供深入全面的博物馆服务，才能充分展示清代中期皇家建筑与装饰、装修的文化内涵。

（二）主要工作成果

2000 年，美国世界文化遗产基金会向故宫博物院表示合作的愿望。2001 年初，故宫博物院成立由古建保护、宫廷史研究、古书画研究、文物保护等多方面专家组成的工作组，正式与美方接触。经过多次磋商、论证，双方对倦勤斋保护工程的必要性和可行性达成一致看法，在此基础上于 2001 年 8 月 28 日签署框架协议，于同年 9 月初正式上报国家文物局批准。此后根据协议要求，保护工程进入研究阶段，故宫博物院组织对倦勤斋历史与现状，以及保护所需的各种技术和材料情况进行调研，拟定出保护方案和项目预算。历时一年，完成各项工作并形成调研报告、施工方案和项目预算文本。2002 年底召开由国家文物局、北京市文物局有关领导出席，著名古建、宫廷、文物专家参加的专家论证会，得到与会者的一致认同。

2003 年 3 月 20 日，双方签署正式协议，保护工程进入实施阶段。实施内容包括建筑梁架结构、瓦顶、内外檐彩画、室内木壁板、天花木顶隔等部位的修复与保护；室内装饰画及壁纸的修复与保护；室内装修、家具、陈设及铺垫的修复与保护；在室内安装必要的照明设备和防火、防盗，恒温、恒湿等辅助设施；在室内恢复以乾隆时期为主的宫廷原状，以便将来有限制地向观众开放。实施阶段为时 36 个月，自 2003 年 3 月起至 2006 年 3 月止。美方在此间提供 210 万美元的资金支持和必要的技术支持。另外，双方都有合作保护倦勤斋以外宁寿宫花园其他部分的愿望，已进行前期调研和初步论证，其相关问题，如有可能，在倦勤斋保护过程中考虑解决。

1. 倦勤斋通景画的修复

根据合作协议，在完成前期调研阶段工作后，2003 年下半年修复工作开始启动。根据计划安排，首先对通景画实施试接工作。中美双方专家共同研讨技术措施，进展顺利。试接通景画进入修复工作室，进行除尘、清洗、加固处理，这一阶段工作中美双方专家加强合作，取长补短，对修复技术、工艺、材料的运用达成共识。2004 年 6 月，倦勤斋内通景画全部接取完毕，进入工作室。其他保护项目按计划陆续开始。

图 1　测量 / 除尘 / 固色

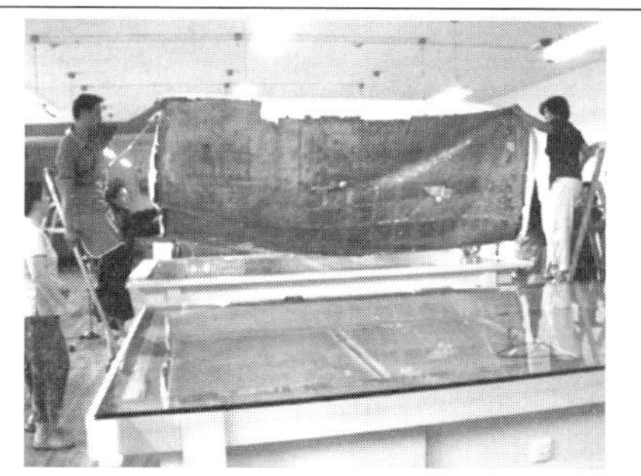

图 2　加固画心、翻身

图 3　去褙、补绢

2. 倦勤斋内檐装修保护

2005 年 3 月，在北京召开中美双方工作会议，讨论倦勤斋内檐装修竹、木修复方案及修缮合同、与清华大学合作研究设计倦勤斋照明计划书，并达成共识。2005 年 5 月，倦勤斋木刻、竹雕修复工匠开始启动修复工作，美方技术人员来故宫博物院共同研讨修复技术、工艺。2005 年 6 月，中美双方召开“里程碑”会议，美方邀请美国史密森中心专家来院共同研讨各类修复技术、工艺及实验（竹、木、漆、丝织品）。中美双方技术人员经过研讨达成共识。

图 4　竹丝镶嵌保护

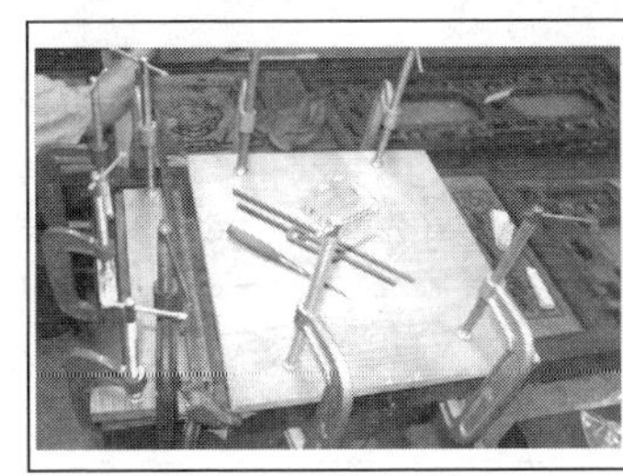

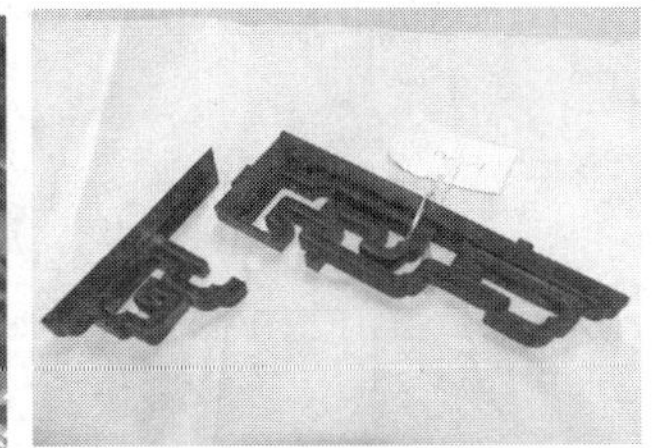

图 5　硬木装修保护

3. 其他技术问题

2005 年 9 月，中美双方技术工作会讨论空调、照明、安防、裱糊纸张等技术方案及展陈方案。2006 年 3 月，中美专家技术工作会研究“空调方案”“油饰修复”“丝织品复制”“壁纸复制”等技术问题。2006 年 5 月，中美专家技术工作会研究“环境监测及控制系统”“展陈方案”等问题。2007 年 4—6 月，中方根据中美双方确定的技术方案、制作单位、材料加工单位，落实合同签订工作。2007 年 12 月，各专业修复安装工作基本按计划完成。

图 6　油饰保护

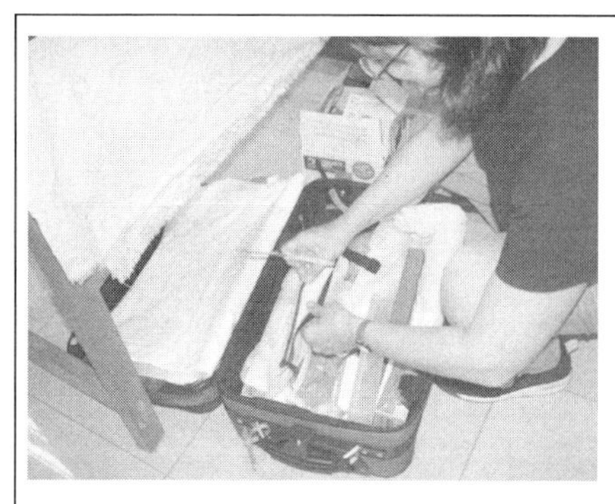

图 7　丝织品保护

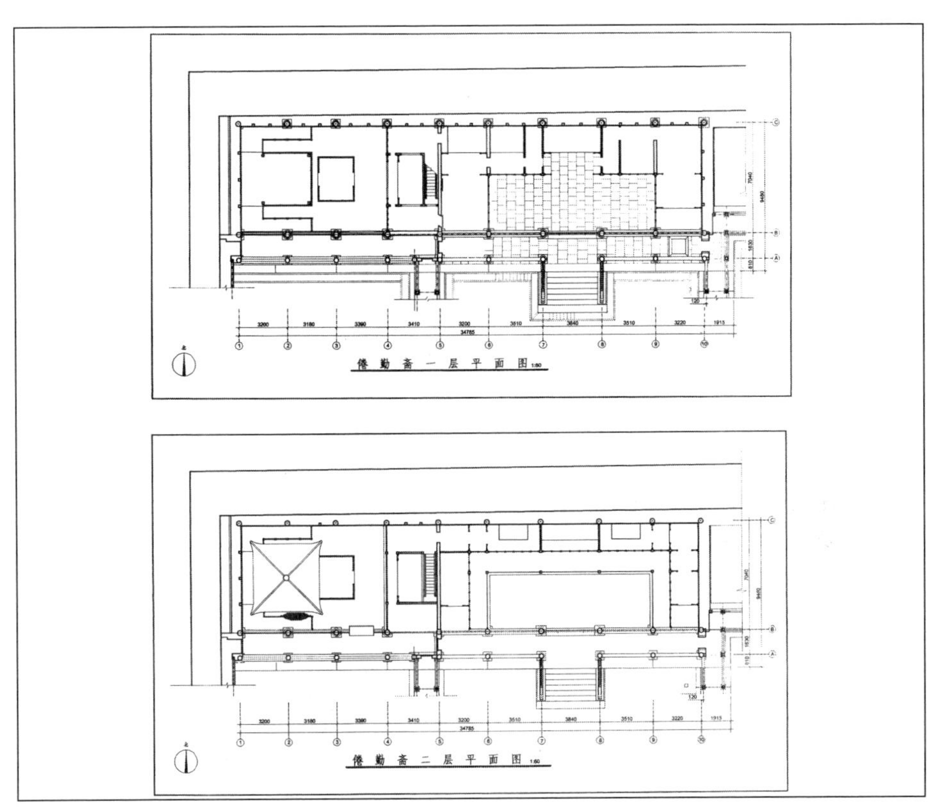

图 8　温湿环境控制

宁寿宫花园所具有的无可替代的历史、文化和艺术价值，决定了对其保护的重要性。倦勤斋作为宁寿宫花园中典型建筑，做好倦勤斋的保护工作，能够更好地解说紫禁城文化，全面理解和揭示其丰富的历史内涵，推动传统匠作工艺与现代保护理念和保护技术的融合。在利用现代科技对现存文物进行保护的同时，对于倦勤斋中所反映出的，诸如清宫造园理论与时间、清宫室内设计与内檐装修工艺、清宫园林叠石工艺和清宫建筑施工工艺等一些或正在流传、或濒临绝迹、或已经失传的非物质文化遗产进行有效延续、抢救和挖掘，让传统技术与艺术更精致和更精彩地呈现给后人。最重要的是，倦勤斋保护工作完竣后整理出的一整套关于中国内檐装修工艺美术保护的措施和工艺、材料方面的指导规范，为宁寿宫花园乃至整个中国的其他建筑文物保护项目提供借鉴意义，使保护工作得到延续。

主题二　故宫藏画

5 || 北宋张择端《清明上河图》揭秘　余　辉

6 || 清代宫廷绘画漫谈　聂崇正

7 || 清宫里的 3D 绘画——通景线法画与贴落画　聂　卉

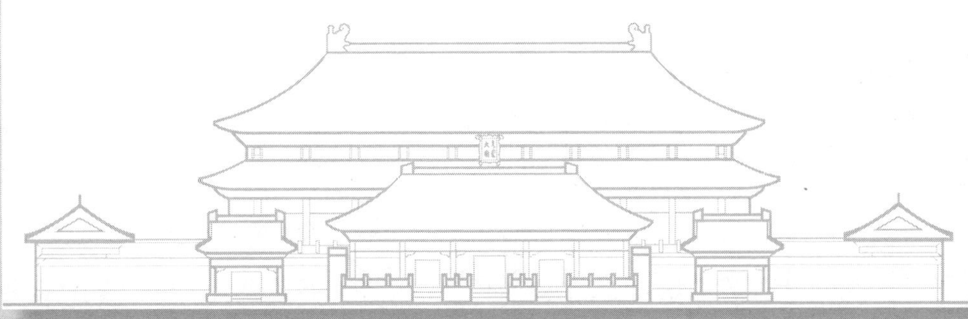

5 北宋张择端《清明上河图》揭秘

余 辉

余辉，祖籍浙江，1959 年出生于北京。1990 年中央美术学院美术史系研究生毕业，同年赴故宫博物院从事书画陈列与研究工作。历任故宫博物院书画部主任、研究室主任，为第十一、十二届全国政协委员。现为国家文物鉴定委员会委员，故宫博物院研究馆员。2009 年获首届中国美术·理论奖。

说起藏于故宫博物院的北宋张择端《清明上河图》，它在这个世界上有着很高的知名度，有很多人知道它。这幅作品距今已经有 900 多年了，发现它也有 60 多年了，是 1951 年辽宁省博物馆专家杨仁凯在旧画堆中发现的。截至目前，中国大陆和港台地区、欧美日的学者研究《清明上河图》的论文有 400 多篇。我们对《清明上河图》的研究还在继续，还有很多更深刻的历史文化内涵需要发掘出来，介绍给大家。

我讲的是《清明上河图》揭秘，在这幅作品里面有许多不为今人所知的内涵，有政治的、经济的、文化的和市俗的。在揭秘之前先介绍一下张择端，大家可能过去对他没有深入的认识和了解。

一、张择端简介

慢慢解读张择端这个人，从名字可以看出他的家庭背景。张氏名择端，字正道，其名和字取自儒家的经典著作《孟子》《礼记》，有着儒家思想的烙印，那么他应该出生于一个儒家的家庭，信奉儒家的思想道德观念。张择端出生于北宋中后期，老家在东武（今山东诸城），地处胶东半岛到山东西部之间。东武有4000多年的历史，是儒家经学的故乡，孔子的女婿公冶长也出生在这里，这里是历代儒家经学研究的中心，张择端是在这个环境里长大的。在这个环境里长大的儒生特点是：第一要走仕途、做官，第二关注社会、关注民生。张择端画《清明上河图》的年龄应该是40多岁。我们是怎么知道张择端这个人的呢？唯一留下的线索就是在《清明上河图》卷尾金代张著的跋文，上面写道张择端自幼读书，游学于京师，后学画界画，他擅长画城市、桥梁、舟船，等等，自成一家。

古今东武的交通很发达，在北宋时期从山东诸城到开封，这个路程得走个月余。我坐火车去过，从开封到诸城需要整整一天，当时张择端要来要回真不容易。我下了火车出了诸城车站，就想了解这里的人们对张择端知道多少。我就问出租车司机是否知道张择端，他说知道，是我们诸城人，可见当地人对张择端相当崇拜。诸城这个地方，画画是有历史渊源的，最早的画是出土的东汉的画像石，上面画的是老百姓的生活，比如正在杀猪、做菜等。可见当地画家喜欢描绘自己身边的事情，并就这样一直流传下来了。

刚才说的张择端到开封去读书，去准备参加北宋的科举考试。司马光曾说过：非游学京师者，不善为诗赋、论策。顾名思义，就是到京师去旅游、学习。当时的语境就是到京师去备考，要想参加科举考试的必须“游学京师”，要学会词赋。知道文字表述的语境之后才能真正读懂它的意思。

张择端后来没有考上，转学画画。为什么没有考上？北宋中后期朝廷里旧党和新党争斗得很厉害，新党一套题目，旧党一套题目，考试范围总是换，有些人不太适应这种形式，包括张择端。那没有考上，怎么办呢？张择端也不能回去，只能在京城谋生，所以张择端是后来才去学画画的。他学画界画，界画是用直尺、界笔来画建筑物和船舶等。这样的画在当时比较容易学，也好出售，他的生活就有了着落，这也就开始了他的绘画生涯。最后，他到画院供职了，必定是通过了翰林图画院的考试，这

在北宋是必经的入院程序。

二、《清明上河图》创作时间的考究

张择端是在什么时候画《清明上河图》的？对这个问题争论很多。有的说是在北宋初期，有的说是在北宋中期、后期，还有的说是在南宋、金朝。我们今天怎么去判定《清明上河图》是在什么时候画的呢？

首先，可以根据这画中人物穿戴的衣冠的年代特点判断。研究有年代特性的工具，就可以考证它的年代了，如现在讲课的地方使用的数字幻灯，这是21世纪初在中国流行的，那么，这张照片的时代就清楚了。北宋初中期的时候流行的是长褙，就是长的外套。当时妇女流行穿长的外套，这个外套有多长呢？已经到了人的脚踝，不得不撩起，在杭州出土的宋初观音像也是长款外套。到了北宋后期长外套就改短了。我们看看《清明上河图》里的妇女穿的是什么？那时候妇女是被禁出门的，张择端在画中画了八百多人，但是妇女只有十几个，只看年轻的妇女，她们穿的是当时最时髦的衣服，就是短款式的（图1）。这是北宋后期最时髦的衣服，再早没有了，再晚也就不是这样了。到北宋宣和以后，衣服是瘦身的，穿紧身的短外套，一直到南宋，都是紧身的。这就告诉我们它的绘制时间了，这是第一个证据，但这还不够。

图1（见彩图5–1）《清明上河图》中妇女的穿着

其次，我们看明朝李东阳的跋文（图2），说这个画绘于政和年之前，即1110年前。什么根据呢？因为政和年以后要盖政和印或者是宣和印（图3），在1110年前还没有盖这些印。这是第二个证据。

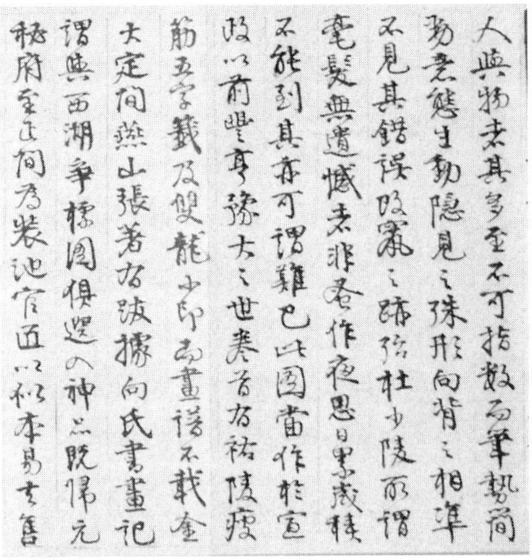

图 2（见彩图 5-2） 明朝李东阳跋文

图 3（见彩图 5-3） 政和印

最后，在《清明上河图》里看到有两辆独轮车，前面是人和牲口拉的，后面是人推的。车上盖着一块大苫布，这个大苫布上面写的是草书，一看至少也是艺术品啊，怎么把它扯来当苫布使呢？苫布上的字的主人，肯定是在政治上受到贬斥，已经分文不值了。宋徽宗登基之后，对旧党如苏轼、黄庭坚等留下来的书法、图书，下令全部销毁。图 4 中这是在干什么呢？这是把家里藏的书，往车上装，最后盖上书法“苫布”，拉到郊外去火烧。因为开封城那时候是有规定的，在城里不允许随便动火，除了做饭。看他们车行进的方向是往郊外去的。这个事情就是发生在宋徽宗登基之初，画家把这个细节表现在他的画里。这是第三个证据。

因此，《清明上河图》画在北宋宋徽宗登基之初的几年里，也就是 1104 年左右。

图 4（见彩图 5-4） 盖有“苫布”的独轮车

三、《清明上河图》展现地点的考究

《清明上河图》到底画的是什么地方？很多文章说画的是汴京城的东南角一带，我过去也是这么认为，那到底是不是这个地方呢？要去查一查。

图5是我模拟航拍的《清明上河图》，从高空俯视《清明上河图》就是这个样子。这是我对比着画出的鸟瞰图，画中有墙我也有墙，树、房子也都是对应的。我们看到当时开封城的港口设计还是相当讲究的，港湾是凹进去一块，这样船就不会停在航线上，不会引起交通拥堵，设计挺周密。还可以看到街道两边有很多的建筑都拼命往马路中间扩张，这是很严重的占道经营现象，当时很多大臣在上朝的时候上书说占道现象很严重，影响交通，而且救火人员都没法及时赶到现场去，因为路太窄了。那么当时北宋朝廷怎么处理占道经营的呢？是采取柔性的态度，即不管它。

图5（见彩图5–5）　模拟航拍图

“航拍图”与《清明上河图》中的虹桥、房子也是一一对应的。南宋杭州的城市建筑跟北宋开封有相似之处，因为北宋很多建筑工匠逃到南宋去了。这个城市的绿化也很不错，街道两边、河边上都种了柳树。城市的排水系统是挺科学的，是由地上明渠排到沟里，再由沟里排到河里，一级一级地往河里排。在平面上的《清明上河图》里不明显，“航拍图”就能看出来。整个《清明上河图》可以分为城郊、虹桥上下、城墙内外三大部分。城里面的建筑都是有相当严格的规矩，很真实的感觉，是当时的建筑风貌。

航拍的结果做成城市地图（图6），白的地方是街道，绿的地方是流水（见彩图5–6），这个图跟古开封的地图丝毫对不上，古开封没有一条河到了城门口一下子超过90度的弯度；另外，图6中有一个地方是拱桥，画中过了拱桥的路是不通向城门的，这说明过了桥的人并不是到了城门口，而当时汴河城是过了桥就要进城了。

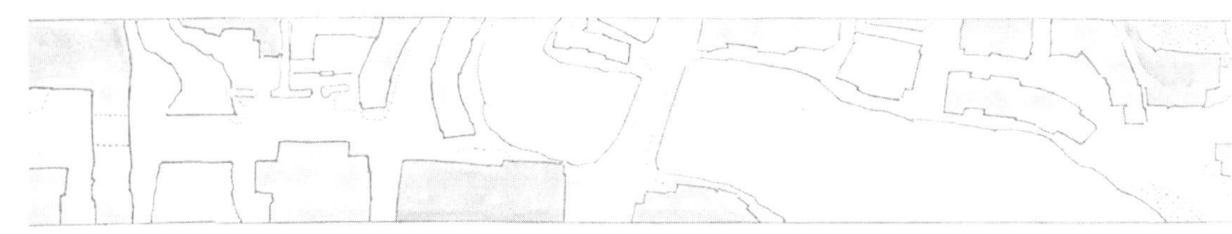

图6（见彩图5–6） 城市地图

画中的季节是清明节，在画中有清明节踏青的人，有清明节要用的纸码等。开封汴河上有13座桥梁，《清明上河图》只画了一处，我算了一下实体，差不多平均四五百米就有一座桥，按照这个算《清明上河图》，画家至少应该画两三座桥，但他不能画那么多的桥，为什么？如果画的话，这个画面的中心就散了，而这是艺术创作。

汴河在当时是跟黄河相通的，黄河由西流过来，成为一个地上的悬河，河床很高，已经高出地面好几米了，两边砌着很高的堤坝，但画中的汴河却不是这样的。

每一个城门都应该有自己的名字，但画中城门牌匾上只写了一个“门”字，说明张择端根本就不打算画一个具体真实的城门。按照古代传统，每造一座桥都要刻上桥的名字，这个名字在哪儿？要么在桥的身上，要么在桥边上立一个牌坊，而画中都没有。画中有一个皇家寺庙，也没有写名字。

这些具有地标性的建筑，张择端都回避了。为什么呢？如果他其中画一个城门、桥梁是具体的，那么他往下画时必须要全部写实，画家的创作就会受束缚，艺术想象力、概括力也就没办法发挥了。

画中有很多店铺的名称，这些名称写得活灵活现的，还有广告词。有些名称我在南宋孟元老的《东京梦华录》里查过，没有记录这些商铺名称，因此这些商铺名称是张择端编的。画中的"正店"相当于现在的五星级酒店，"正店"在宋代是名副其实的酒店，能造酒的店才是真正的酒店。北宋控制民间造酒，因为粮食要满足百姓的基本需求，造酒造得太多，粮食会不够用。画中的脚店，是比正店要差一些的客栈。而且那时候就有了灯箱广告，放在外面，晚上点上蜡烛，是很吸引人的。

那么，张择端画的到底是什么地方？画中的城门和城楼集中了开封城的鼓楼和诸多城楼的特点，如在鼓楼两侧画有城墙，但鼓楼一般是城市中心独立的单体建筑，其两侧是不会有城墙的。画中的河流也是综合了开封城四条河的特点，有汴河的热闹，又有其他河两岸的商贸特点，这是一个概括、集中的提炼。过去有很多的争论，说这个楼是什么楼，河是什么河，其实这是张择端对生活的概括。由于张择端画得太具体、太生动了，所以很多人都忘了这是一个艺术性的概括和提炼，而不是生活中的原版原样。现在有上百篇论文研究《清明上河图》画的是哪里，其实它画的是开封城，它概括了开封城有特色的桥梁、河流和街肆等，但画的是开封真正的实情而不是具体的实景。

四、《清明上河图》背后的寓意

张择端为什么要画《清明上河图》？他在表现繁华的背后是向谁发出警示？过去说画《清明上河图》表现北宋时期开封城的繁华景象、清明盛世、老百姓安居乐业等。不错，在他的画面上是有许多这些场景，但是在它的背后隐藏着张择端很多的构思，我们一一给它揭示出来。

比如惊马闯郊市（图 7），画中马就剩下半匹了，前半匹的绢在明代的时候就破损了。惊马在狂奔，路人很紧张，一个老人马上跑开了，给人一种不安定的气氛。

图 7（见彩图 5–7） 惊马闯郊市

再往前走，虽然不热闹，但问题很严重，画中有个亭子是望火亭（图 8），望火亭是干什么的？北宋的开封城里都设有望火亭，有消防兵在里面瞭望，着火了马上派消防队去救火。消防队就驻扎在望火亭的下边，在发现火情后，他们拿着木桶、笤帚、墩布前去灭火。可望火亭里没人值班，下面的消防队

图 8（见彩图 5–8） 望火亭

也不在。历史上北宋开封城着了几次大火，没人管，张择端把这个事情很生动地表现出来了。

那么上面画中的消防队员到哪儿去了，在画中的衙门口睡觉呢（图9）！衙门口两边放着公文箱。衙门里长官要带着这一批人把公文送到下一站去，到晌午了这个长官还没有出门，衙役们都等得睡着了，所以当时北宋的吏治效率相当低下，出现了腐败的现象。

图9（见彩图5-9）　官衙门口的瞌睡兵

画中还有最惊险的一幕，有一条大船正紧张地通过虹桥（图10）。这是怎么回事呢？船上有一个人拿着一根长杆顶着桥身，说明他们并不是想过桥，为什么不能过去？桅杆还立着没有放下来呢。桅杆本应该早早就放下来，但没有及时放下，桅杆已经快撞到桥帮了，还没被桥上的人发现。这根纤绳是谁拉呢？是纤夫，这几个纤夫走神了，傻乎乎地把这个桅杆一直拉到桥跟前了，纤夫应该提前将纤绳松下来。桥上的人很紧张，怕他们掉下去。桥上的文官、武官路遇，道路狭窄，互不相让。那这些说明什么问题呢？说明当时的社会管理处在失控的状态。这个桥也是概括了开封汴河上的十三座桥，拱桥在郊外就有了，相当于我们现在的北京三环以外。那么，船要进来，应该在进第一座桥的时候就应该把桅杆放下来，然后通过桥洞，再往后就靠摇大撸作动力了。我们看到船在城里面行驶是放下桅杆的，不可能到了市中心桅杆还没有放下来，所以画十三座桥是不可能的，概括起来画一座桥，画在城门口最热闹的地方，把矛盾集中起来，这是绝妙的构思。这个桥是哪座桥，学者也考察了很多，其实它就是一个概括集中起来的汴京拱桥。

图 10（见彩图 5-10）　船桥即将相撞的刹那间

进城了，但在城门口没有一个人看守，这是不设防的城市。从北宋早期到中期，一直有人上书说城门口城墙应该修了。开封内城墙是土墙，上边长了很多树，一到下雨天水土塌方，使得城墙越来越不坚固。但是朝廷没当回事，一直想着跟北方的辽、金搞好关系，城头上难得有一个值班的人，还在睡觉，说明当时的军队都处在非常懈怠的状态。

图 11（见彩图 5-11）　消防站被改作军酒转运站

画中也描绘了几个御林军的状态（图 11）。他们在干嘛呢？他们要把酒桶运到车上。有人说御林军所在的地方是卖弓箭的地方。北宋是禁止武器买卖的，到了后期连竹子做的刀都不让买卖，武器管控是很严的。御林军所在的地方原来是一个消防站，现在改成了酒桶转运站。画中一个士兵在试拉弓箭，他们的衣服系在腰上，这个时候每个人都来了精神，因为过清明节要喝酒了嘛。他们在出行前检查武器，可能是怕遇到打劫的。

画中有一个退休了的御医开的诊所，叫“赵太丞家”，他专治酒伤，这都是有寓意的。在这里，画家深刻地讽刺了北宋后期宫中、军中和民间出现的纵酒、酗酒等丑恶现象。

我们看不到张择端为什么要画《清明上河图》的任何记载，但我们可以通过他的绘画构思来推测他在想什么。张择端只是象征性地画一些跟清明节相关的现象，如纸码铺开张、踏青归来轿顶插花，清明节期间的娱乐活动画得很少。当时的清明节有些像今天的“嘉年华”节日，应该有御林军列队奏乐、斗鸡、荡秋千等活动，但张择端都没有画，也就是凡是清明节热闹的景象他都没有画，说明他内心是很忧虑的。张择端表面上画的是街面上的繁荣景象，背后揭露的是当时的社会弊端，如惊马闯闹市、船和桥相撞、城防消防缺失、私粮猖獗等，形象地揭示了当时社会出现的堕落现象，也表达了画家的忧患意识。

有人总觉得这不是太可信，那我们再看看其他人是怎么画“清明上河图”的，通过比较就会更加明了。以“清明上河”为题材的绘画作品，到现在为止，在国内外博物馆存有四五十件，张择端的本子是最早的，在构图上，后人比较明显地受张择端《清明上河图》的影响。

比较三个具有代表性的本子，即张择端的本子、明代仇英（款）的本子和清代乾隆年间初期五位宫廷画家合绘的本子。从色彩上看，张择端的颜色很少，给人很惨淡、很忧伤的感觉，而明清两代的本子很热闹且尺寸大大加长了，具体体现在以下几个方面。

1. 卷首

张择端笔下的人物形象和氛围，一开始就给人“苦哈哈”的感觉。宋代的清明节比现在要冷一些，画中有的是踏青归来的，也有的是去扫墓的，整个基调比较忧郁。但明清两位画家的本子，一开始画的都是娶亲的场景，这哪是清明节啊？这分明是在表现明代的社会清明和清代的政治清明。

2. 矛盾处理

张择端的《清明上河图》表现突出的是社会矛盾，船和桥、官员之间的矛盾，是通过具体情节、细节展露出来的。当时北宋的开封城市管理失控，开封城门口没有看守，很多辽代的“间谍”长驱直入，里应外合把汴京城一举拿下了。张择端的《清明上河图》当初画完之后送给宋徽宗，宋徽宗不喜欢，他喜欢吉祥的事物，因此张择端题上题签后就给了外戚向氏了。

明代仇英的《清明上河图》中，船和桥没有矛盾，船安全地通过桥洞，桥上没有争斗，虽然人很多，但是各行其道。街头的各种表演也非常喜庆。商铺在卖名人字画、文具、文玩，应有尽有，而张择端的《清明上河图》卖的大多是生活必需品。

清代的本子里，画中过桥洞的大船早就汲取了北宋开封船工的“教训”，桅杆早早就放下来了，而且也进行了技术革新。怎么革新呢？纤绳不是系在桅杆上，而是系在船头，这样省得麻烦。画中的秩序很好，士、农、工、商各行其道，街头也没有占道经商的现象。

明清的《清明上河图》中也都有争吵，表现为肢体性的冲突。其实这类画都要画打架这些噱头，但只是热闹热闹，构不成社会矛盾。

3. 城防

张择端的本子里没有任何城防，也没有军队习武，画中进了城的第一家店是一个税务所。

在明代仇英的本子里，进了城门第一家不是商铺而是城防守备所，左右立着大标语牌：“左进右出”“排查奸细”“固守城池”，军人在那里站岗，地上还有炮弹，说明城楼上有火炮。画有武器——“狼筅”，是明代抗倭英雄戚继光发明的，用竹片做成的竹刀环绕在竹竿上。在明代，倭寇有时是驾船冲进苏州城，因而在水门上装有一个千斤闸，遇到倭寇，就把闸放下，敌船就被挡在外面，门口还有两个卫兵把守，城门和水门

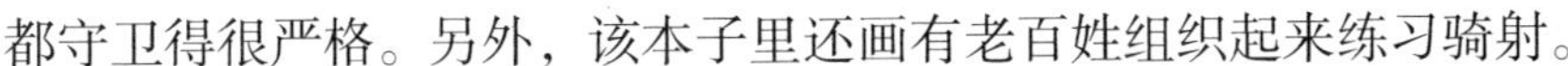

都守卫得很严格。另外，该本子里还画有老百姓组织起来练习骑射。

再比较清本，城门口也是有人看守的，不过画家已经不画这个千斤闸了，清代苏州城已经没有倭患了。清代《清明上河图》城内第一家也是城防机构，但习武的阵势大大加强了，场面十分宏大，像是皇家的御林军在练习骑射。

4. 社会风貌

张择端表现的人物的境遇，大多是百姓为生活付出的种种艰苦：有进城找活干的农民；有费力的纤夫、车夫等；有满街跑的各种勤杂工；还有背粮的苦力，在背完了之后拿着竹签到账房结账。这些都表现了下层百姓的艰难生活，历历在目。

明代的《清明上河图》就不一样了，明代后期整个社会从官吏到百姓，有很多人处在颓废的生活方式之中，连万历皇帝都不理朝政了，成天想着“找乐子”。明本画是的明代后期，社会上一片纵情欢歌的景象。有很多文人在欣赏歌舞伎表演，甚至还有一座“青楼”，对面还有一个药店。画上的老百姓看不出有多艰辛，大多生活得很轻松。

清代是完全禁妓的，政府实行严格管控，所以清本里没有这些情景，整个街上都很干净，做买卖的很多，画家也不表现老百姓的艰辛，而是表现安定祥和、注重礼仪的社会风尚。

五、《清明上河图》的艺术价值

张择端的《清明上河图》中有很多物件值得研究。凳子在北宋中期就开始流行了，首先受益的是饭店，打造了许多长板凳。还有各种新式物件，如折叠架，交叉便携式的可以用来摆摊。这在当时是很先进的，北宋也是中国古代科技发展的一个重要时期，有很多器件都可以看到，比如烧煤炭的火炉和便携式的温炉、马车的刹车装置、拼布制衣等。桥上地摊还出售小型工具，如钳子、剪子、镊子等。在北宋的时候，已经实行了服装行业化，干什么行业的人穿什么样的衣服，如在税务所里的工作人员穿着税务制服。

画中还有很多表现风俗的细节。比如船帮上放了一些供品，有人说这是在祭祖，其实不对，因为祭祖是要供牌位的，而这里没有，并且祭坛面对着水，所以这是在祭水神。为什么要祭水神？船主运输货物非常顺利，货卸完了，船帮已经起来了，一切顺利，为了感谢水神一路的照顾，所以要祭水神，以表达感激之情。这在北宋是非常流行的祭祀活动，出门要祭路神，坐船要祭水神。所以有时候要放大看图，看清楚了才知道里面的细节，而且要了解当时的历史文化背景。

张择端《清明上河图》里画的人物身份相当丰富，特别生动的是一些社会底层的劳动者。金代张著撰文说张择端擅长画界画，包括城墙、道路等，张择端卷首的界画和中间、卷尾的界画，绘画水平都一样，可见他画界画的技艺很娴熟。但人物不是这样，开头的线条相当柔弱，造型生硬，中间就好多了，到后面就画得很成熟了，说明他画人物的水平尚在进步当中，不及他画界画那么练达。但画家也有许多疏漏的地方，例如他所画的房屋没有基坐和门槛，按理说不应该是这样的；画两个人挑担，应该是四个箩筐，但他只画了三个；还有船没有起锚，后面的大撸就摇动起来了，这样这个船是走不了的。画了前面忘了后面，画了后面忘了前面，因为这幅画的场面很大，难免有疏漏之处。但这些都无损《清明上河图》丰厚的历史价值和艺术价值，也不妨碍《清明上河图》成为中国古代绘画中最伟大的作品之一。

6 清代宫廷绘画漫谈

聂崇正

聂崇正，祖籍湖南，生于上海，定居北京。毕业于北京中央美术学院美术史系，供职于北京故宫博物院，从事古代绘画的陈列与研究，重点研究清朝的宫廷绘画，著有《清代宫廷绘画》《清宫绘画与“西画东渐”》《郎世宁的绘画艺术》《郎世宁》等。

我讲的题目叫“清代宫廷绘画漫谈”。

我们经常开玩笑地说，清代的宫廷绘画是故宫的土特产。因为这部分绘画作品，流散在私人收藏家手里的以及流散到海外的作品数量都非常有限，大部分集中收藏在北京和台北两处故宫博物院内。所以说它是故宫的土特产，恰如其分。

一、清代宫廷绘画的范畴与特点

介绍清代宫廷绘画，首先需要明确一下宫廷绘画的范畴。在我的研究里，在清朝这不到三百年的历史时期中，由宫廷组织画家，为清朝皇室绘制的作品，称为清代宫廷绘画。宫廷组织画家进行绘画创作，并非始于清朝。根据史料记载，我国在商周时，宫廷的墙壁上就画有图画，但是这些图画的作者都未能留下姓名；秦汉之际，史料中可以见到不少宫廷画家的活动；宋朝宫廷内设立“翰林图画院”，收纳的画家更多，绘画创作的规模更大，宫廷绘画的风格可以影响到整个画坛的面貌，极大地促进和推动了当代绘画的发展。元、明、清三朝虽然在技法或名称上不尽相同，但都同样在宫廷内集中了数量众多的画家，绘制了大量的作品。清朝就是在继承前代宫廷绘画技法的基础上，形成了富有时代特色的清代宫廷绘画艺术。

清代宫廷绘画有一些自己的特点，其中一个就是在署款上书写“臣”字，即“臣某某某奉敕恭画”，表明此件作品是奉皇帝之命而画，是专门为皇帝创作的。这是当时宫廷绘画固定的署款格式。

署臣字款的作品就是宫廷画，但是署臣字款的画家并不一定都是宫廷职业画家，他们的具体身份是有区别的。一部分是词臣，就是科举翰林出身的文臣，在朝廷有相当高的官职。这些文人官员有很高的文化修养，绘画技艺不凡，他们的画作得到皇帝赏识，因此常被皇帝召去作画。他们在为皇帝画画的时候，必定也按照这个规矩落款，比如王原祁、蒋廷锡、董邦达等，都是身居高位的重臣。另外一部分是宗室画家。宗室是皇族成员，比如皇帝的叔侄等。宗室成员中也不乏擅画之人，例如永瑢、绵亿等，他们进献给皇帝的作品，也必定按照这个规矩署款。还有一部分是民间画家。清朝皇帝经常要外出巡视，比如康熙皇帝、乾隆皇帝都曾多次南巡。南巡的时候，皇帝要接见当地的一些知名人士，也包括画家。这些民间画家给皇帝献画，作品上也要署“臣”字款。

另外需要特别说明一点，清代宫廷画家在给皇帝后妃画像的时候是不落款的。这是宫里的规矩，也可以看作是清代宫廷绘画的一项制度。皇帝、皇后的朝服像、行乐图，以及各种带御容的图像都没有画家落款。

清代宫廷绘画的创作从时间上看可以分为初创期、鼎盛期、衰落期。初创期是顺治、康熙年间，清朝入关定鼎中原未久，国力尚在恢复之中，宫廷绘画亦属初创阶段，画家及作品都未形成规模和特色，绘画机构也不太完备。鼎盛期是在雍正、乾隆时期，国力极盛，在雄厚经济实力的基础上，清朝的宫廷绘画也发展到了顶点，作品数量多，而且具有“中西合璧”的新的时代特点。在这一时期内，绘画创作的组织机构也日趋完善，雍正时见于档案文献记载的有“画作”“画院处”等名称，它们均隶属于内务府。至乾隆元年（1736年），根据皇帝的命令，正式在内务府下设立“如意馆”。嘉庆以后逐渐步入衰落期，以后的几朝皇帝，对文化与艺术也缺乏广泛的兴趣，致使清代的宫廷绘画走上了衰退的下坡路，直至清朝灭亡。这一时期的表现是：宫廷画家的数量大为减少，几乎没有什么有名的画家在宫廷内供职；“如意馆”名存实亡；绘画作品的艺术水平下降。

清代宫廷绘画，从作品来看，我认为最大的两个特点，一个是纪实性作品数量大大超过前代，另一个就是因为有西洋传教士画家的融入，因此形成了特有的中西合璧的绘画风格。清代宫廷纪实绘画数量多，质量也好，可以称为强项。纪实性绘画就是画家以绘画的形式，记录当时的人物和重要事件的场景。唐、宋、元、明历代宫廷中也都有画家供职，不过从纪实性绘画作品的数量和质量上看都远不及清代。

清朝是距离现在最近的王朝，各方面的文献材料记载保留相对全面和丰富。内务府档案里有这样的记载，乾隆皇帝到南苑阅视八旗士兵，特意下令带上一个叫金昆的宫廷画家，让金昆到现场观看，随时记录。之后金昆和其他画家一起完成了《大阅图》四卷，描绘乾隆皇帝在南苑检阅八旗兵的场面。可见乾隆皇帝是非常重视这类纪实绘画的真实性的，因此才要画家到现场观看。

清代的宫廷绘画里中西合璧的艺术风格也是极富视觉冲击力的一个特色，这部分内容涉及方面较广，需要另辟章节展开细说。

清代宫廷供职的画家除了词臣、职业画家外，还有一个特殊的群体——西洋传教士。这些漂洋过海、远道而来的西洋传教士到中国后，都入乡随俗地起了中文名字，如郎世宁、王致诚、艾启蒙、贺清泰、潘廷章，等等。这些传教士远赴东方的最初目的是传教，因为擅长绘画而得以进入宫廷，受到皇帝赏识，也为传教提供了更好的便利，因此欧洲教会也陆续派出了擅长绘画的传教士。这些西洋画家接受过系统的绘画训练，技艺高超，他们在清代宫廷里创作了相当数量的作品，以他们的西洋绘画风格为基础，借鉴融合了部分中国绘画的审美方式，因此形成了独特的清宫画风。

在这些人中，郎世宁的名头是最为响亮的，画艺最为高超，留下的作品也最多。对郎世宁这位画家的研究和评价，在过去很长一段时间里都被忽视了。中国人编写的美术史，一看这是外国人，就不写他了。因为郎世宁二十几岁就到中国了，在欧洲几乎没有留下任何作品，所以欧洲人编写的美术史也不写他了。欧洲美术史也好，中国美术史也好，等于都把这个人给遗漏了。下面专门重点介绍一下郎世宁这位画家。

郎世宁是意大利米兰人，原名叫朱塞佩·伽斯底里奥内（Giuseppe Castiglione，1688—1766年）。他从欧洲到中国来之前，曾在专业的学校学习绘画，后来进入欧洲天主教耶稣会成为教士。在他27岁的时候，受天主教会葡萄牙传道部的派遣，前往东方——中国。在那个时代，从欧洲到中国路途遥远，艰难万分。走海路绕过非洲进入印度洋，在印度半岛的西海岸果阿停息后，再进入到中国南海，由澳门登陆。到中国的传教士都要在澳门停留，他们先要在这里学习一些东方的知识和礼仪，还要学习语言。郎世宁从欧洲出发，在海上度过了一年多时间，抵达澳门后，很快被康熙皇帝召到京城，开始了他宫廷画家的生涯。

现在我们见到最早的郎世宁作品是画于雍正元年（1723年），之后雍正年间还有一些作品流传下来，比如《百骏图》，画了一百匹马，姿态各异。马是中国的传统题材，清代是骑马得天下的王朝，对马非常重视，也特别喜欢描绘骏马的作品。关于郎世宁还有这么一个小插曲和大家分享。我曾经在中国台湾的一个研讨会上遇到一位英国学者，他问我："你看这个《百骏图》是什么含义，为什么郎世宁画的马都是往一个方向去？"我倒还从来没有认真想过这个问题。这位英国学者的解释是：这头一匹马要把所有的群马带到西方去，有一定的宗教含义在里头。他的这个的想法不是不可以参考，因为郎世宁这个人本身就是个传教士，他到中国来供奉宫廷，其中一个任务，就是要教化中国人能够信奉西方的宗教，所以画中暗含了这个意思。这当然只是他个人的看法，不过也很有意思。

中国皇帝对郎世宁的绘画是很欣赏的，还指派学徒跟着他学画，这些在档案中也是有记载的。

二、清代宫廷绘画赏析

1. 人物画

图 1 是《乾隆戎装像》，画中的乾隆皇帝身披胄甲，骑在马上，富贵威严，器宇不凡。这幅画是乾隆六年（1741 年），皇帝到南苑检阅时绘制的。画面非常写实，人物形象生动，有一种欧洲油画像的感觉。

图 2 是《慧贤皇贵妃朝服像》，画中人物的面容采用了西洋技法，立体感明显，刻画细腻。为了兼顾中国人的审美习惯，有意减弱了明暗对比的光感，使画面呈现一种匀净的色泽。画面强调纵深感，座椅、地毯都是有透视感的，这与中国传统绘画中的空间表现方式有很大不同。

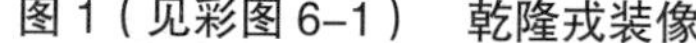

图 1（见彩图 6–1）　乾隆戎装像

图 2（见彩图 6–2）　慧贤皇贵妃朝服像

以上两幅画都出自郎世宁的手笔。它们既保留了欧洲画家讲究解剖、讲究结构、讲究立体效果的特色，又相对减弱了光线的强度，避免画中人物出现太过明显的明暗对比。

2. 静物画

图 3 是《嵩献英芝图》，作于雍正元年（1723 年）。画中一只白鹰立在一块石头上，旁边是苍松流水。这幅画创作的时间与雍正皇帝的生日很接近，应该就是给雍正皇帝祝寿的一幅画，画面里的各种元素都带有吉祥含义。这种题材和吉祥寓意的内容是中国式的，而绘画的技法却是欧洲的。画面有很多表现阴影的细节，还有很有质感的树木、水流，这些都是西洋画法。

图 4 是郎世宁画的瓶花《午瑞图》。画中的瓷瓶里插着鲜花和各种节令植物，旁边散放着几只粽子，显然是过端午节时候画的一幅节令画。画中瓷器上的反光，有光斑，还有透视的感觉，整幅作品看起来很像欧洲的静物画。

图 3（见彩图 6–3） 嵩献英芝图

图 4（见彩图 6–4） 午瑞图

3. 鞍马画

图 5 是《郊原牧马图》，也称作《八骏图》。八骏就是八匹马，相传周天子驾了八匹骏马到西方巡游，因此八骏是有帝王之气的题

材。这幅画马匹神态各异，有的很壮很肥，有的瘦骨嶙峋，立体感都很强。

图 5（见彩图 6–5）　郊原牧马图

4. 纪实画

图 6 是《乾隆皇帝观马术图》（局部），图 7 是《万树园赐宴图》（局部）。这是两幅巨型作品，描绘了清朝中央政权与西北少数民族交往的史实，具有非常重要的价值。这两幅作品构图复杂，场面宏大，人物众多，其中包括皇帝在内的许多主要人物都具有肖像的特征，甚至皇帝的坐骑都是以真马为依据画的，故画面有着很强的历史真实感。这两幅大画原先悬挂在热河避暑山庄行宫的卷阿胜境殿东西墙上，画幅的内容一动一静，对比很强烈。根据画面的风格判断，主要人物是出自郎世宁和一些欧洲画家的手笔，背景的山林等都是中国画家补画的，是很典型的中国山水的画法。两幅作品应当是由中外画家共同完成的，参与绘制的欧洲画家有郎世宁、王致诚、艾启蒙等，完成的时间是乾隆二十年（1755年），现均为北京故宫博物院收藏。

图 6（见彩图 6–6）　乾隆皇帝观马术图（局部）

图 7（见彩图 6–7） 万树园赐宴图（局部）

图 8 是《射猎聚餐图》（局部），画的是乾隆皇帝外出狩猎的场面。清朝的皇帝十分重视武备，经常要检阅王公贵族和八旗将士的骑射本领，以示不忘马背上夺取天下的艰难。在没有战事的时候，行围狩猎也是很重要的活动，所以在清代宫廷绘画中此类题材的作品也为数不少。在热河承德的皇家行宫“避暑山庄”以北有一片很大的森林丘陵，称为“木兰围场”，乾隆皇帝几乎每年秋季都要带着随从到此地进行大规模的狩猎活动。画面中央是一个蒙古包，乾隆皇帝席地而坐，周围有大臣侍卫簇拥，四周还有各种忙碌的人，有的正在给猎杀的黄羊剥皮清理，有的在准备炭火烤架，画面内容丰富，情节生动，真实地表现了一场狩猎活动后准备聚餐的场景。

图 8（见彩图 6–8） 射猎聚餐图（局部）

图 9 是《阿玉锡持矛荡寇图》，

画的是乾隆二十年平定准噶尔部回部造反的军队里的一位立功者。这位立功者叫阿玉锡，他曾经在一次战斗里只带了十七八个人，夜袭叛军营地。结果叛军因为不知底细，方寸大乱，最后被打败，所以阿玉锡一战成名，成了战斗英雄。其实他的官职并不高，只不过是一个普普通通的下级军官。这幅画描绘他骑着马拿着长矛愤勇冲杀的一个场面。这位勇士不但被画成这样冲杀的一个场景，而且他的肖像专门被画成一个立像，是紫光阁功臣像的其中之一。

图 9（见彩图 6–9）　阿玉锡持矛荡寇图

5. 铜版画

中国的传统版画是木刻制版，而清代宫廷里引进了欧洲的铜版画技术，制作了一批铜版画作品。乾隆十九年、二十年平定西域战争取得胜利，乾隆皇帝非常高兴，他让当时供职的以郎世宁为首的四位欧洲画家画了草图，把这些草图专门送到法国去制成铜版并印制成画。档案里记载，当时这些铜版一共印了 200 套送回中国，有的留在宫里，有的存在各地的行宫和重要的寺庙，还有的颁赏给大臣。现在故宫还存了不到 20 套，流散在外的也还有相当数量。

在这些铜版画的创作里，欧洲元素更加明显，不光是欧洲人起的稿子，欧洲人刻的版，最后欧洲人做了印刷，而且图画里面，也含有很多欧洲绘画的因素。例如有一幅画的是清朝军队冲杀到叛军营地，拉开叛军的帐篷，结果帐篷里头逃出来几个人，仔细看，跑出来的人中还有一丝不挂的裸体形象。“裸体”在西方绘画中我们现在看得多了，司空见惯，但是在中国绘

画中出现裸体是不多见的，这绝对跟欧洲艺术有莫大的关联。这只是表现一场战争里一个小小的局部，但也有很多欧洲艺术的元素在里边。

此外清宫还运用铜版画来描绘辉煌的皇家园林圆明园。

6. 天顶画

下面再给大家讲一个很有趣的地方叫“倦勤斋”。倦勤斋内部非常局促，平常就是皇帝带着几个后妃来看戏，里面只有一个小戏台的大小。但是这个戏台的天顶部分很有趣（图 10），它的天顶画了一个紫藤架，上面开着紫藤花，从叶子和紫藤花的缝隙之间看上去，可以看到上面有蓝天。这意图要营造一个虽然在室内，还能看到屋外的空间的效果，即一个空间里头还有一个空间。如果你站在中间的某一点抬头看，紫藤花正好在你头顶，它属于一个正透视。然后你从中间往四周走，再抬头看，紫藤花似乎就一点一点地斜了，你从最角处看紫藤花，它像躺着一样，这就是用视错觉造成的一种立体效果。

图 10（见彩图 6–10） 倦勤斋天顶贴落

清代宫廷绘画留存较多，题材丰富，内容生动，是了解清代宫廷文化、宫廷生活的真实材料。众多历史人物形象得以在画面中流传，使现在的人们能够真切地感受到，这远比历史文献更有真实感。清代宫廷绘画研究还有很多方面值得进一步深入发掘、探讨，也希望有更多的有识之士投入到这一领域，取得更多成果。

7 清宫里的3D绘画
——通景线法画与贴落画

聂　卉

聂卉，故宫博物院书画部副研究馆员，生于北京，本科毕业于中央美术学院美术史系。在故宫从事古代绘画研究二十余载，发表学术论文《清宫通景贴落画研究》《贴落画在清代宫廷的使用》《明代宫廷画家官职述略》《图说清代皇家园林》《郎世宁的花鸟画》《乾隆皇帝与〈鸡雏待饲图〉》等，编著有《清史图典——雍正卷》《近现代画家陈师曾》《故宫博物院藏吴昌硕书画篆刻全集》。

很高兴在这里和大家分享我在工作中的所见所得，相信大家对故宫也是抱有很大的兴趣和好奇。说起故宫的藏品，人们更多的会想到书画、陶瓷、玉器、金银器等这些具有宫廷历史意义的文物，实际上故宫的建筑本身就是非常重要的文物，它有高大的外观，也有精美的室内装潢，这些都是非常重要的文物遗存。而我们今天介绍的故宫里的绘画——通景线法画和贴落画，是具有一些实用价值的绘画，与我们经常在武英殿书画馆看到的挂轴画有明显的区别。“通景线法画”，大家看到这个名称可能会觉得很陌生，读起来也有些绕嘴。接下来我会给大家看一些图像，让大家可以有更直观的认识。

一、通景线法画

我讲的题目里有“3D绘画”，在清代，故宫里是没有3D绘画这个概念的，它是现代科技里的概念。在一些美术馆的展览活动中，甚至在一些大型的商场里，都会有这种3D艺术的展示。大家可能都看到过这样的3D绘画：火车很危险，马上就要掉进一个深渊里了。这就是3D的画面特效，使人从特定的角度产生视觉错觉。3D指的是三维空间，3D绘画就是在平面里面制造出一种有空间进深效果的绘画。这种视觉效果很特别，也很有乐趣，这种明显的透视感、强烈的明暗画法确实是西方绘画技巧的产物。但是这样的画法其实在清代的宫廷里就已经出现了，即通景线法画。

我给大家介绍的这些通景线法画，一般观众是很少有机会见到的。这些画都还保留在建筑物的墙壁上，现在故宫允许观众进入室内参观的建筑是很少的。例如养心殿西暖阁即三希堂外间向东的墙壁上（图1），画有一月洞门，两旁画木隔着栅窗，地面画青花瓷砖，与室内的隔栅和地砖相衔接，使墙壁看上去不再是垂直于地面，而是从室内延伸出去，似乎穿过月洞门又有一处可供游赏的花园，画里的空间几乎与真实的室内空间融为一体。这就是利用强烈的透视效果制造出来的延续感。

图1（见彩图7–1）　乾隆行乐图贴落

倦勤斋室内的贴落更为壮观（图2）。倦勤斋是宁寿宫区的一个建筑，这里是乾隆皇帝为自己修建的“退休”以后的太上皇宫。倦勤斋西、北墙和天顶全部由绘画覆盖。其中北墙上画有竹篱笆，与室内的竹篱围廊相呼应；西墙上也画有竹篱笆，正好将北墙上所画竹篱与室内的竹篱相连；天顶画了大片的藤萝花，每一串藤萝花都有垂下来的效果，立体感十足，透过藤萝花还能看见蓝天；在外面是蓝天、庭院，还有一层宫殿，庭院里还有仙鹤，风景优美。而实际上倦勤斋内部并不是十分宽敞，室内搭建了一个戏台，且室内的光线也并不那么明亮。北墙上的画是对照有窗的一侧画的，通过一个非常巧妙的方式，将室内空间模拟成室外，使身处室内的人忽略了空间的矮小压抑。想象一下皇帝坐在这里看戏听曲，就像置身于室外花园里，是多么的惬意。墙上画的仙鹤、竹子，都格外地富有立体感，更加深了视觉效果。这是一种视觉错觉，利用这种错觉给大家带来一种很奇妙的视觉体验。

图 2（见彩图 7–2）　倦勤斋室内贴落

再仔细看看藤萝花的细节，每一串藤萝花画出来的角度是不一样的。画家非常巧妙地利用了一种透视的原理：当人站在正中心的时候，画中藤萝花的花穗是正对人的头顶完全垂下来的，好像脱离了天顶，这是一个完全正视的角度；而其他的角度都会产生不同程度的倾斜视觉效果，离中心位置越远倾斜的角度越大。

倦勤斋从外面看是一座非常小巧的建筑，但是身处其中，并不感觉拥挤，其中的天顶画和通景画起到了很好的扩大空间的作用。乾隆皇帝真的是一个很会享受的人，他称这里为“倦勤”，大致意思是自己当了 60

年的皇帝，已经有些倦意，想要休息养老。不过实际上他当了60年的皇帝，又当了3年的太上皇，表明他对皇位还是舍不得的。乾隆皇帝在登基的时候，为了表达对圣祖康熙皇帝的敬意，许了一个心愿：自己在位时间不能超过圣祖康熙皇帝。圣祖康熙皇帝在位61年，因此乾隆皇帝认为自己能在位60年就心满意足了。但他没想到自己能活这么久，圣祖康熙皇帝能当61年皇帝，因为他从8岁就开始当皇帝了。而乾隆登基的时候，已经25岁了，以当时人的平均寿命，70岁已经很不错了，因此才有“人到七十古来稀”的说法。乾隆皇帝大概也没想到自己能活到80多岁，所以真到了在位60年的时候，他便给自己准备了一片退休养老的宫殿和园林——宁寿宫花园。宁寿宫花园里很多地方是仿照苏州园林修建的，装潢也是极尽奢华，倦勤斋就是其中的一处宫殿。

宁寿宫玉粹轩墙上的贴落也是典型的通景线法画（图3）。这个房间实际进深非常的浅，进门迎面就是一堵墙，感觉有点逼仄。但是迎面的墙上贴了一幅整面墙大小的通景画，画的是迎门花罩下的仕女婴戏题材：人物置身暖阁之中，有嬉戏的孩童、衣饰华贵的妇女，室内家具如花罩、隔扇等陈设完全模仿室内实景绘成，左侧画有圆洞门及花园，这个虚幻的空间使真实的空间在视觉上扩大了一倍。

图3（见彩图7–3）　玉粹轩通景图贴落

可以看到，以上这几幅的通景画除了运用透视技法以外，还尤其注重画面与室内环境的呼应，形成室内景与画内景视觉上的贯通。但为什么这类绘画我们现在见到的不多？一是因为它的尺寸巨大，二是因为它只有在室内环境原状里面才最有意义，但是在室内环境里的保存状况非常不理想。因为通景画靠近地面，容易破损、受潮，再加上老鼠或者其他虫子对画面的破坏，这类绘画一般保持得都不是很好，需要经过修裱才基本上看不出损害痕迹。如果这类绘画脱离了室内环境，我们单独看它，只能看出它是一幅或是描述室内空间或是仕女婴红的题材绘画。因此我们说去故宫亲自参观感受是非常重要的，对参观者来说，这种现场感是一种无可替代的体验，只有站在承载这幅画的建筑的室内环境之中，才能知道所画空间对该建筑的重要意义。

这类的绘画，故宫里不止这几处。图 4 是一幅的室内空间感觉更好一点的通景画，其最为奇妙的是，在这个建筑的室内环境里，有一组与画中一模一样的花罩和隔扇。这说明画家的写实和还原程度是非常高的，也真实反映了古人的生活环境。画中美女的容貌，是当时的一种理想的、标准的美人形象。

图 4（见彩图 7–4）　厅堂仕女图通景贴落

经过通景画的视觉作用，窄小的室内空间得到了扩大和延伸，这和现代人作室内装修时利用镜子反射，来制造空间的扩大效果的原理相似。这个相似的原理，人们在清代就开始采用了，而且运用得更巧妙、更高级。

《乾隆皇帝观孔雀开屏图》（图 5），这幅画原来应该也是贴在某处宫殿里的，推测可能是圆明园里的某处宫殿，不过现在失去了明确的线索。《乾隆皇帝观孔雀开屏图》尺幅巨大，图中建筑线法准确，两旁画有假山石，右侧一边山石中缺损的一块呈门洞状，所以推测缺失的部分应该是一个门，画家把它处理成假山上的一个山洞门，推开这个山洞门是可以到另外一个空间的。很可能是整画从墙上揭下来时，贴在门上的那部分失落了，于是就成了现在这副不完整的样子。

图 5（见彩图 7–5） 乾隆皇帝观孔雀开屏图

《乾隆皇帝观孔雀开屏图》中的庭院画得非常逼真，建筑的透视感很强。透视这种画法，不是中国画家所重视的，也不是中国画家所擅长的。“透视”是一个外来的词，它是一个物理学的概念，结合了光学和几何学知识。对于绘画来说，“透视画法”就是在二维的平面上表现出三维的空间和景物。透视画法，发源于古希腊，在文艺复兴时期更加完善。假设画布通常是直立的方式，从眼睛到画布的垂足叫主消点（或称焦点、灭点），通过主消点的水平直线称为地平线，景象中与画面成直角的所有水平直线必定集中到画布的主消点，在画面中形成一个向某一焦点集聚的射线系统。就《乾隆皇帝观孔雀开屏图》来说，它整个的主消点就是在最远处的房子中间，图上几个柱子的线条，最终都汇集到一点，所以我们站在它正前方看过去，就会有空间延伸的效果。

将透视画法用于室内装饰，是从欧洲开始流行起来的，且历史悠久，最早可以追溯到古罗马时期。在庞贝遗址出土的墙壁上画有建筑，采用的就是透视构图和明暗造型画窗外风景，让空间更有通透感。

“透视画法”在清代被引入中国，我们称之为“线法”，线法就是定点以线之法。“线法”是指在确定了主消点以后，引几条线在画面上，其他的建筑就顺着这几条线进行布局。以这种“线法”作的画就叫线法画。那些尺幅很大、贴满整面墙的画在清宫档案里称为通景画，其中以线法绘制的就称为通景线法画。这种技法的渊源在欧洲，下面来看看在欧洲这种透视画法的表现。

文艺复兴时期的许多画家都曾经为教堂创作，其中有画家尤以擅长透视画而著名。我们这里重点介绍一下安德鲁·波佐（Andrea Pozzo）的最出色的作品，该作品是绘于1685年的圣伊纳教堂的壁画和天顶画（图6）。由于当时缺乏经费，所以圣伊纳教堂没有修建拱顶，但波佐以高超的技巧在该教堂的天顶画了一幅非常立体的穹顶画，似乎该处有一个无限上升的空间，效果极其逼真和震撼，甚至能够欺骗人们的眼睛。这种利用透视效果，使画面冲透了屋顶的界限，无限的空间通往天国，大大加强了宗教的感召力。另外，圣伊纳教堂的墙壁上有很多装饰如浮雕等也是画出来的，真假难辨。

图6（见彩图7–6）　圣伊纳教堂天顶画

波佐是一位意大利画家，他就是以擅长画这种透视绘画成名于当时。对画家来说，为教堂作画是一个很神圣也很荣耀的工作。波佐同时是一位优秀的建筑师，他将自己的绘画技巧和建筑结合，写了一本书——《画家与建筑师的透视学》，里面有很多插图，画的都是一些建筑构件，并教授如何绘制建筑构件，以及怎么与真实的景物结合的绘画技巧，这本书在当时的影响很广。波佐以及他的学生成立了工作室，培养了很多的绘画人才，其中有一个人，后来到了中国。他就是出生于米兰，当时在波佐的工作室里系统地学了绘画的一个年轻人，后来加入了耶稣会成为一个传教士，漂洋过海到了中国，取了个中国名字叫郎世宁。

郎世宁曾经为北京宣武门的南堂画壁画（现在宣武门的教堂是后建的），他在南堂的墙壁上画了书架和房间，有人被壁画欺骗，踢到墙壁后才发现这些都是画出来的。郎世宁把这种透视画法带到了东方，带进了清宫。郎世宁以波佐的书为基础，编了一本书，叫作《视学精蕴》，这本书里面也有很多的插图，其中也有对“线法”的说明。

郎世宁的原名是朱塞佩·伽斯底里奥内（Giuseppe Castiglione），这是个意大利人的名字。而“郎世宁”这个名字，是他到中国以后取的，“郎世宁”既不是对他原名的音译，也不是意译，两者好像没有直接关联。当时很多的传教士都入乡随俗地起了中文名字，例如王致诚、贺清泰、潘廷璋、艾启蒙，等等。

当时的这些传教士漂洋过海，从欧洲坐船才能到中国，路上大概要走将近一年，一路上也是危险无比，可见他们是怀着一种非常虔诚的心态来东方传教的，这是一种奉献精神。到中国以后，这些船都是先停在澳门，澳门有教堂专门接收这些从西方来的传教士，他们大部分人会在澳门先学习一段时间中文。很多西方传教士的中文名字是在澳门取的，所以他们的中文名字有可能跟澳门地区粤语的发音存在一定的关联。然后从澳门到广州，再从广州一步步北上到北京。郎世宁之后就一直在北京，直到去世。

清代宫廷也留下了很多尺幅巨大的、纪实性的绘画，这主要是因为乾隆皇帝的好大喜功。其中有一幅《万树园赐宴图》，画的是乾隆皇帝坐在由十六个太监抬着的肩舆上面，浩浩荡荡而来。画中所在的地方叫

万树园，是专门用来接待当时西域，包括新疆、蒙古等一些少数民族首领的地方。万树园是现在承德避暑山庄里的其中一景，一边是永安寺塔，一边是南山积雪，非常写实。另有一幅《观马术》，同样是承德避暑山庄的景象，画的是一场马术表演。表演者骑着马排成三角形的队形跑过来，同时展现着各种高难动作，其中站在最前端观看的人就是乾隆皇帝。这两幅画尺幅非常接近，大约都是 2 米 × 4 米，当时是贴在对应的两面墙上的，且两幅画都有郎世宁的参与。

郎世宁所在的这个时期，是清宫通景线法画发展的鼎盛时期。乾隆朝晚期，随着这些西洋传教士画家们慢慢地淡出历史舞台，清宫通景线法画也逐渐势衰。这种变化也符合清代宫廷画创作整体的发展趋势。

在晚清宫廷里还是有通景线法画作品出现的。在紫禁城西路长春宫院子里的回廊上画有《红楼梦》人物故事壁画，该壁画就是采用了“线法”的技巧，制造出很多视觉错觉的效果。据说宫里阿哥小的时候在院子里跑，跑到这儿的时候被迷惑了，没看清哪边是画的、哪边是真的，一下子撞到墙上，额头磕了个大包，可把跟随的侍从们吓坏了。但这部分壁画因为是在室外，所以颜色氧化风蚀比较严重，已经不那么清晰了。

图 7（见彩图 7–7）　长春宫壁画

二、贴落画

贴落画是中国画的一种装裱形式，在清代宫廷里应用很多，民间比较陌生。中国画的装裱形式分立轴、手卷、册页、扇面、镜心等。在清宫的传世书画文物里，还有一种简易的裱件，它的装裱形式跟镜心很接近，就是单层的画面，后面加一层背纸的托裱。

贴落是如何应用的呢？它可以随时裱到墙上，也可以再揭下来更换。贴落这个词，顾名思义就是贴上和落下，本身是表示两个动作的动词，之后演变为一个代称，有了名称的含义，这是一种语言文字意义上的变化。比如我们还会说“包装”，即包上装上，这本身是我们在做的一个动作，但是最后就变成了具体名称。“贴落”这个词也是这个概念，把张贴和揭落的动作变成了张贴物的名称，进而表示一种装裱形式。

在清宫内务府档案里，有关贴落和贴落画的记载非常之多，如：

> 司库白世秀将朱伦瀚画二张持进，交太监高玉呈进。奉旨：托纸一层，俟张雨森画二张得时，两张画得时，一并交瀛台贴落。钦此。

> 二月初四日太监张进喜来说首领董五经交宣纸李秉德大画一张，宣纸杨大章、方琮画二张。传旨：着各镶一寸蓝绫边托贴。

类似的记录还有很多，清宫的档案非常繁杂，也很细致具体，从中可以挖掘出很多有用的信息，它们是对清宫生活各方面研究有十分现实意义的材料。

贴落的尺幅大小变化非常之多，可以是一面墙那么大，也可以是一张 A4 纸的大小。形状也非常灵活，可以根据不同的位置进行灵活剪裁，应用起来很方便。有的贴在门额上，有的贴在隔扇上，都可以按需张贴。

以储秀宫为例，储秀宫曾是慈禧太后的住所，现在仍保持着当时的原状。据说因为慈禧太后的闺名是兰儿，所以她最喜欢兰花，慈禧太后的服饰上也经常用兰花作装饰。在储秀宫里也是以兰草作装饰的主题，比如寝宫的整面隔扇画的都是兰花。在一些边角处，有各种颜色的兰花的贴落画装饰。在图 8 这部分板壁的下方，画的是“太平有象”，是寓意吉祥的题材。

图 8（见彩图 7–8） 储秀宫兰花贴落

紫禁城是一组非常大的宫殿建筑群，这里既有举行典礼的大殿，也有用于生活起居的宫殿。为了使用方便，用于生活起居的宫殿里还要划分出多个小块的区域，于是就有了暖阁、仙楼。它们的墙壁上都贴有壁纸，贴落画也是壁纸的一种变体，可以看成是手绘的壁纸。在明代，已经有人专门写书写文，记录当时人们的生活细节，包括室内的装饰，比如在什么样的空间，适宜挂什么样的画。另外还说到，挂轴不如实贴。挂轴易被风吹动，发出叮叮当当的声音，非常的吵，且容易对画造成损害，而实贴就不用考虑这些问题，所以在当时宫廷里已经普遍存在将画贴在墙壁上用作装饰了。把画直接贴到墙上就是贴落画，取下来还可以作为一张普通的绘画。

再回到倦勤斋，除了刚才看到的非常漂亮的藤萝架下的戏台以外，这里还有一个很有趣的二楼。二楼也有一个宝座，就是说在二楼也可以看戏。但是更有趣的是，戏台上面一侧的贴落画中有一个小门，一个侍女从挂钟表的墙上，掀开帘子，把头探了出来（图 9）。如果从站在看藤萝花的位置，也就是站在戏台下面，往戏台上面看，会以为这戏台上有一个很大的空间。这是因为这里又利用了“透视”技法，让人产生视觉错觉，感觉戏台的上面还有一个小房间。这就是利用视觉错觉制造的趣味，让人搞不清楚哪边才是真实的空间。

图 9（见彩图 7–9） 倦勤斋室内二楼贴落

因为尺幅巨大，这类贴落画的修复工作也非常具有挑战性。修复工序复杂，从墙上揭裱下来，再重新清洗、重新裱糊。在清洗这些灰尘的过程中，画面的染料、画质也会受到损害，所以贴落画的修复是一件非常慎重的事情。贴落画的基底是高丽纸，是用七八层的高丽纸先裱了底，然后再在表面作画。天花顶上的贴落画，一般是在天花顶预先搭了龙骨，再把作好的画贴上去，墙壁上的贴落画也是这样处理。这样大的贴落画修复完成需要很长时间，很多部分可能已经糟朽了，要一小块一小块地重新拼接。

再介绍一下有关贴落画的应用 。首先，贴落画在清宫里主要用作隔扇，因为它的画面主题明确，取下来也可以单独作书画作品。其次，有的贴落画用作补壁，即修补墙壁。贴落画在宫里，虽然用处很多，存储量也很多，但是从绘画的技艺水平来看，多数贴落画并不能跟名家作品相提并论。鉴于贴落画是一种清宫具有使用价值的文物留存，所以也很有历史意义。贴落画在民间几乎没有留存，因为这种装饰方式，主要是在宫廷使用，

这种艺术品主要适用于较大的建筑，民间在建筑体量上就不能实现，更不用说高昂的成本了。而运用线法绘制贴落画达到一种通景的效果，就更非是民间能够实现的了。

通景线法贴落画是清宫特有的一种装饰手法，作为艺术作品，其新颖独特的表现形式为审美价值之所在；作为历史文化遗物，其来源于欧洲的天顶画，是中西美术交流的历史遗存。因此具有重要的文化与历史意义。

主题三 宫廷生活与习俗

8 || 清朝皇帝过大年　任万平

9 || 宫廷饮食——中国皇家文化的精粹　苑洪琪

10 || 锦绣霓裳——清代皇家服饰文化漫谈　苑洪琪

11 || 清代宫廷服饰制度及其文化内涵　严　勇

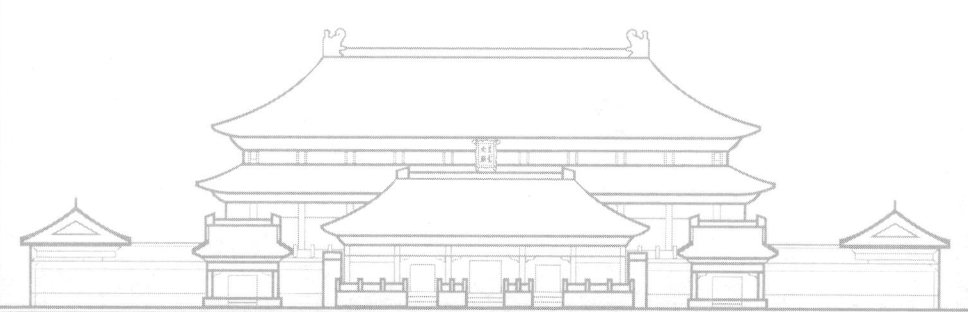

8 清朝皇帝过大年

任万平

任万平，女，出生于黑龙江省。1990 年毕业于吉林大学，获历史学硕士学位，同年到故宫博物院工作。主要从事文物管理、研究、展示工作。曾任宫廷部副主任、器物部主任，现任故宫博物院副院长，故宫博物院学术委员会委员。曾兼国家清史纂修工程特聘项目专家，中国史学会清代宫史研究会秘书长，中国博物馆协会副理事长，故宫鼓浪屿外国文物馆首任馆长。主要从事清代政治制度与礼俗研究，尤其对具有集大成特点的清代宫廷礼制与习俗有比较深入的思考，采用文献、档案、文物三重证据法，不断探讨其渊源与流变。近年特别重视历史图像学研究，通过历史图像印证、解析、补充清代文献、档案之著录，发表论著数十篇、部。曾到中国港、澳、台地区与英、德、俄、日、美、加等多国博物馆与大学进行讲学，立体而形象地阐释宫廷礼制与习俗中蕴含的传统文化意义。举办盛世风华——康雍乾时代的辉煌、龙凤呈祥——清代皇帝大婚礼仪、寿考景福——清代万寿盛典、状元之路——清代科举考试制度、辞旧迎新——清朝皇宫过大年、皇帝一天——清代帝王的日常生活、宫殿人物——紫禁城的文化内涵解析、浴德行仁——故宫博物院建筑与文物中优秀传统文化的启示、养正致圣——清代帝王的读书生活、理政寝居——养心殿里故事多、时间·空间·称谓——古代中国人的表达方式、杂技百戏——清代历史图像中的技艺表演、君子爱菊——菊花文化与故宫博物典藏菊花题材文物等不同主题的讲座近百场，深入浅出地传达出我们今天应该如何传承与弘扬优秀的传统文化。

我讲的题目是“清朝皇帝过大年”。

我们讲的“过年”中的“年”，实际是一个具体的时节点，就是除夕夜，它是一个交接点，一夜连双岁，五更分两天，也就是前半夜为头一年的尾巴，后半夜为新一年开头。“过年”是一个过程，既有辞旧又有迎新，辞旧在先，迎新在后，它前后会延续很长时间。那我就从腊月初一开讲，一直讲到正月十五，过了正月十五才算过完年了。

一、腊月辞旧

腊月就是农历十二月，为什么大家通常都称它为腊月呢？其实是有原因的。中国古代在农历十二月，合祭众神叫作“腊”，因此农历十二月就叫腊月。从汉代开始，我们的历法就把十二月作为一年的最末，在这个时间古人要祭祀众神，也要敬祭祖先。

（一）初一皇帝开笔书福

从腊月初一开始，皇帝就开笔书福。也就是从这一天开始，皇帝要开始写福字，准备过年了。皇帝写福字，用的笔很有讲究，他用的是赐福苍生笔，就是笔管上刻“赐福苍生”四个字，这样他写的这个“福”字就寓意皇帝要给天下的臣民百姓赐福。用的纸也有讲究，用的是纸上画有龙纹的龙签纸，因为皇帝是真龙天子嘛！他写的第一个“福”字，一定要贴在自己家里最重要的地方，那就是乾清宫，因为这里是皇帝的正宫。中国古代是“家国一体”，皇帝之家亦可代替“国”。写过乾清宫的“福”字之后，皇帝再写一些“福”字贴在其他宫殿，以及赐给大臣和藩属国的国王。

在腊月里，一些地方高级官员给皇帝写奏折，当皇帝批阅了奏折发回时，再在奏折里放一幅皇帝写的“福”字，表示对大臣新年的祝福。在北京的大臣，也就是朝官，他们会亲临现场，当面得到皇帝赐的“福”字。清代有一个大臣比较幸运，就是王际华，他共得到了皇帝写的“福”字 24 幅。他是乾隆十年（1745 年）科举考试的第三名，也就是探花。他

任职过礼部和户部尚书，尚书相当于现在的部长，他特别受到乾隆皇帝的青睐。在他任职的 31 年里，有 24 个年份皇帝都给他写过“福”字。他觉得实在太受皇帝恩宠了，就把这些“福”字裱起来，挂在他家的书房里，并且还给这个书房起个名字，叫“二十四福堂”。

大臣当面接受皇帝赐福字的情形如何呢？一般是从腊月十五或十六日开始，陆续写到年底。皇帝先给他身边的侍卫写“福”字，然后再给大臣写。但朝中的大臣是实在太多了，不能给每个人都书写一幅，所以就先列个大臣的名单，然后由皇帝圈定，再由内奏事处通知即将接受皇帝赐福的大臣。届时，皇帝在案上写的时候，大臣就跪在案下等候，皇帝写好后，太监就帮他捧着，大臣受赐后，出了皇宫的内廷东侧的景运门，然后再出皇宫回府。

（二）腊八

1. 腊八粥

腊月初八，简称腊八。腊八吃煮腊八粥，宫廷、民间皆然，清代皇家在腊八也熬腊八粥。根据乾隆三十年（1765 年）的档案记载，宫廷腊八粥的配料是：陈粳米、大黄米、小黄米、红枣、核桃仁、栗子、松仁、建莲。宫内、圆明园佛堂供粥 17 锅，其中宫内 12 锅、圆明园 5 锅。如果是皇太后、皇后、妃嫔、皇子等皇室人员所吃的腊八粥，配料与上面的基本一致，但增加了少量的新粳米，这样更黏润，口感好。此外，皇家还派大臣到雍和宫去熬粥，广施老百姓。

2. 活佛送岁

这一天，在皇宫里还有一项宗教活动——活佛送岁。在皇宫紫禁城中靠近西北部的地方，有一个建筑叫中正殿，这里是管理皇家宗教事务的地方。腊八，在中正殿前面临时搭设一个黄色的小毡房，称为小金殿。皇帝要到这个小金殿里，由当时活佛，比如章嘉呼图克图，给皇帝掸一掸衣服、帽子，表示把去年一年的不祥全都给掸除掉了，寄予新的一年有更好的未来，这个仪式叫送岁。当活佛给皇帝掸除衣冠的时候，其他的喇嘛就开始念经。

3. 观冰嬉

腊八时节，北京已经进入隆冬，水面完全结冰，这时可以开始进行滑冰——冰嬉活动。皇家在这一天要举行观冰嬉仪式，于民俗活动中寓军事训练。在这天皇帝要陪着皇太后到西苑瀛台等处（西苑指现在的北京北海公园，以及北海桥以南的中海和南海）看八旗的勇士们滑冰表演。滑冰本来是一个娱乐活动，但是对清朝来讲，既是保留其发源于东北的一项民俗，同时也训练八旗兵士灵活与抗寒能力，以增强作战能力，即《燕京岁时记》所云“习劳行赏，以简武事而修国俗”，可谓一举双得。

我们可以从清朝遗留下来的《冰嬉图》（局部）（图 1）以及文献了解当时的一些情况。滑冰表演时，皇帝和皇太后坐在轿中观看。这种滑冰，可以说是属于花样滑冰，表演者需要按照“S”形（龙形）的队形来滑，中间还要做各种的杂技：校射天球、叠罗汉、舞中幡等。在冰上，表演者既要滑冰，同时也做动作，难度较大。当时所用的“冰鞋”，就是用一个木板，拴系到靴子上，木板底下嵌有铁条，这样的冰鞋故宫博物院现在还有收藏。

图 1（见彩图 8–1）冰嬉图（局部）

冰嬉活动的具体组织形式是：每年十月选定表演者，八旗的每旗按照定数各挑选善走冰者 200 名，由内务府预备冰鞋、行头、弓箭、球架等。分兵丁为两翼，每翼头目 12 名穿红黄马褂，其余都穿红黄齐肩褂。射球兵丁 160 人，幼童 40 名，均穿马褂，背小旗，按八旗各色排列，依次滑行校射表演杂技后，还可获得恩赏银两。头等 3 名，各赏银 10 两；二等 3 名，各赏银 8 两；三等 3 名，各赏银 6 两；其余兵丁各赏银 4 两，都是由内务府的广储司支给。

（三）封印放假

我们现在过年要放假，古代的官员过年也要放假。据官书记载，由当时的钦天监进行占卜，选定吉日，举行封印仪式，即表明开始休假。《燕京岁时记》记载，一般在腊月十九、二十、二十一、二十二这四日之内择吉。所谓封印，就是在皇宫封存皇帝的御玺，不再钤盖。在皇宫里，皇帝有25个御玺，称二十五宝，它们平时一直贮放在交泰殿，皇帝发布不同的“文件”使用不同的御玺。封印这一天，要将二十五宝拿到乾清门清洗，然后封存起来。待到正月里，钦天监在十九、二十、二十一这三日之内再测定一个开印的吉日，表示可以钤盖使用，也就是可以正式照常办公了。封印、开印，在地方上的各个衙门都要与皇宫统一时间，遵照执行，把官印封存起来或启封使用，表明官员放假或办公。

（四）二十三祭灶

民间童谣有“二十三，糖瓜粘”，其实讲的就是祭灶。皇宫里腊月二十三也祭灶，要在内廷里祭祀，就是在坤宁宫祭灶神。届时，由太监来设供案，上面放的供品是关东糖，也就是清朝老祖宗兴起的地方——东北地方做的麦芽糖，总计要供三十三种。另外，皇宫还要供一只黄羊。供上这些之后，皇帝和皇后就先后给灶神磕头，磕完头之后，再把这些祭品送到燎炉里焚化。

现在民间供奉的灶君，有的是一对老夫妇并坐，即灶君和灶君夫人的画像。

清朝宫廷里，灶君的牌位供在坤宁宫明间，实际上在和正门对着的北墙那里，有三口锅，锅上方的一个墙角立有一个灶君神牌。皇宫里不贴神像，但民间贴有灶王爷、灶王奶奶的不同样式。

（五）腊月二十四

1. 上灯

从腊月二十四开始，皇宫里就开始上灯，因为腊月二十三送灶王爷上天了。原本灶王爷是一家的保护神，自从他升天后家里就没有了保护神，就需要在夜间点燃灯火、放爆竹，以驱除黑暗处的鬼魅。

皇宫里从这一天开始，一直到二月初三，每天晚上都要上灯。所上的灯有三种，第一种叫天灯，天天都要点亮，要用特别高的杆子挂起，使整个皇宫都能被照亮，具有真正的照明意义；第二种叫万寿灯，只是具有装点节日气氛的功能；第三种是在乾清宫两侧甬道，以及庑房的屋檐，张挂宫灯，也有装点节日气氛的功能。第二、第三种灯，只在除夕和正月初一、十一、十四至十六这几日点亮，正月十八被撤走。万寿灯为烘托过年的喜庆气氛，灯的形状制成了重檐的小亭子，每个挂有 16 幅万寿宝联，就像幡一样的两面刺绣金字条幅，金字条幅上都是吉祥词汇。当年的万寿灯与天灯的底座，至今还静静地立在乾清宫与皇极殿的丹陛上下。

2. 放爆竹

从腊月二十四开始，皇宫里也要放爆竹，因为腊月二十三开始保护神灶王爷已经上天，而爆竹有响声可以惊走邪魔。这天开始，皇帝从他寝宫出来时，每走过一个门就要放响爆竹。

放爆竹，在《神异经》里有这样的记载，西方山里有个怪兽，它不太大，有一尺多长，只有一只脚。一般的人它不怕，但是人不能去触犯它，人如果触犯它，就会生病，会感到忽冷忽热，就像发疟子，但是它害怕响声。古人发现空膛的竹子在火里燃烧时有爆裂声，噼里啪啦的响声就可以把它吓走，所以后人为驱除邪魔就放爆竹。

（六）扫房子与贴年画

民间童谣有“二十四，扫房子”，扫除一年的污秽，干干净净迎接新年。皇宫里过年也要扫房子，但扫房子的时间不固定，由钦天监在腊月占卜出良辰吉日，一般也都选在腊月二十几扫房子。

民间迎接新年还会贴年画，皇宫中叫贴岁轴，时间也是不确定为哪一个具体的日子，而是择吉而行。岁轴事先由宫廷画家画好，皇帝阅看钦准才可张贴。一般贴在皇帝居住的养心殿及皇后的正宫坤宁宫，有的也可能贴在后妃居住的东西六宫。故宫博物院现在收藏的名称为《岁朝图》

的挂轴，或许就是当年宫廷画家所绘的岁轴。而乾隆皇帝所绘的岁轴，现在故宫博物院也还留存一些，比如《盎春》《春藻》《同豫》《履安》等，均强调吉祥寓意，画面上有柿子、如意、百合，还有瓶子里插有麦穗、如意等，以谐音事事如意、平安如意、百合如意、岁岁如意等。

（七）腊月二十六

1.“贴”春联

从腊月二十六开始，皇宫的活动越来越多。

这一天皇宫开始贴春联与门神。在三大殿区，也就是外朝，代表“国家”之“国”，由六部中的工部，会同内务府官员去张贴。内廷里，也就是乾清门以里，代表“国家”之“家”，也就是皇帝真正的家，一般的男人没有皇帝特召不可以进入，所以在内廷里就由太监张贴。

清朝皇宫里贴春联，还有两个特殊性，一是早期春联用白色，二是“挂”春联。汉族老百姓贴春联都用红色，但清朝满族人崇尚白色，他们最早的春联就在白纸上书墨字，不仅笔记文献有直接记载，而且官方文献也有间接记载。民间贴春联，是真正地贴在门框上，但清朝皇家“贴”春联，实际上是悬挂，到二月初三再卸下来，收贮到门神库中，第二年继续悬挂，五年修理一次，这也比较节约。其实，清朝到乾隆时已经汉化得比较严重，开始贴红色的对联，我们在乾隆时代的宫廷画上看到的春联多是红色的。汉族人用红色的春联，与阴阳五行观念有关，红色对应人的情志是“喜”，所以我们一般在喜庆的日子都用红色。当年乾隆帝所写的春联，至今在故宫博物院还收藏了一些，比如“五云迎晓日，万福集新春”“天地三阳泰，乾坤万国春”等，都是红色。

2.“贴”门神

腊月二十六还要贴门神，到二月初三，与春联一起收贮到门神库，等待以后的年份再次使用。清朝皇宫中“贴”门神实际上也是悬挂，就像挂挂屏。因为皇宫的大门上都有凸起的门钉，无法粘贴，而且把门神裱糊到木板上，也不易被寒风刮破，可以多次利用。

大家最常见的一对门神，是武门神，他们是一对威猛的武士，披甲执戈，悬弧佩剑，有的人认为是神荼、郁垒，有的人认为是秦琼、尉迟恭。神荼、郁垒，最早来自《论衡》所引《山海经》中的记载：沧海中有度朔山，上有大桃树，树间东北有门叫鬼门，万鬼聚此。树上有神人神荼、郁垒二兄弟守着，如果有害人之鬼，他们就用草绳捆缚，用桃木弓射杀喂食给老虎。所以，后来人们为了辟邪，就在家门的门神上画有他们和老虎的形象。秦琼、尉迟恭为门神，最早来自《西游记》第九回“袁守诚妙算无私曲，老龙王拙计犯天条”：泾河老龙死后阴魂不散，惊扰唐太宗六神不安。魏征就让秦琼、尉迟恭两将军把守宫门，果然奏效，后来唐太宗就让画家吴道子画了二人的画像贴在宫门上。另外，清代褚人获《隋唐演义》又记载：一日，太宗忽然生病，众臣日夕问候，太医看视。但过四五日也不能痊愈，恍惚似有魔祟。惟秦琼、尉迟恭来问安时，颇觉神清气爽，因命画二人之像于宫门以镇之。

度朔山上的大桃树，似乎也有神力，人们也就在门扉上悬挂桃木梗或以桃木制成桃人以辟邪。晋代改为桃符，即在桃木板上写神荼、郁垒之名或画其像。五代时在桃木板上面书联语，最早的对联是五代后蜀皇帝孟昶在皇宫内门的桃符上写的“新春纳余庆，佳节号长春”。后来宋代王安石《元日》诗中就有“爆竹声中一岁除，春风送暖入屠苏。千门万户曈曈日，总把新桃换旧符”。再到后来门神与对联就产生分离并同时出现，既有书写文字的春联，亦有画像的门神，在过年时一起护佑家人的平安。

3. 挂宫训图

从乾隆时期开始，皇帝谕令宫廷画师绘制宫训图12幅，表现“古后妃之有懿行者”，并且乾隆皇帝为每一幅书有赞语，规定每年在腊月二十六悬挂在后妃居住的东西六宫，目的是教育后妃在新的一年中谨遵壶范，襄助皇帝，待到二月初三与门神、对联一并撤下。宫训图的悬挂位置与内容官书有明确记载，故宫博物院现在还收藏有钟粹宫的《许后奉案图》。

4. 祫祭斋戒

如果腊月是大月，从腊月二十六这一天皇帝为祫祭开始斋戒；如果是小月则从腊月二十五开始斋戒。所谓祫祭，就是在年末，当朝皇帝要合祭所有的先祖。

斋戒时，不理刑名、不办事、不宴会、不听音乐、不入内寝、不问疾吊丧、不饮酒、不茹荤、不祭神、不扫墓，还要在前一日沐浴。为了提醒皇帝与大臣恪守戒律，在乾清宫一些地方要安放斋戒铜人，皇帝坐卧之处，比如床铺上、门楣上都挂有斋戒牌，使其心存警惕，须臾弗忘。陪祀人员要佩戴斋戒牌于心胸之间，使触目警心，恪恭罔懈，并得彼此观瞻，益加省惕。现在故宫博物院还收藏有很多斋戒牌，它一面写汉文“斋戒”二字，另一面写满文。斋戒牌有不同的材质，如金质、玉质、珐琅质，还有用丝绸刺绣，样式有方形、葫芦形等。

5. 恭奉神位至堂子

清代皇宫信仰萨满教，平时每日在坤宁宫举行朝祭与夕祭。但到腊月二十六，就把坤宁宫每日朝夕祭祀的神灵送至位于长安左门附近的堂子进行祭祀。当日早晨五鼓，由内务府掌仪司的太监 16 人，抬 2 顶黄缎子神轿，把坤宁宫的朝祭和夕祭神位抬到长安左门外的堂子享殿内供奉，自此每天早晚上香祭祀，正月初二再迎回坤宁宫。

（八）跳布扎与唪经

清朝皇帝笃信藏传佛教。其中有一种仪式跳布扎，又称打鬼，就是戴假面具跳类似傩舞，作驱赶扑打鬼怪之状。腊月二十九，以 184 人在中正殿前殿跳布扎、唪“护法经”。腊月二十八、二十九、三十，以 36 人仍在中正殿前殿唪“迎新年喜经”，给皇家祈福。

（九）赐荷包

皇帝为了笼络王公大臣，到了年底也要赏赐礼物，以达到君臣之间情意欢洽，如赏给诸王一般是黄辫大荷包一对，内贮各色玉石八宝一份，小荷包四个、金钱金锞各二个、银钱银锞各二个；赐御前王大臣是岁岁平安荷包一个，灯盏数对，以及福橘、广柑、辽东鹿尾、猪、鱼诸珍物；外廷大臣择其圣眷优隆者亦赐荷包一个。这些得到荷包的大臣皆佩于貂裘襟领间，以示宠眷。当年皇宫里的荷包，现在故宫博物院还遗存有几千件，一些是当年用作分赐给大臣的剩余物，当然更大量的还是皇帝、后妃实际使用物的遗存。

（十）除日与除夕

除日亦叫岁除日，指一年的最后一天，“除”有清除、去掉之意。除夕之“夕”有“傍晚”与“夜”的两个含义，除夕用后者之含义，指除日之夕，即一年最后一天的夜晚而不是白天，可能是二十九，也可能是三十的晚上，要看腊月是大月还是小月。所以说除夕是大年三十这一说法并不准确。

1. 礼佛敬神

除日一早，卯初，档案记载皇帝先在养心殿天地香亭前的西佛堂拈香，再到皇宫中的玄穹宝殿拈香，次到钦安殿拈香并放炮仗。

午初二刻，皇帝与后妃一同在坤宁宫向西、北神案前，以及灶君前拈香。

2. 保和殿筵宴朝正外藩

除日辰初，早膳之后，皇帝在保和殿举行外藩宴，赐蒙古王、公等进茶、进馔、行酒、乐舞。清初开始实行与蒙古通婚的国策，公主嫁与蒙古各部首领，这些首领被称为额驸，他们与皇帝实际上形成了翁婿关系。新年将至，额驸与公主归宁，皇帝则宴请额驸，同时宴请前来贺年的藩属国使节。

3. 赐后妃、公主筵宴

午正一刻，皇帝在他的正宫乾清宫，即在他真正的家，与归宁的女儿们吃上一次团圆饭，陪宴的则是后妃，也是父母与女儿在一起吃的团圆饭。

4. 踩岁与熰岁

除夕，自户庭以至大门，凡行走之处遍以芝麻秸撒之，谓之踩岁。寓意“岁岁平安”“芝麻开花节节高”。清朝宫廷中，除夕在炭炉中燃烧松柏树枝，其烟有香味，当时称之为熰岁，这可能是满族习俗（图 2）。

图 2（见彩图 8–2）岁朝图・踩岁与熰岁

5. 除夕子夜守岁

子时，就是现在的 23 时至次日 1 时，这个时间段正好是跨两天，除夕夜，前半截就是头一年，后半截就是第二年，正所谓一夜连双岁，五更分两天。

晋代周处的《风土记》记载：“至除夕达旦不眠，谓之守岁。”守岁的意义在于励志珍惜时间。所以，苏轼的《守岁》说：“明年岂无年，心事恐蹉跎。努力尽今夕，少年犹可夸。”而宋代席振起《守岁》更有“相邀守岁阿咸家，蜡炬传红向碧纱；三十六旬都浪过，偏从此夜惜年华”之句。

二、正月迎新

正月第一天称元旦。元，是开始、第一之意。旦，本为会意字，是日出地平线之上。《说文解字》：“旦，明也。从日见一上。一，地也。”所以，旦是早晨的意思，与“暮”字相对，《木兰诗》有“旦辞爷娘去，暮宿黄河边”。后来“旦”字引申为日、天，所以元旦即第一天的意思。第一天从哪儿开始呢？即一年的第一天。宋吴自牧《梦梁录》解释说：“正月朔日，谓之元旦，俗呼为新年。”元旦亦称为元日、元辰、元正、元朔、三元、正旦、新正、岁朝、岁旦等，如《后汉书・周磐传》：“岁朝会集诸生，讲论终日。”注“岁朝，岁旦”。辛亥革命后使用公元纪年以与国际接轨，称公历1月1日为元旦，农历的元旦改称春节。

（一）元旦

1. 子正皇帝开笔书吉语

夜半子正时辰，就是新一年的元旦开始。从子正开始，在养心殿东暖阁明窗处放置金瓯永固杯（图3），内盛屠苏酒，皇帝喝下，以附古俗元旦饮屠苏酒可避瘟之意。“金瓯永固”意即江山永固，象征清王朝长治久安。在此杯旁设玉烛，皇帝亲自点燃，用红漆雕云龙盘，上放一件仿古铜八吉祥炉，把万年青管笔（万年亦是象征长久，青谐音清朝之“清”）在炉上熏一下，先蘸朱墨写吉语数字，再蘸黑墨书写吉语数字，以祈新年吉利平安，这就是元旦“开笔”仪式。在一年中的第一天第一次写字——开笔，所写吉语，相当于为天下所有的老百姓许了愿，因为在封建时代，皇帝与老百姓的关系是君父与子民，老百姓就像皇帝的孩子一样。元旦开笔书吉语仪式从雍正朝确立，现今中国第一历史档案馆还完整地保存有乾隆朝历年元旦开笔的吉语签，比如乾隆元年（1736年）朱墨所书为“元年元旦，海宇同禧，和气致祥，丰年为瑞”，墨笔所写为“愿共天下臣民永享升平，所愿必遂，所求必成，吉祥如意”。当年皇帝写过以后即密封收藏，任何人不能开启。我们今人整理档案时，才得以知晓当年皇帝许了什么愿。

图3（见彩图8-3）金瓯永固杯

2. 浏览时限书

元旦开笔之后，皇帝还要看时限书，也就是我们通常说的“看黄历”。每年十月初一发布下一年的时限书，由钦天监卜测编订。元旦伊始皇帝浏览时限书，表示他对天下臣民授时。

3. 皇帝吃饽饽

老百姓过年守岁，在子时合家吃饺子，寓意家族团圆，祈愿富足。

饺子最初叫扁食，后来称作饺子，它有很多寓意。一是子时两年相交的吃食，交合在一起，也就象征一家团聚的意思；二是宋代的纸币叫交子，正好谐音，把交子的“交”加个食字偏旁就成“饺”字；三是饺子的形状像元宝，自然寓意富足。

满族人把所有的面食都叫饽饽，水饺称煮饽饽。皇帝过年时也要吃煮饽饽，但他不是在子时与家人一起吃。档案记载乾隆四十八年（1783 年）元旦寅时，皇帝在乾清宫东侧的弘德殿吃饺子，太监一共送来了四个饺子，他吃了三个，另一个送到佛堂上供。

4. 凌晨祭神与祭祖

元旦子时，内务府的司香官在养心殿东西佛堂、坤宁宫神位前上香，皇帝皇后行礼。

寅时皇帝到奉先殿祖宗牌位前上香行礼。奉先殿供奉从努尔哈赤以后各帝的牌位，相当于皇帝的家庙，皇宫外面的太庙相当于国庙。祭祖是中国孝道文化的直接体现。

寅时也还到堂子行礼。腊月二十六坤宁宫的神灵都被送到了堂子，所以元旦寅时，皇帝要去堂子祭神。祭堂子是满族特有的祭祀，汉族、蒙古族大臣均不可参加，只有皇帝与满族王公大臣参加。

5. 早膳家宴

清朝皇帝平日只是一人进餐，不与后妃、皇子共进餐饮。只有过年时才与后妃、皇子举行家宴，并且狭义的家宴，只是指与后妃在一起吃饭，并不包括皇子，与皇子的家宴叫宗亲宴。

与后妃的家宴，在元旦的早膳时间，是在辰时。地点一般在乾清宫，皇帝席位在宝座前，皇后在皇帝席东稍后，妃嫔席列在皇帝宝座东西相对。个别时候也会在漱芳斋后殿的金昭玉粹举行。

现存的档案记载有乾隆四十八年元旦家宴餐单，皇帝桌上的菜肴是：

拉拉（黄米饭）、燕窝挂炉鸭子、挂炉肉野意热锅、燕窝芙蓉鸭子热锅、万年青酒炖鸭子热锅、燕窝苹果烩肥鸡、托汤鸭子、额思克森（发酵的）鹿尾酱、碎剁野鸡、清蒸鸭子鹿尾攒盘、羊乌叉（尾骨）、烧鹿肉、烧野猪肉、鹿尾、蒸肥鸡、竹节卷小馒头、番薯、年年糕、小菜5个、浇汤煮饽饽、燕窝冬笋鸭腰汤。额食6桌：攒糖1种、饽饽13种、奶子13种、菜2种，共摆2桌；干湿点心8种1桌；盘肉13盘2桌；羊肉2方1桌。妃嫔桌上的菜肴是：拉拉、菜4种、盘肉3种、攒盘肉1种、小菜2种。皇帝吃过后，把上述的菜肴赏赐给妃嫔。从乾隆三十一年（1766年）纳喇皇后被废后，乾隆帝不再立皇后，所以这个年份以后的家宴中，没有皇后。

6. 行庆贺礼

老百姓过年有互相拜年的习俗，皇宫里的拜年就称为元旦庆贺礼，时间在早膳之后。历代皇帝都标榜以孝治天下，如果有皇太后在世，皇太后辈分最长，皇帝要率领亲王，还有文武大臣，先去皇太后宫行新年庆贺礼 ，再去太和殿接受大臣的行礼。皇帝在太和殿不仅接受王公大臣的行礼，还有藩属国前来贺年的使节，他们除了叩头行礼外，还要向皇帝进献新年贺表。早早地在卯时，皇帝就率领王公大臣到皇太后的典礼之殿——慈宁宫或寿康宫给太后拜年，行礼之后，御临太和殿，接受文武大臣的行礼进表，三拜九叩。再后，回到乾清宫，接受后妃们的行礼拜年。最后，皇后到交泰殿，再接受妃嫔们的行礼拜年。

7. 日间祭神行礼

太和殿行完元旦庆贺礼，皇帝还要诣大高殿、寿皇殿行礼。大高殿位于北海公园东门外，陟山门街南，是一座道教建筑，过年时皇帝要在此向昊天上帝行礼。寿皇殿位于景山北麓，是供奉清代努尔哈赤以下帝后画像的建筑，皇帝前往这里向祖先画像行礼，较之在太庙或奉先殿向祖先牌位行礼更加直观形象。由于在此行了礼，当日不再亲自去太庙行礼，而是遣官到太庙后殿祭祀远祖四帝（努尔哈赤之前的四代父祖）。

8. 太和殿筵宴王公大臣

自雍正四年确定了元旦宴仪，即元旦国宴。巳时（后改为午时），皇帝御临太和殿，与内外王公大臣以及朝正的藩属国使节筵宴。宴会等级为四等满席，所用筵食牲酒由王公、贝勒、贝子等进献，不足部分由光禄寺增益。先饮奶茶，吃饽饽毕，再饮酒进馔。当皇帝进馔后，开始分给各桌席食品与酒一卮，宴后还要杂陈乐舞。

9. 晚膳宗亲宴

元旦这天晚膳，也就是未时，皇帝再跟他的未成婚的皇子，以及已经有封爵的宗亲如兄弟、年长皇子在一起吃饭，叫宗亲宴。清朝规定，皇妃五十岁之前，不可以与非亲生皇子们见面，以免他们之间产生不当关系。所以，即使过年家宴，也是后妃与皇子们分开举行。

现存档案有记载乾隆四十八年元旦宗亲宴的情形。皇帝大宴桌上，先摆高头冷宴，从外往里摆，第一行：松棚果罩 4 个、花瓶 1 对、点心高头 5 种；第二行：一字高头 9 种；第三行：圆肩高头 9 种；第四行：雕漆果盒 2 副、苏糕鲍螺 4 座；第五至第八行，各为膳 10 种。另有奶子 1 种、小点心 1 种、炉食 1 种、敖而布哈 1 种、鸭子馅临清饺子 1 种、米面点心 1 种、小菜 1 种、南小菜 1 种、清酱 1 种、糟小菜 1 种、水贝瓮菜 1 种。皇子、亲王与陪宴大臣，每桌高头 5 种、群膳 15 种、干湿点心 4 种、小菜 4 种、清酱 1 种。

10. 皇太后慈宁宫宴女眷

皇帝举行宗亲宴，只有男眷们可以出席。那么，女眷就由皇太后出面，在慈宁宫宴请。主要是亲王的福晋（夫人），也就是老太后的儿媳妇、孙媳妇们，以及皇太后的姑娘们——长公主，皇帝的女儿们，还会有诰命夫人等命妇，参加由皇太后所赐的筵宴，时间在巳时，所用馔筵牲酒，由诸王进献。

11. 抄写《心经》

清朝皇帝笃信佛教，每月初一、十五均抄写《心经》，尽管是元旦过年，仍抄写不辍，以示虔诚。《心经》全名为《般若波罗蜜多心经》，般若是梵语音译，读音为“波惹”，意为智慧；波罗蜜也是梵语音译，到彼岸之意；“多”是一梵语音节；心经是汉语精髓之意。《心经》由唐玄奘翻译，仅260字，浓缩了佛教最核心、最精华的部分。

（二）曲宴廷臣

皇帝在乾清宫宴请王公、大臣，这等于是皇帝在他的“家里”宴请其下属。这项活动始于康熙二十一年（1682年）在上元节宴请内阁大学士、各部院官员93人，但并非年年举行。参加人员名单，先由奏事处拟订，皇帝钦定，然后由内阁通知到人。每次人数不定，比如乾隆四年（1739年）共有99人参加。雍正朝以后一般在正月初二举行。皇帝席设宝座前，王公大臣席在宝座两侧。王公用高桌，大臣用低桌。席间，与宴者要赋柏梁体诗。宴后，皇帝赏赐笔墨纸砚，康熙朝还曾赏赐过书籍、马匹、布匹、荷包等。

柏梁体诗，就是首句确定一韵，以下唱和的皆用同一韵，可以无限接续。过年时在皇宫中的这项活动，首句自然由皇帝定韵。如乾隆四年，御制首韵“洪钧气转叶韶年”，韵脚在“安”，显亲王衍潢和为“一堂飏拜圣主前”，庄亲王允禄和为“赓歌复旦开中天”，怡亲王弘晓和为“光风霁月物象鲜”，裕亲王广禄和为“蓼萧湛露开琼筵”，履亲王允裪和为“预报丰稔瑞雪绵”，慎郡王允禧和为“祥图瑞箓盈山川”，大学士鄂尔泰和为“调元赞化惭名贤”，大学士张廷玉和为“身依丹陛皇仁宣”，大学士福敏和为“元辰嘉瑞纪瑶编”，大学士徐本和为“虞廷精一符真诠”，协辨学士三泰和为“寅清协理丹心悬”，吏部尚书讷亲和为“懋襄邦治夙夜虔”……

（三）重华宫茶宴

这项活动首创于乾隆皇帝。一般在正月初三至初十之间，皇帝召大学士、翰林能诗者，到重华宫，也就是文臣的“新年招待会”，即文人雅集，不饮酒吃肉，只喝茶赋诗，所以叫茶宴。所喝之茶称“三清茶”，即用松仁、梅花、佛手来泡茶，吃小点心。皇帝先吟诵一句，其他大臣应和。参加重华宫茶宴的大臣最初只有十二人，后来一般是十八人，以符唐太宗的十八学士登瀛洲，后来最多增至二十八人，又比附周天二十八宿。席间主要是联句赋诗，有时也听戏。宴后，皇帝赏赐茶宴时个人所用瓷杯，间或也赏赐砚台、书画等。

（四）皇帝躬侍皇太后家宴

清朝皇帝平时不定期会陪侍皇太后宴饮。而在正月里，侍奉皇太后家宴的日期不定，只是择吉而行，大约在初三至初十。一般在重华宫区的漱芳斋后殿金昭玉粹进早膳，宁寿宫进茶果、晚膳并看戏，在重华宫进酒膳（加餐）。皇帝要陪侍皇太后整整一天，以体现孝道。

（五）正月十五

过了元旦，主要的节日就是上元节，即正月十五，没有“破五”等小节。

正月初五，民间习称破五，破是破除之意，意即破除春节期间的一切禁忌。《岁时琐事》记载：正月五日，俗呼破五日。欲有所作为，必过此五日，始行之。从此日可以开市。《清嘉录·开市》则载：是日，市估祀神，悬旌返肆，谓之开市。长、元、吴等地《志》皆云：五日，祀五路神，始开市，以祈利达。富察敦崇《燕京岁时记·破五》云：初五日谓之破五，破五之内不得以生米为炊，妇女不得出门。

皇家当然不用开市，故无破五之俗。

自唐代人称正月十五为上元节，其晚上又称元夜、元宵。宵为夜之意，元宵本指正月十五夜，后衍更为十五这一天。此日吃“浮元子”，又称元宵、汤圆，圆则寓意团圆。

1. 再赐外藩筵宴

上元节，可以说是过年的最后时间，来京朝正的外藩即将准备回到各自驻地，皇帝再次赐宴，等于是告别宴。外藩王、贝勒、贝子、公、台吉等，在内大臣、大学士、上三旗都统等一品文武大臣的陪同下筵宴，心怀圣上的恩典，择吉返回驻地，为皇朝恪尽守边之责。筵宴地点早期在保和殿，中后期在圆明园正大光明殿，便于同时赏赐观灯。

2. 上元正灯节

上元节是真正的灯节，此日到处张灯，亦放烟火，赏花灯、打灯谜、观烟火为民间乐事。

赏灯的习俗来源主要有：一是为祭祀上元天官的诞辰；二是东汉明帝为表示对佛的崇信，下令在这一天张灯。唐宋时期，正月十五赏灯已很兴盛，清代雍正朝开始在圆明园举行大型赏灯活动。

在皇宫中，万寿灯于正月十一、十三至十六点燃，天灯是日日高悬点亮，而丰富多彩的宫灯更是竞相斗妍，其材质较之民间纸糊花灯珍贵，多以纱绢、玻璃及明角等为之，并绘画古今故事，以资玩赏，更有令人称奇的树灯、千叶莲花灯、大型灯组鳌山灯。清代宫中已有冰灯，乾隆皇帝有《冰灯联句》：“片片鲛冰，吐清辉而交碧月；行行龙烛，腾宝焰而灿珠勺。”民间有舞龙灯之戏，而宫中舞龙灯之戏规模更为盛大，可有千人舞灯组合成的吉祥文字“天下太平”“大有年”等。

3. 观烟火

燃放烟火需在空旷之地，康熙朝观看烟火先在南海子，后在西苑。乾隆初定制，于上元前后五日，在圆明园山高水长放烟火盒子，因其地平坦而宽敞。在正月十五，朝正外藩王公与外省将军、都统大臣，以及京城部院大臣等，均特许进圆明园内观看。届时，内务府司员设御座于楼门外，朝正的外藩额驸台吉等在两廊下坐，大臣等皆在阶下两旁列坐，同观共赏，君臣欢愉。

4. 写元宵灯词

灯节之灯，除绘画图案外，还会在灯上贴谜语，让人猜解，称为“打灯谜”，是民间流行的灯节娱乐活动。后文人亦有书写灯词之风，粘贴彩灯上供人品鉴娱乐。从明代开始宫廷也有写灯词之俗，清代皇帝在元宵节观灯自娱，亦书写“灯词”以纪其盛。“灯词”并非是有曲牌的长短句，而多为七言诗。

过了正月十五，基本上过完了“年”。开印在即，准备结束休假，照常办公。

9 宫廷饮食——中国皇家文化的精粹

苑洪琪

苑洪琪，1976年毕业于南开大学历史系，同年到故宫博物院工作，从事宫廷礼仪制度的研究和宫廷展览，现为研究馆员。

中国有两千多年的封建社会史，皇帝是封建社会的产物。历朝历代的皇家文化在历史的长河中相互影响，传承发展，已成为中华传统文化的精粹，宫廷御膳即是其中的一部分。

宫廷御膳，是帝王所享用的饮食。中国古代宫廷御膳源于礼制，中国历代帝王对其高度重视。虽然各个朝代的宫廷御膳特点不尽相同，但“王天下者食天下”，皇帝凭借着至高无上的地位和权势，役使当时各地名厨，聚敛天下四方美食，形成了不同的御膳特色，代表着中国饮食文化的最高水平。

一、宫廷饮食初成

古代生产力低下，人们把吃饭看作与天一样重要——民以食为天，吃饭是最愉悦的事情。《礼记·仪礼》记载：“夫礼之初，始诸饮食。”夏商时期信鬼神，重礼仪，“上事天，下事地，尊先祖而隆君师”（《荀子·礼论》）。将食物祭祀看作人与天地沟通的媒介，是国家大事，“国之大事，在祀与戎”（《左传·成公十三年》）。“礼”产生的标志是用食品祭祀，这是文明的开端。

古人认为祭祀神如神在，但“不诚无物”（《中庸》），没有祭品的祭祀是不真诚的，神灵不会降临。因此，祭祀祖先事死如事生，必须怀着真诚的心情和有精心准备的食品祭祀，向神祖荐献饮食祭品是古人最初祭祀仪式的重要表现之一。祭祀的具体程序是“其燔黍捭豚，污尊而抔饮，蒉桴而土鼓，犹若可以致其敬于鬼神”（《礼记·礼运》）。意思是说，祭礼起源于向神灵奉献食物，只要燔烧黍稷并用猪肉供神享食，凿地为穴当作水壶而用手捧水献神，敲击土鼓作乐，就能够把人们的祈愿与敬意传达给神灵，神灵就有感应。祭礼行过之后，王室及其随从聚宴一处心生欢喜，与祖先共享祭祀食品。

夏王朝为制作祭品设置了管理机构，祭祀办得隆重奢华，但“王”的生活却很节俭。如治水的大禹，孔子说：“禹，吾无间然矣。菲饮食而致孝乎鬼神，恶衣服而致美乎黻冕，卑宫室而尽力乎沟洫”（《论语》）。意思是说，禹平时饮食菲薄，衣服粗恶，宫殿卑陋，自奉甚为俭约，但祭祀食品丰富，祭礼服装十分美观，把精力完全用于沟渠水利治理。为纪念大禹为治国安民而节俭的精神，夏王启首创了祭禹祀典，四千多年来，大禹陵总是俎豆千秋，玉帛相接，祭祀绵亘。历代祭禹，古礼攸隆，是中华民族国家祭典的雏形。

到了商朝，奴隶制社会进一步发展，管理“王”的厨房这个机构进一步扩大，汤帝始有了专门的御厨伊尹。他深谙“以鼎调羹”“调和五味”，对制作各种美味的名特产品方法了如指掌，多年厨艺的磨炼，以烹饪“久而不弊，熟而不烂，甘而不哝，酸而不酷，咸而不减，辛而不烈，淡而不薄，肥而不腻”（《吕氏春秋·本味篇》）的精湛水平，被历代称为“中华厨祖”。

由祭祀产生的饮食礼仪制度在周代已经完备，周代在沿袭封建礼制的同时，制定了一整套礼仪制度，而“礼”的一个重要方面是祭祀之礼。周人重视祭祀，祭品质量更高。《礼记·王制》记载“诸侯无故不杀牛，大夫无故不杀羊，士无故不杀犬豕，庶人无故不食珍”，只有祭祀时，周王室才可有杀牛宰羊、罗列百味的排场。

食物是与天地沟通的媒介，食器也是礼器。其中，鼎是最为贵重的，鼎的数目代表等级地位的高低：一鼎对应的是贵族中地位较低的士，食物配置是豚（乳猪）；三鼎为士在特殊场合使用，食物配置可以是豚、鱼、

腊，或者豕（猪）、鱼、腊；五鼎对应的是大夫，食物配置是羊、豕、肤（切肉）、鱼和腊等；七鼎对应的是卿或诸侯，食物配置是牛、羊、豕、鱼、腊、肠胃、肤；九鼎对应的是天子，食物配置是牛、羊、豕、鱼、腊、肠胃、肤、鲜鱼、鲜腊。

与鼎经常一起出现的有“簋”“俎”和“豆”。簋大多为圆形，体型厚重，表面多用兽面纹装饰，有的带盖，常用来盛饭食；俎是盛肉的案子或者盘子，可以放个羊头之类的；豆是一种高足盘，可以放些小一点的食物。全部配置起来，周天子用九鼎八簋九俎二十六豆，诸侯用七鼎六簋七俎十六豆，大夫用五鼎四簋五俎八或六豆，士用三鼎二簋三俎，而一般百姓则严禁用鼎。可以想象，一大堆食物和器皿大小高低错落祭祀的恢宏场面，天地众神会高兴地降临吧！

但是周朝采取了“事鬼敬神而远之”（《礼记·表记》）和不为神鬼所惑的理智态度，周人的这种态度是中国社会发展到一定阶段而出现的“神权”让位于“政治”的历史规律。倒是周王室将饮食归为礼仪的一个重要组成部分而颇受重视，并为此多有明文定制。孔子推崇周礼，将“周礼”视为理想国家制度的典范，在西周完善和发扬。

周王朝对天子及其王室的御膳设计了一整套的管理机构，根据《周礼》记载，总理政务的天官冢宰，下设五十九个部门，其中竟有二十个部门专为周天子以及王后、世子们的饮食生活服务，诸如主管王室御膳的“膳夫”，掌理王及王后、世子御膳烹调的“庖人”“内饔”“亨人”等。根据现存的有关资料看，《礼记·内则》载述的“八珍”，是周朝御膳席之代表，体现了周王室烹饪技术的最高水平。《周礼》载，周天子的饮食都有一定的礼数，食用六谷（稻、黍、稷、粱、麦、菰），饮用六清（水、浆、醴、醶、凉、酏），膳用六牲（牛、羊、豕、犬、雁、鱼），珍味菜肴一百二十款，酱品一百二十瓮。

宰牲食肉要求应合四时之变，春天宜杀小羊小猪，夏天用干雉干鱼，秋天用小牛和麋鹿，冬天用鲜鱼和雁。从食鱼方面看，当时的鲔鱼、鲂鱼、鲤鱼在宫廷御膳中是最珍贵的烹饪原料。《诗·衡门》记载“岂食其鱼，必河之鲂。……必河之鲤。”《周礼·虔人》记载“春献王鲔”。周代御膳中蔬菜的品种并不多，据《周礼·醯人》载，天子及后、世子食用的蔬菜主要有葵、蔓菁、韭、芹、昌本、笋等数种，由于蔬菜品种有限，故专由“醢人”将它们制成酱，或由“醯人”把它们制成醋制品，以供王室食用。

虽然举了许多荤菜，但周天子的饮食居首位的仍是粮，包括稷（小米）、黍（黄米）、稻（粳米或籼米）、粱（又称黄粱，深黄色的糯小米）、麦（大麦、小麦）、菰（禾本科茭草的籽实）等。这些粮，有时煮成干饭，有时煮成粥。粮放在首位，是表示以粮为主食，这是符合当时膳食平衡原理的。

二、宫廷饮食的发展

汉王室在饮食方面拥有完备的食物管理系统，负责皇帝日常事务的少府所属职官中，与饮食活动有关的有太官、汤官、导官，它们分别“主膳食”“主饼饵”“主择米”，这是一个人员庞大的官吏系统。太官令下设有七丞，包括负责各地进献食物的太官献丞、管理日常饮食的大官丞和大官中丞等。太官和汤官各拥有奴婢三千人，汉朝礼制规定，天子“饮食之肴，必有八珍之味”（《三国志·魏志》），他们“甘肥饮美，单天下之味”（《后汉书·襄楷传》）。

石磨的出现，一改“粒食”为“面食”。用小麦磨出的面粉又白又细又好吃，一跃成为各阶层人士刮目相看的粮食。汉宫廷饮食以麦磨的面粉为主，食品为汤饼、蒸饼和胡饼三大类，蒸饼、白饼、烧饼、汤饼、髓饼、鸡鸭子饼、截饼和豚皮饼八大品种。其中，汤饼是煮饼、水溲饼、水引饼的统称。水引饼是我国迄今为止所见的对“面条”的最早的文献称谓，也是世界上最早的“面条”记录。

在副食方面，诞生了豆腐，据说是汉高祖刘邦的孙子淮南王刘安创制。传说，刘安与八位方士精研炼丹之术，榨豆腐取浆，入锅点卤，无意中创制成豆腐。汉宫廷美食还有“猩猩之唇”（《吕氏春秋》）、“獾獾之炙”（烧烤而成的獾肉）、“隽觾之翠”（燕尾肉）、“旄象之约”（旄牛之尾和象鼻肉）、“五侯鲭”，等等。

西汉张骞出使西域，通过丝绸之路同中亚各国开展了经济和文化的交流活动。他从西域引进了胡瓜、胡桃、胡荽、胡麻、胡萝卜、石榴等物产，延续到今天，我们仍在受益。

唐朝社会物质丰富，宫廷有更多经济条件和精力追求美食，是饮食的繁盛期。来自外省和世界各地的美味食材皆汇于宫廷，饮食水平相较前朝飞速发展，宫廷饮食涌现出“烧尾宴”“杏园探花宴”“樱桃宴”等众多著名宴会。

何谓“烧尾宴”？据《旧唐书·苏环传》载：“公卿大臣初拜官者，例许献食，名曰烧尾。”这就是说，大臣初上任时，为了感恩，向皇帝进献盛馔，叫作“烧尾”。宋陶谷《清异录》中记载了韦巨源设烧尾宴时留下的一份不完全的食单，食单中共列菜点五十八种，糕点二十余种，菜肴三十二种。从取材上看，有北方的熊、鹿、驴，南方的狸、虾、蟹、青蛙、鳖，还有鱼、鸡、鸭、鹌鹑、猪、牛、羊、兔，等等。

“烧尾宴”菜肴十分精美，新生食品为前代罕见。如其中一种作装饰和观赏的看菜，即工艺菜，叫“素蒸音声部”，用素菜和蒸面做成一群蓬莱仙子般的歌女舞女，共有七十件，可见花费不少时间与精力。再如名为“金银夹花平截”的糕点，是把蟹黄、蟹肉剔出来，夹在蒸卷里面，然后切成大小相等的小段上桌，真是厨艺复杂。再如“冷蟾儿羹”，即蛤蛎羹，要冷却后凉食。再如“清凉臛碎”，是用狸肉做成羹，冷却后切碎凉食，类似肉冻。

唐代已有深井贮冰法，夏天宫廷用冰很方便。利用打井的技术，往地下打一口粗深的旱井，八丈深以上，然后将冰块倒入井内，封好井口。夏季启用时，冰块如新。唐人史宏《冰井赋》云：“凿之冰井，厥用可观；井因厚地而深。”到了夏季，便会有冰制或冰镇的美味助人消暑。例如，逢到盛暑天气，宫廷中会做一种“清风饭”，是用糯米饭、龙睛粉（可能是琼脂）、龙脑细末与牛奶一起拌匀，垂到冰井深处加以充分地冷冻，形成一道清爽可口的祛暑冰点。

《开元天宝遗事》载：“杨氏子弟，每至伏中，取大冰使匠琢为山，周围于宴席间，座客虽酒酣，而各有寒色。”唐代宫廷“每至伏日，取坚冰，令工人镂为凤兽之形，或饰以金环彩带，置之雕盘中，送与王公大臣。”

到了冬季，唐代宫廷利用温泉进行温室栽培蔬菜（特别是瓜类）。唐代诗人王建的《宫前早春》诗云：“酒幔高楼一百家，宫前杨柳寺前花。内园分得温汤水，二月中旬已进瓜。”在中国北方居然能够“二月中旬已进瓜”，可见当时技术之精湛。

宋代的宫廷菜在整个社会饮食烹饪水平提高的基础上，较前代有所发展，品种多，制作技艺精。宫廷膳食机构庞大，设立光禄寺负责宫廷膳食，下设酒库和酒坊、太官物料库、翰林司、牛羊司、乳酪院、油醋库、外物库等。宫廷菜点有数百种，用料精细，名菜名点数不胜数。但是，宋代宫廷饮食一改唐代宫廷饮食“紫驼之峰出翠釜，水精之盘行素鳞”（杜甫《丽人行》）这种夸张杜撰大于现实的作风，代之而起的是素朴淡雅的文人气息。

宋代是中国封建社会变化的重要时期。宋太祖“杯酒释兵权”之后，文官政治逐渐成为社会的基础，“文德致治”，“文以载道”，重用文臣。宋朝历代帝王都有浓厚的人文艺术气息、思辨气质及忧患意识，这些都是有迹可循的，宫廷饮食文化亦有浓厚的崇文风气。

纵观宋代宫廷的饮食，不难发现以下特点。

1. 恪守祖训

宫廷御膳只吃羊肉。《续资治通鉴长编》记载，元祐八年（1093年）正月，辅臣吕大防对哲宗皇帝讲述“祖宗家法”传统时说：“饮食不贵异品，御厨止用羊肉，此皆祖宗家法所以致太平者。”宋代宫廷饮食有家法，吃猪肉甚少，京城“御厨止用羊肉”。两宋皇宫“御厨止用羊肉”，原则上“不登彘（猪）肉”。据记载，宋太祖宴请吴越国君主钱俶的第一道菜是“旋鲊”，即用羊肉制成。

2. 严守制度

《尚食志·糟》中记述宋仁宗皇后向吕夷简夫人索糟鱼一事，宋朝宫廷有“不得取食于四方”的制度。就是说，京城所在地方产什么，皇宫里基本上就吃什么，不能让全国各地进贡土仪即地方特产，以免增加百姓负担。

3. 艺术食品

宋代出现造型食品菜肴，使人赏心悦目，不但可以增进食欲，还可以产生一些美的联想和美的享受。宋朝宴席上能看不能吃的菜，时称“看菜”，又叫“看盘”，有时候还叫“看食”。曾在宋宫廷做过膳部视察的诗人陆游，看到南宋皇帝在集英殿宴请金国使臣，餐桌上各摆四道看食，四个大盘子分别盛枣糕、髓饼、胡饼、环饼，一层一层往上摞，摞成底大上小的塔式。正式开宴前，看食摆在宴桌上，开宴后陆续撤下去。据说，金国使臣肚子饿也不能吃，不然会很失礼。

在宋代，无论是宫廷还是民间都相当讲究食肴的美观，厨师们在食品造型、色彩搭配上都很下功夫。当时出现的食品造型有三类：一是以食物的形状堆垒；二是食物原料切割；三是对食物原料雕刻成形。

元代是蒙古民族建立的政权，元代宫廷饮食可以用“重管理、讲卫生、多饮宴、爱喝酒、喜饮茶”来概括。

元代政治统治中心南移大都以后，中央政府就将前代主要掌管朝会、祭祀、宴享、御膳的宣徽院改造成了一个负责宫廷、王室及蒙古故土（漠北）王公贵族等饮食起居的专门机构，即“掌起运米曲诸事，领尚饮、尚酝局，沿路酒坊，各路布种事”（《元史·百官志》）的光禄寺，光禄寺所属的尚饮局、尚酝局在上都亦设有同等级别的办事机构。

元代宫廷的御膳房分为大小两个厨房，小厨房主要烹饪珍奇菜肴，大厨房负责羊肉类菜肴的日常饮食。据元代杨瑀《山居新语》记载，元代皇帝每天的御膳要用五只羊，元顺帝即位后，“日减一羊”，受到人们称赞。

元代回回人忽思慧在元仁宗延祐年间（1314—1320年）做过宫廷饮膳太医，写有一部宫廷饮食养生专著《饮膳正要》，记述各种菜肴九十四种，其中以羊肉或羊脏器为主料烹饪的菜肴就超过了七十种，可见羊肉在宫廷饮食中独占鳌头。

早在元世祖忽必烈时，元朝宫廷规定，给皇帝传送食品的人，必须用面纱或绸巾遮住自己的嘴巴和鼻子，以免呼出的浊气影响食物的清洁卫生。元仁宗时，一次在长春殿大宴群臣，负责传送食品的内侍碰巧患了感冒，咳嗽不止，元仁宗立即下令厨师和传送食品的内侍在做饭和送餐时，必须用金罗将脸全部围住，只准露出一双眼睛。此为定例。

威尼斯商人马可·波罗到过元代宫廷，他写了一本《马可·波罗游记》，里面提到元代宫廷非常隆重的质孙宴，也叫诈马宴，质孙两个字说的是衣服。宴会要举行三到五天，参加宴会的人都穿戴最漂亮的衣服和帽子。质孙宴吃的是相同的烤羊肉，喝的是同样的马奶酒，但鲜亮的蒙古族服装在宴会中显示出身份、地位和财富。

三、宫廷饮食的鼎盛时期

明清两代均建都北京，宫廷饮食文化上承宋、元继续发展，并不断提高。同时，蒙古族、藏族、维吾尔族和满族等少数民族的生活习俗和文化特点，对汉族传统文化产生了某些影响，极大地丰富了中华民族的文化传统。明、清两代皇室分别为中原的汉族和东北的满族，前后经历了543年的发展变化，形成了独特的风格和时代面貌。

明永乐帝迁都北京，宫廷饮食有明显的北京的烙印，形成明代宫廷御膳的特征。

第一，御膳品类丰富，所费不赀。明朝嘉靖以后，御膳分派司礼监大太监承办。为满足皇帝的口欲，不计工本暖窖催熟的早生葱、韭、黄瓜等菜蔬，查慎行在《人海记·都下早蔬》载："盖明朝内竖（太监），不惜厚值以供御庖。尝闻除夕市中有卖王瓜（黄瓜）二枚者，内官过问其价，索百金，许以五十金。市者大笑，故啖其一，内官亟止之，所余一枚，竟售五十金而去。"

第二，明代宫廷御膳防范甚严。明太祖朱元璋为防人暗害，吃饭要由发妻马氏亲自安排，"太祖御膳，必太后亲调以进，深以防闲隐微"。太祖一生杀人如麻，独膳夫徐兴祖用了二十三年，"轻易不辱之"，就是怕被膳中投毒。

第三，明代宫廷御膳原料来源主要有两个，一是从光禄寺、户部等处支银采办；二是进贡，有各省督抚大员进献，有镇守太监进献，各地

皇庄每年有例贡，各地所贡食物主要是土产和野味。《养吉斋丛录》载，御膳房每年“实销三万数千两，为鸡、鸭、猪、鱼、蔬菜诸物之需”。

皇帝准一日三餐：

主食：万历年间《事物绀珠》“国朝御膳米面品略”条，记载御膳中的米面食包括：捻尖馒头、八宝馒头、攒馅馒头等50个品种。

菜肴：烧鹅、清蒸鸡、暴腌鸡、川炒鸡、烧肉、白煮肉、清蒸肉、猪屑骨、荔枝猪肉、鲟鳇鲊、蒸鱼、猪耳脆、煮鲜肫肝、玉丝肚肺、蒸羊、燸羊。

汤品：牡丹头汤、鸡脆饼汤、猪肉龙松汤、玛瑙糕子汤、锦丝糕子汤、木樨糕子汤、酸甜汤、葡萄汤、蜜汤、牛奶。

另外，明宫廷中的酒醋面局腌制的糟瓜茄、甜食房造的丝窝虎眼糖，都是专供皇帝的美食。

清朝是封建社会最后一个王朝，还是个务实的王朝。清统治者从东北入关承接了宏伟的紫禁城，在沿袭了明代宫廷饮食体系的同时，融入满族的饮食习惯，形成了满汉融合的饮食特色。

清代的顺治、康熙年间国家政治不稳定，统治者无暇顾及饮食方面的个人喜好。雍正皇帝46岁继承皇位，肩负着承上启下的责任，也没有把更多的心思用在生活上。到了乾隆时期，国家稳定，经济发达，文化繁荣，宫廷饮食在继承中发展，超越前代。

清皇室与王公的饮膳沿袭明朝旧例，但所用食品基本上没有摆脱其发祥地——关外满族原籍的风味。皇室与王公日常饮膳需要的鹿筋、奶渣、鱼、木耳、蘑菇、蕨菜、松子、野葡萄、腌豆角、腌果和蜂蜜等，皆由盛京皇家苑囿供给。无论是清宫廷筵宴，还是皇帝赏赐有功之臣，仍以东北特产的粮、肉、蛋、菜等物料、原料为主。尤其是每到年底，皇室例行向满、蒙、汉八旗军的有功之臣的颁赐物，仍是关外的野味“狍鹿”。同时，北京城内分设关东货场，专门出售东北的狍、鹿、熊掌、驼峰、鲟鳇鱼，使那些随龙入关、远离家乡的八旗士兵和眷属身在异地，也因能够吃到家乡风味而倍感亲切。正如《北京竹枝词》中所写到的一样：“关东货始到京城，各路全开狍鹿棚。鹿尾鲤鱼风味别，发祥水土想陪京。”

经过康熙、雍正两朝的恢复和发展，至乾隆时期，社会的政治、经济、文化高速发展，清王朝已达到强盛的顶点，社会经济出现繁荣景象，宫廷饮膳生活也进入了黄金时代。帝王不仅享受着“王天下者食天下”的特权，饮食原料来自全国，各地按季节把名贵的土特产品源源不断地送到清宫。烹饪技艺也不断发展，在保留满族固有的饮食传统基础上，广泛吸取各地区、多民族的饮食方式，使宫廷饮食水平不断提高。在完善规章制度时，也制定了一系列的节庆筵宴制度和日常饮膳规制。如除夕要吃煮饽饽，即饺子。还要有奢侈的家宴，宴上的肴馔，主要有火锅、白肉和用鸭子、鸡、野味、家畜肉、蛋类、鲜蔬、果类制作的品种。元旦日的祭祀活动和家宴与除夕相同。正月十五，宫廷设酒宴，吃多种馅料的元宵。二月二的“龙抬头”，要吃春饼，称为“吃龙须”，吃煮饽饽是“吃龙鳞”。端午节有节宴，吃粽子、樱桃、红白桑葚、雄黄酒。夏季，宴中有鲜莲子、冰碗、鸭馅饺子等肴馔。立秋日“贴秋膘”，食用鸡、鸭、鱼等美味，膳房里还要做“秋叶”的点心。八月中秋，除吃“团圆饭”外，还要供月，摆一张八仙桌，桌上供一个十多斤重的大月饼。烧香叩头之后，将月饼切开，众人分吃十斤重的“团圆饼”。九月九日为重阳节，要吃菊花水锅和花糕。到了腊月初八，要准备“腊八粥”，腊八粥除全家吃外，还要分赠已分府出宫另立门户生活的亲王、皇子。腊月二十三（小年），祭灶吃灶糖……

清代宫廷中的日常饮食外，还有宫中家宴和外廷大宴两类，宴会菜品丰富，礼仪制度也极严格。餐具、音乐、舞蹈、杂技表演等，与规模宏大的宴会融为一体，将中国饮食文化推向了一个高峰。

清宫宴席，自乾隆以后，均载入国家典章，如《大清会典》《国朝宫史》《大清通礼》等，成为国家礼仪制度的一部分，也是对清代社会生活中影响较大的内容。老话说“旗人多礼”，在宫廷宴会中更是礼仪繁复，这里只能简单作一点介绍。

内廷家宴在乾清宫举行，是皇帝一家在节庆、寿诞、婚嫁等日子里举行的。如传统元旦（春节）、除夕、元宵、端午、冬至等；帝、后的生日等；皇子成婚、公主下嫁等。

是时，宫殿监先期奏请，得到皇帝批准后，饬令各所司衙门备办。届日，由尚膳监备馔、尚茶具茶、司乐陈乐，“承应宴戏人等毕集”。乾清宫宝座台正中设皇帝金龙大宴桌，桌上餐具为金盘、碗，菜肴四十品。金龙大宴桌左侧，设皇后宴桌金盘、碗，菜肴三十二品。宝座台下东、西向按照等级，设皇贵嫔、贵妃为一桌，妃、嫔、贵人两人一桌或三人一桌。妃嫔宴桌分别用“位份碗”摆冷、热、群膳十五品、荤菜七品、果子八品。位份碗是身份的标志，即不同身份用不同颜色的餐具：皇帝、皇后用金餐具和黄釉刻云龙碗（图 1），皇贵妃、贵妃、妃用黄地绿云龙碗（图 2），嫔用蓝地黄云龙碗（图 3），贵人用绿地紫云龙碗（图 4）。主要是关东鹅、野猪肉、鹿肉、羊肉、鱼、野鸡、狍子等制成的菜肴。

图 1（见彩图 9–1）　黄釉刻云龙碗（皇后用）

图 2（见彩图 9–2）　黄地绿云龙碗（皇贵妃、贵妃、妃用）

图 3（见彩图 9–3）　蓝地黄云龙碗（嫔用）

图 4（见彩图 9–4）　绿地紫云龙碗（贵人用）

宴会进行中，后妃人等还要在祝酒、进膳等时刻多次向皇帝行跪拜礼。“承应喜戏毕，皇后以下出座谢宴，行二肃一跪一拜礼”。此时丹陛大乐作，宴会结束，后妃以下恭送皇帝还宫。

外廷大宴是清宫大宴的重要内容，参与人员多有外廷大臣、官员，举办地点多在太和殿、圆明园等处。遇有重大节日、科举考试完毕、大军凯旋、修书完成（如修实录、四库全书等），也举行廷臣宴。如乾隆二十六年（1761 年）正月紫光阁武成殿落成，大宴有功的武臣，一百七十人入宴，就是有名的姚文瀚紫光阁赐宴（图 5）。

图 5（见彩图 9–5） 姚文瀚紫光阁赐宴图（局部）

外廷宴会，以太和殿筵宴规格最高。由太和殿内御座至殿外台阶、台阶以下直到太和门檐下东西两侧，按品秩分设王公及文武大臣宴席，有时可多达一百余席。届时，王公人等先期按序排列于席次，而后奏乐迎皇帝入席，行礼。席间，每进茶、酒、膳，都要奏乐行礼。开宴后，依照满族传统，要跳庆隆舞、喜起舞。之后，笳吹，奏蒙古乐曲，各族乐舞及杂技百戏纷纷献艺。最后，丹陛大乐作，群臣行一跪三叩礼，中和韶乐作，皇帝还宫，众人退出，宴会结束。按《大清会典》所载，前来赴宴的王公大臣并不能空手来，按级别要交一定数量的酒和肉，或者将酒肉折成银子，提前交进，才能参加宴会。

宫廷宴会中规模最大的要数清代的四次“千叟宴”：康熙五十二年（1713 年）、康熙六十一年（1722 年）、乾隆五十年（1785 年）和乾隆六十年（1795 年）。与宴者必须是六十岁以上的老人，旨在践行孝德，

为亲情搭建沟通平台，营造节日气氛，加强友善的邻里、家庭等关系。

康乾盛世，外廷大宴达到极致，铺排豪华，歌舞升平，在饮食史上留下了浓墨重彩的一笔。

清代皇帝提倡孝行天下，不仅多次举行敬老盛宴，还对先祖抱有感恩之情，他们对先人举行祭祀，一餐一饭不忘祖先创业艰难。对自己注重饮食养生，按季节调整饮食，注意饮食宜忌，合理地摄取食物，以增进健康，益寿延年。

全年十二个月，每月都有不同食材、食物，或者是各种蔬菜、水果成熟，皇帝不会第一个尝鲜吃，而是向祖先荐新。清代皇帝都要到太庙祭祖荐新，荐新是指祖先没有尝过的东西，都要先到太庙供献，到祖先神牌前摆一摆，让祖先品尝后，清宫御膳房才能给皇帝做着吃。这样做，表示皇帝对祖先尊崇、敬畏。再有就是，祖先吃过的，这就沾了福气了，再吃了祖先的馂余，就等于沾了祖先的福气，这是宫廷饮食文化中最重要的饮食礼仪。

清皇室早在东北，那里气候寒冷，因此他们习惯高热量的食物来进补，鹿肉、熊掌便是他们常食用的。清入关后，北京的气候使他们不同程度的不适应。顺治皇帝是出天花而死，康熙时期清宫廷内外常有人因出天花而命亡。这是因为北京的气候不适合食用热量较高的鹿肉、熊掌等肉食，体内外的湿热相悖，导致易患重病，如温热、天花等。这一切使康熙和乾隆两位皇帝对宫廷饮食不断改善，先是打破了“关东货”一统天下的局面，从饮食结构到烹饪技术上，都有重大调整。康熙皇帝主张“不时不食”，“诸样可食果品，于正当成熟时食之，气味甘美，亦且宜人。如我为大君，下人各欲进其微诚，故争进所得出鲜果及菜蔬等类，朕只略尝而已，未尝食一次也。必待其成熟之时始食之，此亦养身之要也”。他还说，“每兼菜蔬食之则少病，于身有益，所以农夫身体强壮，至老犹健者，皆此故也”。又说，“人自有生以来，肠胃自各有分别处也”。康熙皇帝告诫人们在选择饮食时，应当选择对自己身体有营养补益价值的食品，所好之物不可多食。

乾隆皇帝更是推崇顺应季节变化，做到饮食趋利避害。清帝用膳，一天两次，分别叫早膳和晚膳。早膳在早晨六七点钟，晚膳在下午一两点钟，这里的晚膳实际是午餐。早膳前和晚膳后，各有一次小吃。这样，睡觉前腹内不存食，对身体自然是有好处的。吃的东西不过冷过热，精粗搭配，荤素相宜，注重实际营养，膳食结构很合理。这种良好的饮食习惯，对乾隆皇帝89岁的高寿是十分有益的。他具体是怎么做的呢?

1. 喜食素膳杂粮

每年春季榆树发芽的时候，清宫要食榆钱饽饽、榆钱糕、榆钱饼。食榆钱是我国北方民间习俗，春季粮菜缺少，将鲜嫩的榆钱摘下和面粉蒸食，可以果腹，暂时缓解粮菜短缺。此外，乾隆皇帝也应景改善口味：二月二食用煎饼（用黄米、黄豆、绿豆磨成汁沫摊的饼）、初夏食碾转儿（嫩麦制作）、端阳节食粽子、重阳节食花糕。再有，应季蔬菜更是乾隆皇帝的嗜好，黄瓜蘸面酱、炒鲜豌豆、蒜茄子、摊瓠溻、春不老、芥菜缨、酸黄瓜、酸韭菜、秕子米饭、粘馓团子……本来都是登不了大雅之堂的民间粗食，却被“九五之尊”的皇帝喜食，体现了乾隆皇帝的饮食生活粗细搭配、粮菜互补的合理膳食。

2. 自己调制食品

乾隆皇帝自配或临时添加适合自己身体需要的食品，看自配的“八珍糕”，就更能有所了解了。八珍糕是乾隆皇帝晚年常吃的一种点心，用什么料，每种料各放多少，都是乾隆亲自指定。档案记载，其原材料有人参、茯苓、山药、扁豆、芡米、莲子、薏米、粳米面、糯米面、白糖等。乾隆皇帝专门让一个叫胡世杰的太监向御厨房的师傅们传旨，完全按这些材料配好，研成细末后，蒸成糕点，每天午后随着熬茶送上。到老年，人参换党参、草参。夏季，山药换山楂。并根据自己的身体状况，增添或调节药性。

3. 食用南北瓜果

乾隆皇帝用膳之后，食用应季瓜果，如初夏吃桑葚、白杏、枇杷果；仲夏吃西瓜、樱桃、荔枝、水蜜桃，为解暑，要吃冰碗，将瓜果放在冰桶里冰镇；初秋吃葡萄、山柰子；冬季吃桔子、苹果等。这些新鲜水果，有北方产的，也有南方的。南方距离北京遥远，而且鲜果运输又困难。为了清宫皇帝、后妃们吃上新鲜瓜果，创造了带盆运金桔、带桶运荔枝

的奇迹。

由此可见，皇帝用膳虽然不乏帝王气派，但也并不像人们所想象的那样全是山珍海味。就饮食而言，清代宫廷最主要是从养生的角度来考虑的。

饮食文化是人类文明发展的一种表现。虽然历代统治者的饮食生活是以厚敛天下百姓的民脂民膏为基础的，但宫廷饮食作为人类创造的物质财富与精神财富的总和，反映了中华民族饮食文化在漫长的岁月中的发展、流传的曲折历程。

10 锦绣霓裳——清代皇家服饰文化漫谈

苑洪琪

苑洪琪，1976年毕业于南开大学历史系，同年到故宫博物院工作，从事宫廷礼仪制度的研究和宫廷展览，现为研究馆员。

我国服装历史悠久，大约在十万年前的远古时代，人们用骨针缝制兽皮和树叶遮挡风寒。随着生产力的提高，社会文明逐渐深化，人们对服装的要求已不只是满足于御寒防晒，而增加了美化、装饰的需求。封建社会取代奴隶社会，衣服质地由低级皮、麻向高级的丝绸发展，花色品种也日益丰富多彩，贵族们“衣必锦绣，锦必珠玉”。历次改朝换代，统治者首先要用“服饰”来表示与前朝的区别，并官修史书，将本朝等级服饰写入《舆服志》中。《周易·系辞》中曾讲到，“黄帝尧舜垂衣裳而天下治”。《周礼》中也有奴隶主贵族享用的礼服专门为“丝衣素纱”的规定。从历史文献记载来看，衣冠服饰的发展与历代社会制度、意识形态关系十分密切，是历代统治者“严内外，辨亲疏”“分等级，定尊卑”的王法和治理国家的有效策略。因此，每个朝代都有各具特点的冠服制度和衣冠形式。

清王朝是满洲贵族建立的统治，建立政权之初就深深地意识到，少数民族要维护和巩固对全国的统治，特别是对汉族的统治，必须建立一套完整的礼仪法规，而冠服制度正是其重要组成部分，所以清代统治者特别重视衣冠形式，并根据实际情况不断修改冠服制度。

一、清代早期的服饰

后金时期的汗王努尔哈赤居住在赫图阿拉，仍是以农、猎为主，不谙纺织，所穿衣服仍是狩猎所获的兽皮制成。皮衣也有贵贱之分，满洲贵族用貂皮、狐皮、猞猁狲等，一般平民就用些不上讲究的狗皮、鹿皮或猫皮作衣服。朝鲜人申忠一于明万历二十三年（1595 年）去过赫图阿拉，亲眼看见过努尔哈赤的装束，后来著《建州图录》一书，详细地记录了努尔哈赤“头戴貂皮帽，着貂皮护项，身穿五采龙纹天盖，上长至膝，下长至足，皆裁貂皮为缘饰。诸将亦有穿龙纹衣者，只其缘饰则或以豹皮，或以水獭，或以山鼠皮”，“足登纳鹿皮靰鞡鞋，或黄色或绿色”。此时后金汗王的服饰，虽然不能代表后金的服饰制度，但已有了等级差别的萌芽。对于受到朝廷封爵位的大臣，头上要戴朝廷赐之金顶大凉帽，身穿有华丽文采的衣服。儿孙子侄等诸贝勒的侍卫们，夏天头上戴菊花顶凉帽，身穿有装饰的衣服。特别是对侍卫、护卫及良民等衣冠形制，努尔哈赤也较系统地作了规定，有官职没有职位的子侄的侍卫、随侍及良民，夏天头戴菊花顶式的新式帽，身穿粗蓝葛布衣裙。对于外出行围的八旗兵，头戴小雨缕笠帽，戴帽时，禁止穿着官衣在屯街来往行走。

天命十一年（1626 年）努尔哈赤死后，皇八子——皇太极继承汗位。是时，正是后金政权由奴隶制向封建制转化的重要时期，封建制的生产关系，已经动摇和改变了后金奴隶制的经济形态。皇太极为了达到其独尊汗位的目的，制定了一系列的政治改革，把后金推向封建化，金政权的官服制度亦在其中。如他接受汉臣宁完我的建议：“……服饰一节，是皇上陶镕满汉之第一要务，否则，将何以示一体，而招徕远人耶。宜急分辨服制、造设腰牌，此最简最易而关系最大者，皇上勿再忽之也。”首先确立贵族爵位和名号，把贵族、官僚的等级、名号确定之后，便开始着手制定和补充努尔哈赤时期的冠服制度，对服装的颜色，穿着冠服的时间、场合作了具体的规定，如贝勒以上诸臣“在城中行走，冬夏俱服朝服，出外方许便服。冬月入朝，许戴元狐大帽，居家戴尖缨貂帽及貂鼠团帽。春秋入朝，许戴尖缨貂帽。夏月许戴尖缨凉帽。素蟒缎各随其便，不得擅服黄缎及五爪龙等服，若系上赐不在此例……”皇太极的服饰制度进一步整肃了朝纲法纪，使统治机构逐步走上正轨。此次冠服制度试行了一段时间之后，皇太极感到似有不足，又作了调整。

由于皇太极锐意改革，励精图治，革除了一系列不利于后金发展的弊端，建立有利于后金进步的制度，既加强了对汉族的统治，又缓和了满汉之间的矛盾，加速了后金封建化的进程。1636 年，皇太极改“后金”国号为“大清”，改“女真”族名为“满洲”，年号“崇德”，从后金汗王的地位变为统治中国的清朝皇帝。就在他称帝后议定的会典中，再次对服装进行修改。这次明确规定“凡汉人官民男女穿戴，俱照满洲式样。男人不许穿大领、大袖、戴绒帽，务要束腰；女人不许梳头、缠足。僧、道照旧衣帽，其道士妇女，亦不许梳头、缠足。该管牛录章京稽查，若有违者，本身及该管牛录、拨什库俱有罪”。

皇太极所思所想，是以金王朝的兴亡历史为一面镜子，引以为鉴。金朝开国之初法度详明，国家兴盛。到金熙宗合喇及完颜亮时，政权稳定，经济富足。统治者效仿汉族皇帝日日耽于酒色，夜夜宴乐无度。到了其子世宗继位，也对子孙“屡以无忘祖宗为训，衣服、语言，悉遵旧制，时时练习骑射，以备武功”。但为时已晚，后世子孙已是效法汉俗，对于骑射，渐至懈废，国遂灭亡。清代为不蹈历史的覆辙，皇太极便极力警惕子孙不能忘记族语、骑射，保持本民族习俗，因而就满族衣冠问题，反复叮嘱训谕。对劝他改满洲衣冠、效汉人服饰等意见，他极力驳斥，“设为比喻，如我等于此聚集，宽衣大袖，左佩矢，右挟弓，忽遇硕翁科罗巴图鲁劳萨，挺身突入，我等能御之乎？若废骑射，宽衣大袖，待他人割肉而后食，与尚左手之人何异耶……”在他看来，满族衣冠形制，任何时候都不需要更改。他甚至认为长久之计，不仅满族本身的民族习俗要世代相沿，还要影响汉族衣冠改成满族式衣冠，从满族习俗。皇太极的这一思想，对后代皇帝起到重要的作用。1644 年清朝入关建都北京，实现了统治全国的目的之后，仅一两年的时间，满族式的衣冠服饰便在全国取得了压倒一切的优势。清代帝王视保持便于骑射的满服特色为国家存亡攸关之大事，统治者的这种思想意识，决定了清代冠服制度浓厚、鲜明的满族服饰特点，并为后世子孙制定清代冠服制度奠定了坚实的基础。

二、清代皇帝服饰

1644 年，清皇室入关。清统治者为适应当时政治形势，大力笼络汉族地主和贵族，一方面修订已有的冠服制度，另一方面进一步重申冠服制度的重要性。康熙皇帝在其初年时曾对群臣说："本朝冠服，上下有章，等威有辨，自国初定制，迄今遵守。"到了乾隆朝，冠服制度在前朝不断修订的基础上，最为完善，并将冠服按照制度要求绘成彩色图式，以供严格遵守。乾隆十三年（1748 年），乾隆帝曾下谕旨："朕惟绘绣山龙垂于虞典，鞠衣揄翟载在周官服色品章，昭一代之典则，朝祭所御，礼法攸关，所系尤重，既已定为成宪，遵守百有余年，尤宜绘成图式，传示法守。自朕之朝冠、朝服、常冠、吉服以至王公大臣、九品以上官员之朝帽、朝衣，向来如何定制之处，著三和会同汪由敦、旺札勒、阿岱详细商酌，考定章程，遵照式样，分析满、汉、蒙古各色，绘图呈览，俟朕酌定，以垂永久。"乾隆帝的这道谕旨，表现出了清代冠服制度的指导思想和具体内容。清代各朝的衣冠服饰，对皇帝、各级官员及庶人都有明确的规定。

图 1（见彩图 10-1） 黄缎地绣五彩金龙棉朝服

皇帝的冠服分为三大类，即礼服、吉服和便服。礼服，包括朝服、朝冠、端罩、衮服、补服；吉服，包括吉服冠、衮服、龙袍、龙褂；便服，即常服，是典制规定以外的平常之服。

礼服又称朝服（图 1），是皇帝在重大典礼活动时穿着的典制服装。按清朝《大清会典》规定，皇帝的朝服

“色用明黄”，其式样是由上衣、下裳组成的长袍，另配箭袖和披领，通身绣三十四条金龙，两袖各绣金龙一，披领绣金龙二。根据不同的季节，又有春夏秋冬四季适用的皮、棉、夹、单、纱多种质地。但是，皇帝在不同祭祀活动中，穿着不同颜色的朝服，祭圜丘（祭天）穿蓝色，祭日穿红色，祭月穿月白色。

朝服的形式与满族长期的生活习惯有关，满族世代生活在东北，是以狩猎、捕鱼、采摘为生的民族。因东北寒冷，全年无霜期很短，一年约八个月为冬季，因此，满族都选皮、毡、毛等材料制成衣长齐脚、宽袖偏襟的袍子以避风寒。他们长年累月为生活所计，衣服穿着要适合骑马射箭，活动自如，服装采用既要保暖又要行动灵活方便的形式，即把宽大的袍身和瘦窄的衣袖相结合。同样是为了保温，在衣领处加一条可摘卸的活动衣领，称“披领”；在两袖口处各加一个半圆形翻折的袖头，平时挽折，需要时展开覆盖手背，因形似“马蹄”，俗称为“马蹄袖”。这种窄小的马蹄袖便于骑射，同时衣袖的手背处较长，将手背盖住而保暖，更便于拿取东西，这是既具民族风格又符合实用原则的服装形式。尤其是在穿着宽大的长袍时，腰间都系一条长长的腰带，既使衣宽又裹体保暖，胸前还隆起了一个存放小件物品的仓库。这种设计适应狩猎生活中冬季骑射，方便实用，披领保护头颈，箭袖保暖手背，无论是挽缰驰骋，还是盘弓搭箭，都可保护头颈、手背不至于因天气寒冷而受冻。因此说，披领、马蹄袖是满族服式的主要特点，这是由其生活需要所决定的。

清入关后，满族生活环境的变化，使长袍箭袖已失去实际的作用，披领作为服装的装饰得到保留，而马蹄袖却经过反复变化。马蹄袖又称箭袖，入关后虽然失去实际作用，但箭袖却作为满族行“君臣大礼”的行礼动作得以保留。平时上挽起作装饰，一遇到行礼之时，敏捷地将“马蹄袖”翻下来，然后或行半礼或行全礼，以示注重。这种礼节在清朝定都北京以后，已不限于满族，汉族也以此为礼。因马蹄袖的这一特殊的功能，清入关后的马蹄袖，由原来与衣袖为一体变成可拆卸的两部分，临时缝制在衣服袖口的出手处，上长下短。清代皇帝的吉服、便服也都设马蹄袖。即使是平袖口的服装，还要特意单做几副质料较好的箭袖“套袖”，以备需要时套在平袖之上，用过之后脱下，这种灵活、方便的“套袖”还有个美好的名称——龙吞口。清代官服的箭袖形式，一直保持到清朝灭亡。

特别要提出的是，清代冠服自皇帝、皇后到宗室官员的礼服、吉服（龙袍），以及皇帝的行服、常服等，虽然都带有马蹄袖，但马蹄袖的形制却变化较大。清代早期的马蹄袖窄小，最宽处仅有 10 厘米，圆口盖住手背，确似马蹄形状。到清中期以后，袖口逐渐加大，有的宽度达 30 多厘米，很难看到马蹄状，同时也失去了使用的实际功能。嘉庆帝对这种轻易改变服饰形状不守祖训的做法，曾作严厉训斥：“我朝列圣垂训，命后嗣无改衣冠，以清语骑射为重。……即如朕三年一次，阅选秀女，其寒素之家，衣服尚仍俭朴，至大臣官员之女，则衣袖宽广逾度，竟与汉人妇女衣袖相似。此风渐不可长！现在宫中衣服，悉依国初旧制，乃旗人风气。日就华靡，甚属非是。各王公大臣之家，皆当力敦旧俗，倡挽时趋，不能齐家，焉能治国！”

礼服是显示等级和身份的重要标志，历史上各个朝代的礼服多为上衣下裳所组成。有的是上衣下裳分属，也有的是上衣和下裳相连，如春秋至汉代流行的深衣，“名曰深衣者，谓连衣裳而纯之采者”。秦汉时期，男子服装以袍为贵，袍以朝见也，说明袍是礼服。唐宋时，虽然形式略有变化，但礼服仍为袍。各个时代的礼服虽然名称不同，形式也不尽相同，但其基本形制却是一脉相承的。清代自皇帝到宗室、官员的朝袍，都是以上衣和下裳相连属的长袍为主体，加上满族独特风格的马蹄袖和披领所组成。清代隆重的大典典礼、皇帝视朝、臣属入朝时所穿的礼服，即为朝觐之服，是名副其实的朝服。朝服的形式，在乾隆至光绪朝的《大清会典》中都曾明确记载，皇帝朝袍：“色用明黄，惟圜丘祈谷用蓝。披领及裳俱表以紫貂，袖端熏貂，绣文两肩前后正龙各一，襞积（指上衣下裳相连结处）行龙六，列十二章，俱在衣，间以五色云。”或“色用明黄，惟朝日用红。披领及袖俱石青，片金加海龙缘。绣文两肩前后正龙各一，腰帷行龙五，衽正龙一，襞积前后团龙各九，裳正龙二、行龙四，披领行龙二，袖端正龙各一。列十二章，日、月、星辰、山、龙、华虫、黻、黼在衣；宗彝、藻、火、粉米在裳，间以五色云，下幅八宝平水”。故宫博物院收藏的皇帝朝袍款式与记载基本一致，既绣工华丽又寓意吉祥，而且衣体宽大，与历代皇帝宽大的冠服相比，只是革除了宽大的衣袖改作实用的窄袖和马蹄袖，使清代礼服更趋满民族的特色，但又不失历史的延续性。

清代皇帝礼服在保留本民族传统的同时，也吸收了历代皇帝服装的纹饰——十二章，十二章是十二种含义图案：日、月、星辰（寓意普照天下）、山（高可仰，取其仁德）、龙（能兴云作雨，取其变化）、华虫（取其文采昭著）、粉米（五谷之一，可以养人）、藻（有花纹的水草，取其有纹彩）、火（取其燃）、宗彝（为祖庙尊崇，表示不忘祖先）、黻（黑白两色绣成弓形相背，示见善背恶）、黼（斧头状象征权威）。这些纹饰象征皇帝是大地的主宰，其权力“如天地之大，万物涵复载之中，如日月之明，八方囿照临之内”。据传，早在虞舜时期，以日、月、星辰等十二章图纹或绘或绣在衣裳上，称之为服章。《虞书·益稷》中记载：“日、月、星辰、山、龙、华虫作绘，宗彝、藻、火、粉米、黻、黼絺绣，以五采彰施于五色，作服，汝明。”《周礼》中也记述，当时已有服章制度，天子玄衣纁裳，十二章纹。这些记载说明周天子已开始使用十二章纹，十二章纹已成为最高统治者的权力象征，以后各代帝王的礼服上都施饰十二章纹。

吉服是清代宫廷喜庆节日时穿的服饰，种类有吉服袍、吉服褂，并佩带吉服冠和吉服带。皇帝万寿正日、皇太后万寿圣节和元旦令节的前后三日，皇帝穿吉服袍。吉服袍又称龙袍，形制为上下连属的通身袍，右衽（右大襟）、箭袖、四开裾（衣衿下摆前后、左右四开气，便于骑马）。吉服袍为明黄色，衣领和衣袖为石青色。衣通身绣五彩云，九条金龙穿在云间，衣前后身各绣三条，两肩各一条，里襟一条。彩绣十二章及衣下摆处绣江崖海水，间绣杂宝（珊瑚枝、三宝珠、如意、卷书等）于其间。十二章分列，左肩为日，右肩为月，前身上有黼、黻，下有宗彝、

藻，后身上有星辰、山、龙、华虫，下有火、粉米。领圈前后正龙各一，左右行龙各一，左右交襟行龙各一，袖端正龙各一，下幅八宝立水（图 2）。穿吉服时，外面罩衮服，挂朝珠，佩吉服带。清代皇帝的龙袍也有裘、棉、夹、纱等多种质地，适合不同季节穿用。

图 2（见彩图 10–2）　皇帝龙袍

在故宫博物院珍藏的皇帝龙袍中，还有在绣金龙、十二章、彩云之中，加绣双喜字纹饰的。虽然清代典章服饰制度中没有见到明确的文字记载，但按照藏品的纹饰推测，应是皇帝成婚时穿用的。按照清代规制，皇帝成婚称为“大婚”，幼年即位的皇帝成年后，要举行隆重的大婚典礼（成年继位的皇帝不在此例）。清代举行过大婚典礼的皇帝有清早期的顺治、康熙和晚期的同治、光绪四位。皇帝大婚，举国同庆。是时，颁诏天下，宫廷内围绕皇帝、皇后的吃、穿、用及洞房陈设等都以龙凤双喜为主要图案。同治十一年（1872 年）、光绪十四年（1888 年）晚清的两位小皇帝成婚前，江南三织造——苏州、杭州、江宁（南京）定织、定绣了一大批龙凤双喜的衣物及门帘、床帐、铺垫等细软，其中就有皇帝大婚时穿的加绣双喜的龙袍。虽与典制不符，但也是情理之中。

常服是皇帝穿着时间最多的衣服，是仅次于吉服之外可佩戴朝珠的服装，可用于礼仪或生活中如经筵、御门听政、恭上尊谥、恭捧册宝等都是穿着常服活动的。常服包括常服冠、常服袍和常服褂。皇帝常服附立领，马蹄袖，其颜色、纹饰没有特殊的规定，随皇帝所欲（图 3）。但封建社会，皇帝的衣食住行高于一切，即使是平常的便装，其颜色、纹饰也都有吉祥、富贵、长寿、万福等寓意。清入关之初，穿天蓝、宝蓝色衣褂，寓意清淡、明快，“清”与国号同字同音，因此淡蓝、宝蓝、天蓝等颜色成为宫廷服饰中领导潮流的颜色。皇帝的便服也选天蓝色、宝蓝色。故宫藏宫廷画“清康熙读书像”，画的就是年轻的康熙身着宝蓝色便服的写实作品。就连面用明黄或石青色的皇帝礼服、吉服，里衬也用天蓝或月白色，以应吉利之语。清代宫廷崇尚蓝色，乾隆、嘉庆两朝都有这种颜色的便服，直到道光年间仍不过时（图4）。故宫藏“喜溢秋庭”图卷，描绘的就是身着宝蓝色便服的道光皇帝与后妃、子女在御苑内嬉戏休闲，共享天伦之乐的情景。除此以外，皇帝的便服颜色还有象征天下富足、生活红火的木红色、枣红色，谐音“禄”的灰绿色，以及洁净、清爽的姜黄色、浅米色等。

图3（见彩图10-3）灰色玉璧纹江绸袷袍（常服）

清代皇帝便服的形式繁复多样，包括便袍、衬衣、马褂、坎肩、袄、衫、裤、套裤等燕居服，是非正式场合穿的衣服。其附立领，右衽，平袖端，衣料多选用单色织花或提花的绸、缎、纱、锦等质地。无论是织花、提花，多采用象征吉祥富贵的纹样。如团龙、团寿、团鹤，寓意“幸福”“长寿”；蝙蝠、团寿字、盘肠、绶带纹样，寓“福寿绵长”，因蝙蝠谐音“福”、盘肠谐音“长”、绶谐音“寿”。再如用“万”字或万年青花与灵芝头组成的纹样称“万事如意”；葫芦颈上系彩带，与“万”字合称“子孙万代”纹饰，因葫芦爬蔓植物、连续接果，有连绵不断繁衍子孙，清代江山后继有人、永远不断的意思。

图4（见彩图10-4）道光皇帝便服像

清代服饰制度规定，穿不同的服装，头上要戴相应的冠帽。皇帝的冠帽有朝服冠、吉服冠、常服冠、行服冠，朝冠有冬夏之分。

冬朝冠呈卷檐式，用海龙、熏貂或黑狐皮制成，外部覆盖红色的丝绒线穗，正中饰柱形三层金顶。每层中间饰一等大东珠一颗。环绕金顶周围，饰以四条金龙。金龙的头上和脊背上各镶嵌一颗一等大东珠，四条金龙的口中又各衔一颗东珠（图 5）。夏朝冠呈覆钵形，玉草、藤、竹桥编制，其顶亦为柱形，共三层，每层为四金龙合抱，口中各饰一东珠，顶上端嵌一颗大东珠。另在冠檐上，前缀金佛，嵌十五颗东珠，后缀“舍林”，饰七颗东珠。吉服冠，顶子为满花金座，上端一颗大珍珠。常服冠，黑绒满缀红缨，红绒结顶。

图 5（见彩图 10–5）　戴冬朝冠的乾隆皇帝像

皇帝穿朝服时要戴朝珠。朝珠由 108 颗东珠串成，每 27 颗东珠又用 4 颗红珊瑚结珠等距间隔出上、下、左、右四部分，其上部结珠呈葫芦形，称“佛头”。佩戴朝珠时，佛头垂于背后，用黄绦带连接一组玉饰，称作“背云”。朝珠垂在胸前的左右红珊瑚结珠处，分别饰一和二串绿松石珠串，称为“纪念”。朝珠的构成，有着特殊的含义：108 颗珠代表一年十二个月、二十四个节气、七十二个气候；4 颗红珊瑚结珠象征春、夏、秋、冬四个季节；下垂于背后的佛头、背云，寓意“一元复始”；三串绿松石纪念表示一月中的上、中、下三个旬期。皇帝穿朝服时戴一盘东珠朝珠，皇后、皇太后穿朝服时戴一盘东珠外，还在两肩斜挂两盘红珊瑚朝珠，以示身份特殊。皇帝佩戴朝珠时，还会根据不同的场合戴不同质地、不同颜色的朝珠：祭天戴青金石朝珠，祭地戴琥珀或蜜蜡朝珠，祭日时戴红珊瑚朝珠（图6），祭月时戴绿松石朝珠。不同质地、不同颜色的朝珠寓意天、地、日、月。

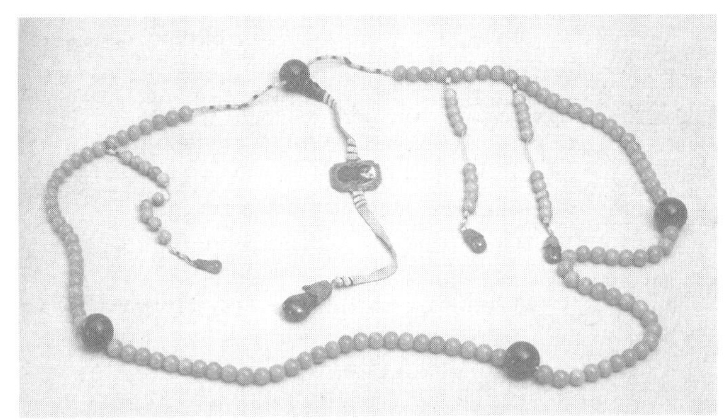

图6（见彩图10–6）　红珊瑚朝珠

皇帝在穿戴服饰时，腰间都要系相应的“腰带”，穿朝服系朝服带、穿吉服时系吉服带。朝服带有两种，一种用于大典，为明黄丝织带，带上有龙文金圆版四块，中间嵌蜜石、东珠；一种用于祭祀，带上用四块金方版，嵌以束珠及各色玉、石。朝服带并有垂带物品，即左右佩盼、囊、隧、鞘刀等。吉服带与朝服带颜色相同，形制相似。带上的四块金版嵌珠宝随意，带端的一版角带扣，列左右的二块有环，以佩带玢（擂墨起来的绸条）。带上拴的荷包也格外讲究，满语称荷包为“法都”，是满族人喜欢的饰物。满族旧俗，无论男女，穿长袍系腰带，带上都拴“活计”，荷包是活计之一，是由满族先世出猎或游牧时随身带的“囊”（一种皮质的饭袋）演变来的，同切割用的鞘刀、点火用的火镰、擦汗用的手帕等同为出猎的必备物。随着生产力的发展，生产方式的改变，游牧、狩猎变为固定的居住与耕种，这些活计就失去原来的意义而变为装饰。清代皇帝的活计更是质地精良，制作精美，在绸缎上绣各种图案，与衣服相配。荷包上绣的纹饰有“五谷丰登”（正月）、“五毒”（端阳节）、“鹊桥仙会”（七月）、“丹桂飘香”（中秋）、“菊花”（九月初九重阳）、“葫芦阳升”（冬至节）、“甲子重新”“万国咸宁”（大年三十）等，以应节景。

三、皇帝服装的织造、管理机构

在清代，为皇帝一家服务的机构称为“内务府”，内务府下设的苏州、杭州、南京、福州、广州、安徽、山东、山西、河南、长安、甘肃、四川、新疆等地都是为皇家定制丝织品的生产基地。其中，南京、苏州、杭州三地是直接为皇帝服务的。三家织造又各有专长：江宁织造负责的是御用彩织锦缎；苏州织造负责的是绫、绸、锦缎、纱、罗、缂丝、刺绣；杭州织造负责的是御用袍服、丝绫、杭绸等。三家织造形成了江南三大丝织中心，每年皇宫向三家织造下发派织、定织任务，督理织造的官员由皇帝亲自派遣。织造官员主要负责织造的经营和管理，包括所需费用的筹算、纺织原料的采办、监督缎匹的织造和运送等。

与织造事务有关的内务府机构，还有广储司和会计司。广储司负责所织办物品的种类和验收，织造花样、颜色、数目，都由广储司缎库、茶库拟定，再交三织造处照式样承办。皇帝的衣料由内务府广储司拟定式样、颜色及应用数目奏准，对缎匹长阔尺寸、质地、花样、色泽都有明确的规定。如档案中的“敕谕”多次记载要求官局所织缎匹“务要经纬均匀，阔长合适，花样精巧，色泽鲜明”，如质量不合格，需补赔罚奉或受鞭责。内务府画师设计画样格外精心，发往江宁（南京）、苏州、杭州三织造司分织。刺绣由如意馆画工设计彩色小样，经审后，按成品尺寸放大着色发交内务府和江南织造衙门所属的绣作进行生产，织成后“解京送本司派官挑选”查验。会计司负责三织造物品的报销核算，广储司将该司的缎、茶二库所收纺织品的数目“具奏并移会户部销算”。

皇帝每天的穿戴、更衣，都要如实记录在《穿戴档》内，如乾隆二十年（1755 年）正月初一子时一刻，乾隆准备迎新礼，穿戴的是“黑狐皮朝冠，穿黄纡绸绣绒靠三色黑狐膁龙袍，外套黄缎绣五彩貂皮边袷朝服，貂皮朝端罩，松石圆朝带，左边拴带穗小荷包一个，右边拴东珠云龙大荷包。白布棉袜，鱼白春绸厚棉套裤，蓝缎羊皮黑皂靴”。到了寅初三刻，乾隆到弘德殿进膳，“换去貂皮端罩”；辰初三刻，到慈宁宫皇太后处行礼，又“换下袷朝服，更换大毛熏貂缎白苍龙教子珠顶冠，黄缂丝满地风云黑狐膁龙袍、芝麻花端罩，金累丝松石大鞓带，（上拴）带穗小荷包一个（内装八宝两件），大荷包两个，脚穿青缎羊皮皂靴”。仅仅一个上午，皇帝就三次更衣，有时一天内更换四至五次。皇帝的礼服袍褂和服饰，存放在专门的四执库（冠、袍、带、履合称四执），由宫内设的尚衣监管理。皇帝平日常用的便服和便帽，放在皇帝寝宫附近的衣服库，由随时侍候皇帝更换衣服的太监们管理。

四、清晚帝后服饰的随心所欲

皇帝穿衣有时间、场合约束。按规定，皇帝吉服最高的等级为明黄色，皇子、嫔等人的龙袍是香色（秋叶色）。但是，皇帝、后妃们穿衣也有不按典制而随心所欲的时候。服饰制度中颜色有等级、身份的差别，但乾隆却明确表示喜欢皇子和嫔这一等级的颜色。乾隆十九年（1754年）十二月二十九日是除夕，乾隆皇帝要在宫中神祖供像前行辞旧岁礼，是日晚，他照例沐浴更衣。当四执库太监捧出明黄色龙袍时，他却下旨要穿“香色刻丝黑狐面龙袍”，并且说，这件龙袍“着寻常日少伺候，留至每年十二月三十日沐浴后再伺候，以后每年是为例”。如果换了别人，穿着不符合身份的服装，肯定有违制之嫌，但皇帝金口玉言，不受制度限制。

按乾隆年《大清会典》记载，皇后、皇太后朝袍“色用明黄，披领及袖俱石青，片金加貂缘，肩上下袭朝褂处亦加缘。绣文金龙九，间以五色云，中无襞积，下幅八宝平水。披领行龙二，袖端正龙各一，袖相接处行龙二，领后垂明黄绦”。皇后、皇太后朝褂“色用石青，片金缘，绣文，前后绣龙各二，下幅八宝平水，领后垂明黄绦”，制作一件这样的朝服要用幅宽二尺八寸的明黄库缎二丈五尺，朝褂、披领、袖头、综袖等要用幅宽二尺一寸的石青库缎二丈八尺，共用各色丝绒线二十六两二钱四分，金线十六两四钱。

但是，孝贤皇后的朝袍（图7）在材料使用和制作工艺上远远超过典制的记载，大量使用金线、金片、珍珠、珊瑚珠，并在金版上镶嵌宝石。

首先，朝袍、朝褂通身绣的19条金龙，全部采用捻金线绣制。捻金线是纯金打成金箔之后，切成片金再螺旋形缠绕在涂上黏合剂的黄色的蚕丝或棉线的外层。因金箔缠绕得紧，加上绣工针脚细密，越发显得金的成色高，绣出来的龙爪、鳞片层次分明，形象逼真。朝袍、褂的绣文除金龙外，环绕金龙绣彩云、蝙蝠、葫芦、灵芝、竹子、仙鹤，绣八吉祥（法螺、法轮、宝伞、白盖、莲花、宝瓶、金鱼、盘肠）图案，暗八仙（蓝采和的横笛、李铁拐的葫芦、张果老的渔鼓、曹国舅的绰板、吕洞宾的宝剑、汉钟离的芭蕉扇、韩湘子的花篮、何仙姑的荷叶）图案。朝袍、褂的底摆，绣海水江崖间以金锭、银锭、珍珠、犀角、珊瑚、金钱、如意、方胜等图案。这些绣文全部用五彩丝绒线绣出，而白与红的纹饰都是用颗粒极细、极小的米珠（小珍珠）和珊瑚珠缉成的，如象征“富贵”的红珊瑚蝙蝠，象征“多福、多寿、多男子”的红珊瑚葫芦、灵仙祝寿的红珊瑚灵芝、红珊瑚竹子，象征长寿的米珠仙鹤，象征江山稳固的米珠海水江崖，等等，色泽艳丽、排珠均匀，富有较强的立体感。

图 7（见彩图 10–7）　孝贤皇后朝服像

其次，孝贤皇后的朝服比清代典制规定的服饰多出了两道金版绦边。金版绦边是由金版、珍珠加各色宝石组成。即在 7 厘米长、2.5 厘米宽的金版上錾出三朵宝相花，每朵花蕊各嵌 1 粒宝石。金版与金版之间由 7 厘米长、2.5 厘米宽的珍珠串（珍珠串每排 3 粒，11 排，共用 33 粒珍珠穿成）间隔。两道金版分别镶在朝袍、朝褂的大襟、裉下、底摆等处，全身共镶 286 块。两道金版中间点缀着大珍珠和珊瑚珠缉成的大团寿字，团寿字直 8 厘米，通身共嵌 91 个。在服饰中使用吉祥字作装饰是清代的特点，寿字的各种造型变化更具有装饰性，像孝贤皇后朝服上用珍珠装饰，是很少见的。

最后，孝贤皇后的朝服装饰中最为罕见的是披领上的金凤凰。披领又称披肩领，穿朝服加在领口之上，中间圆弧、两角尖。环绕披领最外边镶一道织金缎绦边，接下来又是两道金版、珍珠、宝石绦边。两道金版、珍珠绦边中间，点缀着五彩丝绒线绣的金锭、银锭、铜钱、犀角、书册、珊瑚、方胜、如意等杂宝图案和珍珠的团寿字。披领中心装饰着一对纯金凤凰和一朵盛开的金牡丹花，金凤凰翅膀呈展翅飞翔状，头、尾长 19 厘米，宽 13 厘米，用金版锤而成。金凤凰头戴冠、细颈、圆眼，凤尾羽毛锯齿形飘带状，小羽毛细密，大羽毛稀疏，头、腹、尾、翅膀分别嵌有红蓝宝石、翠、璧玺。两只凤凰之间的牡丹花亦用金版锤成，花瓣、花蕊镶嵌红蓝宝石。凤凰是历代帝后的象征，在服饰上用凤戏牡丹的纹饰传情达意，达到了图意吉祥的效果。用纯金做成凤凰装饰在服饰上，可以想象穿这件朝服的主人该是何等的尊贵啊！

前面讲过，皇帝的朝服上有十二章，其实故宫所藏女式朝袍上也有十二章，这些带有十二章纹饰的女朝袍为清代晚期后妃所穿，它的背后记载了清代政权执掌中的一段历史。咸丰十一年（1861 年）“辛酉政变”后，慈禧、慈安两太后在养心殿东暖阁实行垂帘听政。是时，年仅六岁的同治小皇帝坐在黄纱垂幔前的宝座上，两位太后坐在黄纱垂幔后御榻上，被召见的大臣跪在皇帝面前，一般问话和最后决定都是慈禧一人。光绪元年（1875 年），两宫皇太后又以新帝年幼而再行垂帘。光绪七年（1881 年）慈安病故，慈禧便一人独揽大权，直至光绪十三年（1887 年）正月，皇帝大婚后亲政才归政。慈禧不是女皇胜似女皇，在她穿的朝服上出现彩绣十二章纹样，无疑是最高权力的象征，也能满足她想做皇帝的欲望。实际上，这种现象的出现，标志着清晚期服饰制度随着政治制度的衰落而随心所欲。

在中国五千年的文明史中，古代帝王服饰不仅是一代王朝的威严象征，更承载着厚重的传统文化。服饰与社会文明的发展变化休戚相关，它承载着华夏五千年的文明和历史，体现着我们华夏民族的精神和意识。

11 清代宫廷服饰制度及其文化内涵

严　勇

严勇，故宫博物院研究员、宫廷部副主任、故宫博物院学术委员会委员、中国文物学会纺织文物专业委员会秘书长、中国博物馆学会服装专业委员会理事会副会长。主要研究方向为清代宫廷服饰、中国古代织绣画艺术和明清织绣等。

我讲的题目是“清代宫廷服饰制度及其文化内涵”，主要有两个方面的内容，一是清代宫廷服饰制度，包括清代宫廷服饰的制作过程和种类；二是宫廷服饰背后的文化内涵，重点介绍清代宫廷服饰体现出的等级制度和满汉文化的相互影响。

一、清代宫廷服饰制度

（一）宫廷服饰的制作过程和精湛的织造工艺

在清代的紫禁城里有一个机构叫内务府，有三千多人，它的职能通俗一点说就是负责皇帝一家“吃喝拉撒”等事情，还包括衣服的制作。衣服在制作之前，需请宫廷中如意馆的绘画师把要制作的衣服设计成图样，然后发往江南三织造（现在江苏的南京、苏州和杭州），江南三织造是皇家御用的织造工厂。类似的衣服制作图样现在故宫博物院还藏有3500多幅，但远远不及当时的数量，可能只是当时的一小部分。这类图样有两种，一种是按比例缩小尺寸，还有一种是1∶1的衣样。有了服饰图样，江南三织造就按照图样的颜色、纹样和形式制作，从这些图样中可以看出制作的件数、颜色、纹样和交货时间等。

江南三织造在太平天国的时候被毁掉了，后来又恢复了一些，但它的整体规模已经远远不及当年了。这三个地方生产的丝绸面料各有不同，南京生产的是云锦和妆花；苏州是缂丝和刺绣；杭州是暗花织物和素色织物，各有特点。

皇帝在日理万机中也对织造非常关注，他对质量的要求非常高，而且非常挑剔。有文献档案记载，有一次雍正发现他的衣服掉色后立即追查，结果发现是曹雪芹的叔叔曹頫负责督造的，于是就给了他非常重的处罚——罚俸一年。实际上皇帝这样非常苛刻的要求在客观上也促进了江南三织造对质量精益求精的不懈追求。在衣服织造中有工作疏忽的人，轻的是被罚俸，重的是被撤销职务，所以他们都是如履薄冰，小心翼翼地来做这件事情，做的衣服一定要非常精美。

当时在江南三织造的成衣制作非常精美，故宫现在还保留了很多半成品。这些半成品已经具备衣服的样式，拿到北京之后通过绣作或者衣作等机构即可裁剪成成品衣服。半成品在质量上肯定是精益求精，因为它是不计成本的。例如，当时有些衣服上都有“小米珠”，也就是现在咱们吃的小米那么大的一颗颗珍珠，把“小米珠”串起来刺绣成图案，这种技术非常难，现在这种工艺都没有几个人会做，而且穿十颗也就能成功两三颗，成功率非常低。后来乾隆皇帝下令不再做了，所以现在这样的衣服很少。再如，江南三织造还将金线等丝线和动物的羽毛织到衣服里面，使衣服看上去更加鲜艳，他们采用绿色的孔雀羽毛，使制作成衣的面料显得非常精美。他们还会采用妆花元素（妆花是南京的一种特色），妆花在宫廷当中也非常受皇帝，尤其是受后妃们的喜欢。妆花的特点是特别适合表现纹样变化，可以制作出丰富多彩的纹样。还有一些样式实际上不是中国传统文化当中的一些元素，是西方的风格。当时宫廷通过对外贸易等各种渠道获得这些西方元素，然后皇帝下令由江南三织造做一些包含这些西方元素的织物，所以宫廷出现了中西文化交融风格的织物。清代服饰发展到后期，尤其是19世纪中期以后，很多衣服追求的时尚是有相对较多的滚边，所以应运而生了一些花边，花边可以直接镶在衣服边上。故宫现在还藏有三万多件没有开封的花边，纹样、用色和造型都非常精美。

衣服在江南三织造做好了以后要用盒子包装好，然后再运送到皇宫中，所以当年宫里很多衣服都有包装，但是很可惜，20世纪五六十年代整理这些东西的人的文物意识不太强，把包装拆开衣服取出来后，将包装盒子都废弃了，当然也没有完全废弃，只不过没有把它们列入文物范畴。随着观念的更新，我们逐渐认识到它们的重要性，把这些文物包装盒子全部收集起来整理好，有一千多个。这些包装盒子都是宫里面实实在在的文物，都有文物价值。每个包装盒子上写了一些字，这些字对我们的研究非常有帮助，比如俏宝蓝。俏宝蓝是种颜色，我们大概知道宝蓝色是什么样的，但是俏宝蓝是什么颜色？我们今天也不太理解，因为衣服和包装盒子已经分离了，所以什么叫俏宝蓝，它到底跟宝蓝有什么区别，我们现在也无从得知。

（二）清代宫廷服饰的种类

皇帝的服装总共有七种，后妃的有四种，下面分别讲一下。

第一种服装是礼服。礼服是在祭祀、朝会等重大典礼时所穿的服装。皇帝礼服包括端罩、衮服和朝袍，后妃礼服包括朝褂、朝袍和朝裙。礼服是整个清代服饰当中等级最高、最为隆重华丽的服装。礼服中有种服装是端罩，主要是在冬季的时候穿。冬季到天坛祭天的时候非常寒冷，如果只穿一件丝制的服装，即使是棉服也抵挡不住严寒，所以会在外面套一件端罩。端罩的材质是黑狐皮，非常保暖，可以起到御寒的作用。端罩实际上是一种对襟的褂子，褂子一定套在袍外面，衮服是套在朝服的外面。衮服都是石青色的，有四团纹样，不要小看这样一个小小的服装，其实它有很深的寓意，在后面我们会讲为什么会使用衮服，而且使用在最隆重的场合。

朝服是正式的礼服，根据它的使用场合可以分为蓝色、明黄色、红色和月白色朝服四种。蓝色朝服（图1）是在天坛祭天时穿的，因为蓝色跟天的颜色相同，所以祭天的时候穿，胸前会挂青金石朝珠，青金石的颜色也跟天的颜色是一样的。在地坛祭地时要穿明黄色朝服，黄色跟地的颜色是一致的，胸前挂的是蜜蜡朝珠。在日坛祭日时穿着红色朝服，红色跟太阳的颜色是一样的，胸前佩挂的是红色的珊瑚朝珠。在月坛祭月时穿的是月白色朝服，胸前佩挂的是绿松石朝珠。当然明黄色的朝服使用场合是最多的，不仅是在祭地的时候，还有我们通常看到在上朝等重大典礼都是穿明黄色的朝服，而其他几种朝服穿的场合和时间都不是很多，一年也就几次。除上面提到的四种颜色的朝珠外，还有一种朝珠叫东珠朝珠（图2）。东珠朝珠不用于祭祀，而是上朝的时候跟明黄色的朝服配套穿戴。东珠朝珠是来自东北松花江、黑龙江流域的一种河里的珍珠，这种珍珠非常稀少，质地非常好且圆润，色泽晶莹，获取难度也很大。乾隆皇帝有一句诗叫“百难获一称奇珍”，也就是一百颗东珠里面也就一两颗比较好的能做朝珠。档案当中有一条记载，在进贡的两千多颗东珠中，真正能做朝珠的只有二十三颗，按比例来说确实是百里挑一。所以东珠朝珠格外珍贵，只有皇太后、皇帝和皇后三种人能佩挂，其他任何人即使是亲王、皇子、皇太子，都不允许戴东珠朝珠。所以，现在故宫的东珠朝珠存量最少，总共才有六串。

皇帝穿礼服的时候从头到脚要有一整套的服装，穿朝服时，头上要戴朝冠，腰上戴朝带，脚上穿朝靴。当然，清代的服饰制度不是一入关的时候就定了，而是经过了一百多年漫长的发展过程，一直到乾隆二十九年（1764年）《大清会典》的颁布和乾隆三十一年（1766年）《皇朝礼器图式》的颁布，清代真正的服饰制度才正式确立，这时距入关已经过去大概一百年，之后一直到清末再没有变更。

图1（见彩图11-1）　蓝色缎绣彩云金龙纹朝袍

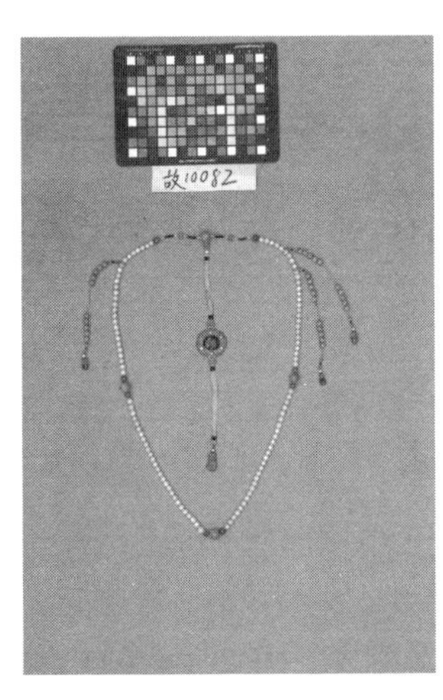

图2（见彩图11-2）　东珠朝珠

前面介绍的是男性的朝服，接着介绍皇后的朝服。图3是乾隆皇帝最喜欢的孝贤皇后的朝服。从图3中可以清楚地看到，皇帝和皇后的朝服最大的区别在于接袖，女性的服装上有接袖，而男性的没有。另外，男性的上衣和下裳是分开两截式的，而皇后是通身式的，从肩部到下面一直通下来，中间没有腰襕，而皇帝的是有腰襕的。还有一个就是皇后的朝服的肩部有一个像马鞍式的设计，称为“缘”，而皇帝没有，这就是皇帝和皇后朝服的区别。

图3（见彩图11–3）　香色纱绣彩云金龙纹女朝袍

上面说到皇帝穿朝服的场合是最隆重的，另外还有一些等级比较高的场合也穿朝服。大家都知道乾隆皇帝非常孝顺母亲，所以经常给她请安。其实请安并不是等级较高的场合，穿个吉服就可以了，但是乾隆皇帝穿着朝服给母亲请安，表明他对母亲非常尊重，以最高的礼节来对待他母亲。

刚才讲的是女性的朝袍，袍是在最里面的，袍外面要穿褂。故宫博物院的藏品当中有件比较特殊的朝褂。朝褂上共有九九八十一条龙，是唯一一件有奇数龙的女性朝褂。当时女性的地位不能高过男性，而且衣服上的纹饰男性为奇数，女性为偶数，而这件朝褂上之所以是九九八十一条龙，我们推测可能是乾隆母亲穿的，因为乾隆对母亲的礼遇非常高，其他人不可能穿戴等级这样高的朝服。一般皇后穿的朝褂前面两条龙，背后也是两条龙，是对称的。女性的礼服穿起来是一整套的形式，最里面是朝裙，朝裙是看不到的，然后在朝裙的外面套上朝袍，朝袍外面是朝褂，这是三件套的服装。女性跟男性一样，从头到脚也是一整套的服装，但是

比男性更加丰富多彩，头上要戴朝冠，头顶要有金约，脖子上要有领约，就是现在通常说的项圈，在胸口还要佩戴彩帨飘带，耳朵上要戴耳环。满族的耳环跟汉族的不一样，汉族是一个耳洞戴一串，而满人是三个耳洞戴三串，所以叫“一耳钳三钳”，这是满族人与汉族人最大的区别。这些满族人都是戴三串耳环，然后在胸前佩挂朝珠。跟男性不一样，男性的朝珠无论是谁只挂一盘，而女性要挂三盘朝珠，也就是左右肩斜跨两串，然后脖子上正挂一串，一共是三串。

第二种服装是等级稍低一点的吉服。吉服是在宫廷喜庆节日，如万寿节、千秋节、元宵节、七夕节、中秋节等场合穿着的服装。吉服包括吉服褂和吉服袍，吉服袍是人们常说的“龙袍”。皇帝龙袍的形制是圆领、右衽大襟、马蹄袖、四开裾的直身式长袍。龙袍色用明黄，全身饰金龙九条，其中前胸、后背和两肩正龙各一，下摆前后行龙各二，里襟行龙一，全袍饰十二章（图 4）。吉服还在一些不是特别重要的祭祀场合穿着，这跟穿朝服时进行的祭祀不太一样，比如祭先农的时候可以穿吉服。与刚才讲的礼服一样，吉服也是从头到脚配套的穿戴形式，皇帝头戴的是吉服冠，腰系的是吉服带。吉服比礼服简单得多，一般在比祭天、祭地、祭日、祭月等档次低的祭先农的场合穿，还有一些宴请场合，比如乾隆皇帝在紫光阁给有军功的功臣授勋，穿的也是吉服。有一幅纪实性绘画，画中雍正皇帝在祭先农，当时他戴的是吉服冠，而不是朝冠，所以我们可以判断出来他穿的是吉服，当时他外面还套着衮服，衮服既可以套在礼服外面，也可以套在吉服外面。

图 4（见彩图 11–4） 黄色缎绣彩云金龙纹龙袍

再介绍一下女性的吉服。中国是一个传统的男耕女织的社会，作为皇帝、皇后，他们要倡导耕织，所以要祭纺织之神，在宫廷绘画中常见皇后穿吉服去先蚕坛祭祀。女性的吉服形式也比较多样，一种是带正形龙纹样的吉服，还有一种女性吉服八团，这种团纹也很美，比较圆满，而且用的是八，不敢用九。光绪跟孝定皇后大婚的时候，皇后在婚礼上穿的一件红色吉服，这件衣服也是有袍和褂。袍和褂是怎么区分的呢？袍是掩襟的，开襟在身体的右侧，而褂是在正中间开襟。清代的服装有一个特点就是袍褂一家，袍褂不分家，有袍必有褂。虽然婚礼服颜色很鲜艳，纹样非常漂亮，但它外面套了一个石青色的褂子，这样就看不见里面精彩的袍了，那为什么还要套上？石青色肯定不如红色好看，但是石青色代表了尊贵，而且体现的是当时的体制特点。吉服头上戴的跟礼服戴的冠帽不一样，吉服冠帽的装饰要简单且华丽一些，一般都是红宝、蓝宝、碧玺、珊瑚、珍珠、黄金等材质，还有一种是清代宫廷特别喜欢用的蓝色的点翠，它来自翠鸟的羽毛。翠鸟是现在生活在缅甸、云南一带的鸟，它的羽毛特别适合用于装饰，因为它永不掉色，几百年过去之后颜色依然跟新的一样。当时宫里大量使用点翠工艺，但是最大问题就是现在翠鸟已经成为濒危动物了。

上面提到的是礼服和吉服，礼服也就是朝袍，吉服也就是龙袍，这两种服装形式的最大区别在哪？等级最高的是礼服，普通的老百姓通常把它认为是龙袍，实际上两者是不一样的，朝袍比龙袍的等级高，不能说有龙就叫龙袍。礼服上衣跟下裳形式上是分开的，实际上是连为一体的，中间有一个腰围，下面是裙子，上面是上衣。而吉服中间没有任何分隔，直接通下来。两者另一个区别是朝服一定要有披领，这是清代满族很有特点的一种服装样式，而吉服上是没有的。以上区别现在很多人往往搞不清楚，所以在影视剧当中常常把两种衣服混淆，该穿礼服的时候穿吉服，该穿吉服的时候穿礼服。

第三种服装是常服。常服穿着于大祀的斋戒期、一些小型祭祀（如祭枪刀神），以及经筵、恭上尊谥、恭奉册宝等庄重恭敬的场合，或其他一些较正式场合。常服包括常服褂和常服袍，常服袍是圆领、大襟、马蹄袖、四开裾的长袍，常服褂是圆领、对襟平袖、身长过膝的长褂，色用石青色，穿于常服袍之外。常服的面料、颜色、花纹不似礼服和吉服那样有严格

图 5（见彩图 11–5）　蓝色暗团龙纹江绸常服袍

的规定，但大致也有一定的范围并相对固定，通常以素色和暗花为主，常用的颜色有天蓝色、宝蓝色、淡蓝色、酱红色、枣红色、灰绿色、姜黄色和浅米色等（图 5）。常服不能理解为是平常的、通常的衣服，那叫便服，日常生活当中最休闲的衣服是便服，但是在最高等级与很随意的服装中间还有一类服装——常服，因为我们的使用场合不是只有很庄重和很随意，还有一些特殊的场合。举个例子，皇帝祭天的时候通常要进行斋戒，祭天的时候理应穿最隆重、最华丽的服装，比如朝服，但是中间有一天正好遇到皇帝的父亲或者爷爷的忌日，在传统上，祖先忌日自己一定要穿得非常素，或者没有花纹，或者是麻质的。这个时候就发生冲突了，怎么办？这时就用常服来代替，既表明对上天的尊重，又表明对祖先的尊重，所以它的形式是不能有彩色，不能有五颜六色的花，但又不能纯粹的非常素，此时可以用暗花，这样就很好地解决了祭祀祖先跟祭祀天的冲突。常服上的暗花不是用色线来表现，而是用织物组织的变化来体现，也就是它的花纹颜色和衣服颜色一定是完全一样的，只不过通过不一样的光线会折射出来一些图案，呈现出花纹，由此称作暗花。但男性跟女性的常服还是有些区别的，男性的通常是四开裾，女性的通常是两开裾。开裾就是开衩，男性的是前后左右四开衩，女性的是左右两开衩。

第四种服装是行服。行服是清代皇帝外出巡行、狩猎时所穿的服装，包括行冠、行袍、行褂、行裳、行带五部分。清代后妃没有行服。行服最大的特点是穿着时便于骑马出行和射箭狩猎，这是独具满族民族特色的服装。因为皇帝的活动不只是祭祀、吉庆，清代是满族王朝，满族是一个骑射民族，经常有骑射、打猎等外出活动，这个时候穿其他的服装会行动不便，于是就创造了行服。行服最大的特点是右下的衣襟好像是缺掉的（图6），实际上没有，上马的时候把这块衣襟给系上去，这样上马的时候方便，走路的时候把这块衣襟给放下来，所以这种袍叫缺襟袍，非常有满族特色。在中国历史上唯有清代有行服这种服装形式，其他任何朝代都没有，这是非常有满族特色的一种服装。

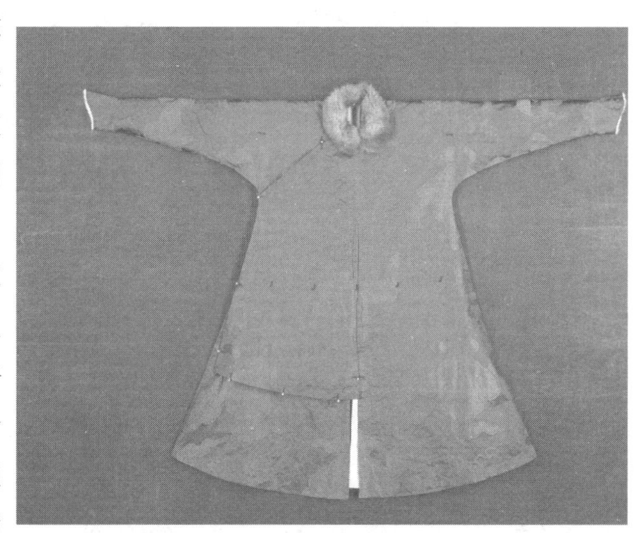

图 6（见彩图 11–6）　油绿色暗云龙纹缎行服袍

第五种服装是戎服。顾名思义就是跟军事有关的，除了实用性的功用之外，还有礼仪性的作用。清朝统治者以骑射得天下，因此十分崇尚武功。清初确立了大阅、行围制度，定期由皇帝组织大规模的军事演习，全面检阅军队的装备和武功，以此作为倡导骑射、保持八旗军队战斗力强盛的措施，在参加这些军事活动时，皇帝要身穿戎服。皇帝的戎服也称大阅甲，专用于检阅八旗军队。大阅甲为上衣下裳式，由上衣、下裳（分左右两块）、左右护肩、左右护腋、左右袖、前挡和左挡等十一部分组成。皇帝阅兵的时候穿大阅甲，图 7 就是带有阅兵性质的最华丽、最精美的一件戎服，

图 7（见彩图 11–7）　黄色缎绣彩云金龙纹棉甲

这件非常有名的乾隆皇帝戎装，现在还保存在故宫博物院，与当年的完全是一模一样。

第六种服装是雨服。雨服非常具有实用性，在下雨的时候穿。清代典制里有明确记载，雨服的等级都是非常高的，所以是尊贵的明黄色。但是故宫藏品当中没有一件雨服，而且就目前所见，全世界各个博物馆或者是私人收藏以及市场上没有一件皇家雨服。这可能和它的实用性有关系，用过之后就被废弃掉，或者是其他什么原因，没有保留下来。

第七种服装是便服。便服是清代宫廷日常闲居时穿用的服装，包括便袍、马褂、氅衣、衬衣、坎肩、袄、斗篷、裤等。便服不见于《大清会典》和《皇朝礼器图式》等清代服饰典制记载，但见于清代皇帝起居和穿戴档等文献档案记载，并在故宫博物院收藏的清代服饰实物中大量存在。实际上便服相较于其他服饰在数量上应该是最多的，因为日常生活当中的典礼、上朝的时间还是少一些，大量时间是业余的时间，所以需要穿着很舒适、随意，不能穿得那么累。对于女性来说，尤其后妃，这样的服装是最能充分展现女性柔美的，所以它的做工、纹样和颜色都更加精美。另外，便服的服装形式也是多种多样的。刚才讲了常服和便服不能混为一谈，虽然它们都是平常穿的，它们的区别在哪？常服等级要高于便服，因为常服毕竟还带有等级成分，所以常服使用马蹄袖，马蹄袖是非常有特色的一种服装形式，在行礼时需要把马蹄袖放下来。行礼的时候不能穿便服，便服没有马蹄袖，但礼服、吉服和常服上有，便服是平袖。平袖跟马蹄袖的区别就是平袖的等级低，不具备等级性质，且平袖更随意一些。马褂是便服的一种，它的形式很多，老少咸宜，到了晚清是黄袍马褂。道光皇帝、光绪皇帝的一些马褂的袖子是平袖，不属于马蹄袖。在一幅咸丰皇帝和慈禧太后下棋的绘画中，咸丰皇帝的上衣也是平袖。当然女性的便服就更多了，纹样也很多。“兰桂齐芳”纹样是慈禧太后非常喜欢的，因为她有过封号叫兰贵人，她也非常喜欢兰花。还有凤凰、百蝶，“蝶”跟“耋”是谐音的，80 岁为“耄”，90 岁为“耋”，所以耄耋之年代表长寿。清代女性的服装上有很多蝴蝶，代表对长寿的追求，另外蝴蝶双飞代表夫妻恩爱，也有很多吉祥的意义在里面。葡萄也是慈禧

非常喜欢的纹样，葡萄代表多子，紫葡萄纹氅衣有所展现（图 8）。

图 8（见彩图 11–8）　明黄色绸绣紫葡萄纹氅衣

二、清代宫廷服饰背后的文化内涵

我们前面讲的是整个清代宫廷服饰的表面概况，下面我们讲一些清代宫廷服饰背后深层次的含义。

（一）清廷服饰反映的是一种等级制度

其实在整个中国的发展史上，服饰不仅仅具有御寒、保暖作用，更具有社会功能。中国的“二十四史”中有《舆服志》，它记载了几个朝代服饰制度的变化。服饰制度代表了一种等级关系，而等级是维护封建社会统治的一种非常重要的形式，封建社会是一个等级社会。社会的等级通常通过居住的建筑、出行的车马轿子和非常直观的天天都要穿着的衣服来表现，所以每次改朝换代的时候，统治者都要改日历、服饰等制度，以表明与前朝不一样，因此服饰被赋予了更多的社会性意义。清代服饰虽然在很大程度上对中国传统服饰造成了非常颠覆性地冲击和变更，但是很多东西还是万变不离其宗，也是在服饰上确立等级关系，通过服饰来维护尊卑和等级森严的专制制度。

那么清代服饰是通过什么形式来反映等级呢？我认为有很多方面，一是材料，二是款式，三是颜色，四是纹样，五是装饰。

第一个是材料。身份越尊贵，服饰使用的材质越好。比如皇帝、皇子使用的黑狐皮，其他任何人都不能使用，其他人使用的都是貂皮、豹皮、狼皮等。等级由高到低，皮子的质量逐渐递减。黑狐皮产自哪里呢？一般是在中国东北，俄罗斯也有。清代恰克图是当时中国贸易的一个集散地，当年在这个集散地一件黑狐皮的价格大概是三十两银子。三十两银子是什么概念呢？清代一个部级官员的月俸大概也就是十五银子，而一件黑狐皮就三十两，可想而知它是多么的贵。当时貂皮是多少钱？大概在五两银子，其他银鼠皮就差得更远了。可见黑狐皮是最贵的一种皮子，所以能穿它的人肯定是身份等级最高的。

第二个是款式。宗室、皇帝的袍子都是开衩的，开衩就是服饰下摆上的开裾，宗室以上的人的服饰都是前面、后面、左边、右边四开衩的，而宗室以下的人的服饰只能两开衩。所以现在市场上大多数的衣服都是两开衩，不是四开衩的，这是有历史原因的。

第三个是颜色。颜色是最一目了然、最直观的，自古以来通过服饰的颜色来反映等级是比较常见的。尤其是明黄色，因为黄色跟大地的颜色是一致的，所以明黄色从隋唐开始就成为帝王的专用色。到清代也是，明黄色只能是皇帝使用，即使贵为皇子也只能使用杏黄色。当年年羹尧被问罪，就是因为他穿了使用明黄色面料制成的衣服。即使是亲王，也只能使用石青色或者蓝色的衣服，连杏黄色都不能使用。贝勒贝子是酱紫色的。明黄色、杏黄色、蓝色、酱紫色，这是在颜色上表现的从上到下的等级。在女性的服饰当中也是明黄色等级最高；杏黄色其次，妃可以用杏黄色；嫔的等级只能用香色。因此，女性服饰颜色也是随着身份等级从高到低逐渐变化。另外，等级的高低不只是表现在整体大面积的颜色上，也表现在一些微小细节处的颜色上。比如女性胸前系的飘带，被称作“彩帨”，它的颜色也分等级。皇后的是最高等级，都是用绿色，下一等级是用月白色，等级在七品以下连佩彩帨的资格都没有。

第四个是纹样。纹样是最复杂多变的，也是最容易拿来作为等级标识的。因为服饰的款式再怎么变也就那么几种，不能变得太多，颜色也是，七八种颜色的衣服就没法看了。但服饰的纹样可以是丰富多样的，因此能用很多种纹样来体现等级，而且等级本身也比较多，从上到下，皇帝最高，然后下面是有爵位的亲王、郡王、贝勒、镇国公、辅国公等，再下面才是有品级的即一品到九品官员。因为有等级的人员非常多，只有多样的纹样才能体现种类繁多的等级。

以皇帝来说，皇帝使用了十二章纹在衣服全身。十二章纹包括太阳、月亮、星辰、山、龙、华虫、宗彝（老虎、猴子）、藻、火、粉米、黼、黻。其中，太阳、月亮、星辰代表天上的日月星辰照耀；山代表稳重；龙，这是一个神奇的、无所不能的动物；华虫代表文采；宗彝，即宗庙彝器，猴子代表孝顺，老虎代表威猛；藻代表洁净；火代表炎炎向上；粉米代表滋养万物；黼是斧头，代表决断；黻，两弓相背的样子，有着背恶向善的寓意等。天底下最美好的图样集于皇帝一身，也就是说从道德上皇帝是至善至美的，从等级上皇帝是至高无上的，天下没有人能超越皇帝。所以，皇帝能使用十二章纹，其他任何人都不能使用，且这十二章纹从周代以来一直都在使用，皇帝在祭祀当中一定要有十二章纹。纹样反映的等级制度也是非常复杂的，我从中总结了几条具有规律性的内容。首先，实际都是褂，但从名称上来说，皇帝的叫作衮服，皇子的叫作龙褂，到了官员只能叫补服，不能称为衮服，否则是越级，从名字上来讲等级是逐渐递减的。其次，从纹样的形状上来说，圆形的等级肯定是高于方形，因为天圆地方，圆在上，方在下，圆的肯定高于方的，所以皇帝皇后的纹样是圆形的，而大臣的是方形的。亲王、郡王、贝勒、贝子的纹样全是圆形的，而镇国公、辅国公的是方形的。再次，从纹样的数量上来看，数量越多代表等级越高。最后，从纹样的内容上来看，正龙等级高于行龙，脸冲前面的是正龙，脸冲侧面的是行龙，五爪的龙等级高于四爪的龙。还有品官纹样是飞禽走兽，其中文官是飞禽，武官是走兽，它的等级也是根据动物的珍稀程度和凶猛程度排序，包括仙鹤、孔雀等。

第五个是装饰。饰物上表现等级的东西就更多了。比如东珠，皇帝的朝冠上是16颗，亲王是10颗，逐渐递减，到文武一品官只可使用1颗，这是它在数量上的等级区别。在材质上，五品的水晶、六品的砗磲、七品的素金。因此，通过对方衣服的颜色、纹样和装饰物，便可一眼看出对方等级的高低。皇后也是如此，朝冠上不仅有金色的凤凰，还有无数的东珠，包括金约上的东珠，都是数量越多等级越高。朝珠也是装饰物，皇后到嫔妃分别为东珠、珊瑚、琥珀。这样的例子不胜枚举，是整个大清服饰当中不厌其烦且极其繁缛的制度。

（二）清廷服饰反映了满汉文化的相互影响和融合

清朝在中国历史上是一个少数民族入主中原的朝代，所以服饰不可避免会带有很多自身民族气质特点。当然，既然入主中原，肯定免不了受中原文化的影响，所以清廷服饰兼具满族和汉族两者服饰的特点。

1. 清廷服饰中的满族特点

清廷服饰为什么会有满族的特点呢？清朝入主中原的时候人口大概有100万，加上满八旗、汉八旗，兵力还不到40万，而它面临的对手是有上亿人口的明朝，一个人口这么少的民族能打败明朝依靠的是什么？就是骑射。骑射在行军作战方面非常具有优势，因为骑兵的速度非常快，一旦骑兵攻击，对方根本挡不住，往往一个满族骑兵来了，十个汉族兵也挡不住。骑射服的优点是短小，汉族人穿的都是褒衣博袖，会使人行动不便，无法打仗。满族人夺取天下靠的是骑射，骑射是夺取天下的法宝，所以他们要一直保持这个优势。另外，衣服天天都要穿，天天都要看，将自己民族的骑射特点设计在服装上，就可以时刻提醒自己：我们是满族人，我们要有自己的特点，我们不能丢掉这个，丢掉这个就是背叛。因此清代宫廷的衣服上一定要保留满族的民族特色。

清廷服饰的满族特色有哪些呢？

首先，在服饰的材料上大量使用皮料，这跟中国南方人不一样，南方人很少使用皮料，当然这跟气候也有关系，北京冬季比较寒冷，皮料有它的实用性。皮料还有另外一层含义，它是满族人生活中重要的经济来源，因为满族来自东北，那里有大量的野生动物，所以他们的服装大量使用皮草，不像中原地区的服装使用很多的是丝绸、棉花。入主中原之后可以顺利地得到江南丝绸，虽然用江南丝绸做的衣服穿着在身上显得很华丽、很舒适，但他们还是要保留大量的皮料在衣服上，一方面是起到御寒的作用，另一方面，也是很重要的原因，就是东北是满族的龙兴之地，皮料用在服装上能保证自己不忘本、不忘先祖。使用皮料的地方，包括帽子、镶边、坎肩、披领等，甚至有的整件衣服都是皮料，有的整个披领都被皮料遮盖看不到纹样。

其次，清廷服饰保留的满族特点还体现在外观上。如前面提到的行服，具有非常鲜明的骑射民族特点，就是便于骑马射箭和行进。另外，在中国历代服饰制度当中只有清代有披领。披领从形状上看，可以让大家想象到我们使用的弓，所以披领和马蹄袖寓意弓马，弓马就是射箭和骑马。骑马和射箭这两样是满族夺取中原的法宝，所以清廷在衣服上一定要保留这两个特点，而且是等级较高的服装上才可以佩戴披领和马蹄袖，可见披领和马蹄袖在清廷服饰中的重要性。从皇太极开始一直到顺治、康熙、乾隆，基本上清代的皇帝都反复地跟大臣们强调，这些服饰的特点是他们的立国之基，后世子孙勿轻变弃祖制，也就是他们设计的这些服装形式绝对不能轻易被变更。虽然说入关之后清廷服饰受到了汉族文化强烈的冲击，但是他们的衣冠制度从入关之后一直到清朝灭亡，接近三百年的时间，几乎没有变化，服饰的外观形式也没有大的变化，马蹄袖和披领自始至终地保留，这一点确实是非常不容易的。

再次，荷包也是满族的特点之一。满族人为什么这么喜欢荷包呢？因为他们到外面很远的地方打猎的时候，身上都带着皮囊，皮囊里可以装点粮食、干肉。那他们入关之后夺取天下了这还有用吗？当然已经没有用了，于是就演变成为荷包。但是为什么满族人后来还挂着荷包？有人说是因为荷包五颜六色的，非常好看。其实它还有重要的意义，就是不忘先祖，提醒自己我们就是靠这个在艰苦的环境中生存下来的。所以满族人虽然拥有天下了，但还是把这些关外的习俗保留下来，只是变了一种形式而已，比以前更精美漂亮了。荷包的数量非常多，现在故宫博物院保存下来的荷包就有 2.7 万件，各种各样，可见当时他们有多喜欢。当然荷包在后面也有所发展变化，如表套、扇套、扳指套等，但是它的核心内涵仍是代表满族的一些旧俗。

最后，清廷服饰中具有满族特点的代表之一——花盆底鞋。我们经常在电视里看到女性穿非常高的花盆底鞋，其实它也具有满族的民族特点。跟汉人不一样，汉人从宋代就开始缠足了，也就是“裹小脚”，而满族女性是不缠足的，所以她们能穿上这样的“高跟鞋”还不摔倒。当然这也跟满族人生存的气候有关系，东北是高寒地带，地上有积雪，穿这样的“高跟鞋”可以使女性的身体避免潮湿的侵扰，保护身体健康。入关之后她们还是穿这样的鞋子，一方面是因为它的实用性，另一方面是因为它的美观性，这跟汉族女性的三寸金莲是不一样的。

2. 清廷服饰中的满汉融合

前面讲的几点全是清廷服饰的满族特点。虽然清朝的几位皇帝一再强调要保存服饰的满族特点，但是清廷服饰中又有很多汉族的特点，因为不可能完全用少数民族的方式统治汉族、统治天下，毕竟汉族人口众多，汉族的文化博大精深，根深蒂固，无论满族有多少个皇帝如何强调自己的民族性，但是不可能避免不受汉文化的影响，事实上满族文化基本上被汉族文化同化了。清朝皇帝在受汉族文化同化上有两方面表现形式：一是主观上要接受汉族文化，二是客观上不可避免地受汉族文化冲击，这两方面的影响在清廷服饰上表现得非常明显。我们在故宫收藏的宫廷绘画中可以看到很多乾隆皇帝穿汉服的场景，那么可能有人就要问，清朝皇帝不是一直强调骑射吗？为什么还要穿汉服，这不是自相矛盾吗？清朝的这几位皇帝都是饱读诗书，非常有才华的，不是一介武夫，像顺治、康熙、雍正、乾隆这几位皇帝的汉文化修养远远超出很多大学士。因此我认为他们穿汉服是在做一个姿态，在对外宣示：我要吸收你，我也是正统，而不是偏处一地的东北少数民族，我也是正儿八经、天经地义的皇帝，所以我继承汉文化就是正统，我可以穿汉族的衣服。当然这只是一个方面，还有其他很多表现，比如学习汉族儒家文化的经典，这其实都是在接受汉文化。乾隆皇帝的汉文化修养确实很高，单说他作的四万多首诗，就相当于全唐几百位诗人的总和，虽然这些诗能让大家记住和传诵的并不多，但是可以看出他的汉文化修养还是很深厚的。

当然，吸收汉文化的种种举措在后来也遭到一些大臣的反对，因为这与皇帝之前下的“保留满族特色”的旨意是相违背的。虽然皇帝还是非常强调要保留满族服饰的特点，但是在客观上又不可能不受到汉民族服饰的冲击，相对来说，稍微随意一点的便服受汉文化冲击非常明显。比如便服的袖子，满族的袖子开口也就十七八厘米，非常窄，而汉族的袖子，非常宽大，有二十厘米到三十厘米，甚至还有更夸张的。故宫博物馆里面有一个道光年间的衣服，它的袖子宽度在八十厘米至一米之间，可想而知清朝服饰受汉民族的影响有多大。在嘉庆、道光年间，出现过一批非常宽大的袖子，明显模仿了汉族的服装形式，并且在这个时期，清廷模仿汉族服饰文化之风非常盛行，以至于到嘉庆、道光不得不多次下令予以禁止。因为嘉庆、道光的要求确实比较严格，“汉族宽袖子”后来也就慢慢消失了，但是清廷服饰的纹样、颜色、款式还是大量吸收了汉族元素。前面讲到服饰等级最高的形式是上衣加下裳，这种形式其实是汉族最早的服装形式。汉族为什么要用这种形式呢？因为这是中国古代黄帝、尧舜的衣服形式，中国古代各朝各代把严格的服装制度确定下来之后，也就确定了上尊下卑的等级关系。天为上，地为下，天尊地卑，所以设计成上面有衣下面有裳这样的衣服形式，而不是通身式。这样的形式表明了上尊下卑的等级秩序的确立，中国历朝皇帝最高等级的冕服都是这种形式，清代也不可避免地吸收了汉文化的因素。当然，也有一个变化，以前的上衣跟下裳是分开的，而清代是连为一体的，因为毕竟分开穿起来可能不太方便，于是就把它连为一体，但是中间做出一个腰围来，从形式上看也是分开的。

清廷服饰除了在形式上借鉴了汉族服饰的特点，在其他很多方面也融合汉族服装的元素，下面进行一一分析。

第一是“襞积无数”。那什么是“襞积”呢？通俗一点讲就是在下裳上面打的褶皱。设想一下，若下裳上面不打褶子行不行？也是可以的，这样纹样还显示得更清楚，一点也不影响衣服的美观，那为什么要打一堆褶子呢？根据古代儒家经典《礼记》等的记载，祭服、朝服“襞积无数”，丧服只有“三襞积”，只要跟礼有关的服饰都是“襞积无数”，所以清代服装也采用了中国传统“襞积无数”这样的一个做法。第二是“镶边”。清廷所有衣服上都有镶边，而且是很华丽的边，一般镶的是织金缎边。这个边是什么？为什么要镶边呢？以前古代的深衣都是用麻制作的，但是它一定要镶一个“纯”，即丝绸的边。因此清代服饰也采用了“镶边”的方式来表达自身的礼仪，有了“边”就有了礼，也就跟衣衫褴褛（没有镶边的衣服叫作褴褛）分开了，所以清廷衣服上包括披领上、袖子上都有镶边。第三是“衽”。“衽”是处于朝服右下襟的一块方形装饰物。为什么要有“衽”呢？把它去掉衣服不也是完整的吗？衽是中国古代冕服上“蔽膝”的一个浓缩版。清初的服饰上没有衽，到乾隆皇帝的时候把衽给加上了，加上的意义在哪呢？这是把中国古代冕服制度必须有的蔽膝加进来了。以前较高等级的衣服前面有一块非常大的布挡在胸前垂下来，这块布就叫蔽膝。蔽膝有三种作用，一是实用性，用来遮前蔽后，代表了人类从此有了羞耻之心，同时也代表了人类进入了文明社会。二是代表不忘本，不忘祖制。三是有政治意义，即区分尊卑。所以，别小看这么一块蔽膝，它有重大的意义，在衣服上一定要体现出来。清代是全盘改革了中国的传统服饰，中国古代用于祭祀的衣服非常复杂，通过清代的改革，它变得相对来说更加简约、精炼、方便。同样，汉族服饰中的“衽”，虽然在清代不像以前是一大块布，但是在形式上还是保留下来了。第四是女性服饰上的“飘带彩帨”。真正的满族女性是没有飘带彩帨的，它是中国传统文化中的服饰。在古代的时候，哪一家如果生了个男孩，就在门的左边挂一张弓；如果生了个女儿，就在门的右边挂一条帨巾。这个帨巾通俗一点说就是一块“抹布”，那为什么系到女性身上呢？女儿出嫁的时候母亲要把帨巾系在女儿的身上，寓意着女儿到了婆家要孝敬公婆、做家务，尽女人的义务，要有淑德。所以，皇后虽然是满族的皇后，但是她把汉族的一些美好的传统设计在衣服上，这个帨巾的美观在其次，最主要是表达一个美好的愿望。第五是“柿蒂纹”。柿蒂纹是一种绣在服饰上的长得像柿子一样的、中间包含了海水江崖、

十二章等的纹样。以前我也不理解，为什么设计柿蒂图案，如果直接把海水江崖、十二章等纹样设计到衣服上不行吗？为什么非把这些海水江崖等小图样全部装到大柿蒂纹样里？后来通过查阅很多的资料，发现这个设计其实是有很多寓意在里面的，如唐代《酉阳杂俎》中记载，柿树有“多寿、多荫”等“七绝”之说，其中很重要的一绝是“木中根固，柿为最。俗谓之柿盘”，即寓意坚固结实，江山永固。把“海水江崖纹”放入柿蒂纹中，就代表江山永固，说明柿蒂纹的设计思想中寄托了这样一个美好的愿望，这些都是汉族的文化元素。

研究清廷服饰制度及其文化内涵，非常有助于我们理解和熟悉清代历史。上述讲的内容只是清廷服饰制度的冰山一角，相信随着我们研究的深入，清廷的服饰制度以及文化生活将会更加全面、直观地展现在我们面前。

主题四 中国传统文化

12 || 读史与修心 阎崇年

13 || 郑和下西洋的终止 赵中男

14 || 漫谈国学的人生智慧 魏润身

15 || 阅读《资治通鉴》的三个层次 刘后滨

16 || 我的哲学观 周桂钿

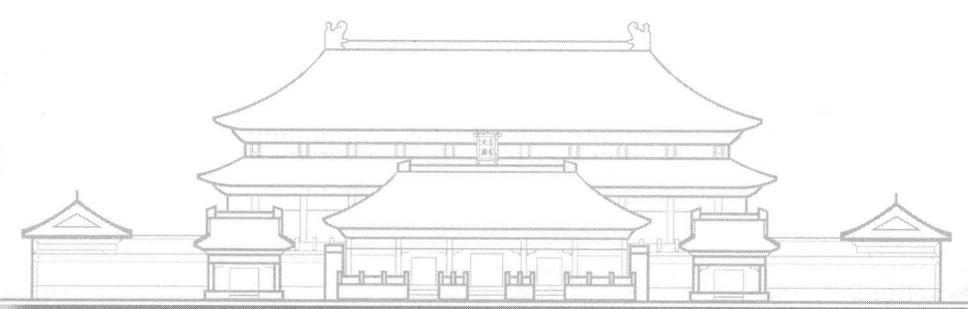

12 读史与修心

阎崇年

阎崇年，北京社会科学院研究员，中央电视台《百家讲坛》主讲人，著名历史学家。研究清史、满学、北京史。论文集有《燕步集》《燕史集》《袁崇焕研究论集》《满学论集》《清史论集》《阎崇年自选集》等；专著有《努尔哈赤传》《清朝开国史》（上下卷）、《康熙帝大传》《古都北京》（中、英、法、德文版）、《袁崇焕传》和《森林帝国》等。主要著作结为25卷本《阎崇年集》，主要论文结为《阎崇年自选集》。主编学术丛刊《满学研究》第一至七辑、《20世纪世界满学著作提要》《袁崇焕学术论文集》《戚继光研究论集》等。为中央电视台《百家讲坛》主讲并出版《正说清朝十二帝》《明亡清兴六十年》《康熙大帝》《大故宫》《御窑千年》五个系列，在国内外引发强烈社会反响，被誉为《百家讲坛》的“开坛元勋”。倡议并创建了第一个专业满学研究机构——北京社会科学院满学研究所，倡议并创建北京满学会。倡议并主持第一至第五届国际满学研讨会。北京市政府授予“有突出贡献专家”称号，享受国务院颁发的特殊津贴。

读书是中华文明史的一个好传统。中华民族是个礼仪之邦，也是一个重视读书的民族。但近些年来，对读书普遍不重视的问题，严重到有的外国人笑话我们。如有一位印度人发表文章《不阅读的中国人》，把我们叫作“不阅读的中国人”，文章中的主人公从法兰克福上飞机到中国来，在候机时看到德国人都在看书，中国人在候机时几乎没有看书的。

在飞机上飞行的时间很长，他坐在机舱后排，到洗手间，一行一行穿行，也没看到一个中国人在飞机上看书。飞机到上海落地后，他跟另一个外国人谈到这件事情，这个外国人跟他同感，就是在机场候机、在飞机上，没有看见过中国人在读书。

我看了这篇文章不大相信，心里也不好过。有一次我到一个城市出差，主办方给我买头等舱机票，我在贵宾室里候机，包里带了本书。我在贵宾室看到有两桌打麻将的，但读书的人一个没有。后来我又一次候机，贵宾室比较大一点，我仔细看了，有外国人在读书，中国人有在看报的，却没有在读书的。

有人说我们地铁太挤了没法读书，但机场贵宾室条件很好却很少有读书的。后来我注意观察，坐飞机的时候我也前后走一趟，见到有用 iPad 看照片、看电影的，真正看书的也不能说一次没见，只是太少了。中国是书香大国，却被一个印度人批评我们是“不阅读的中国人”，这使我非常感慨。

还有一个例子。我不怎么看电视，那天突然家里打开电视了，是中央电视台的一位主持人，在访问一个美国女航天员。我国现有两位女航天员，世界女航天员，到我国神七上天时是 58 个人（包括已故的）。其中这位被采访的美国女航天员，她在太空时间最长，三次升空，合起来 38 天。主持人问她：“如果您再上天，只许带一样东西，您带什么？”又问：“您要到外星去旅游或居住，也只许带一样东西，您带什么？”这位女宇航员不假思索地说我要带一本书。她说：“我在太空里抽点时间看书。”又说：“我到哪儿旅行都带本书，书是我的第二生命。”

中国新闻出版研究院做了一项统计，2012 年全国出版图书是 37 万种，这个数字在全世界排第一。但是我们阅读的情况，差距就太大了。据统计，世界人均读书最多的是犹太人，平均每人年读 64 本书；日本和德国少一点，大概年读 50 几本书；英国、法国、美国等年读 40 几本书；我们中国平均每人年读 3 本书。联合国教科文组织对我们抽样调查，结果显示平均每人年读不到一本书。

这个问题很值得研究。现在我们国家的经济发展很快，总量已超过德国、英国、法国，也超过日本，我们排第二，美国第一。但我们读书的情况，太不能令人满意。中华人民共和国成立前我国有大量没有接受过教育的人，我记得那时在北京找工作，小学毕业就算有文化了，可以找一个文化工作，后来提高到初中毕业。20 世纪 50 年代初我上中学时，苏联火车乘务员必须是初中毕业，那时候我国火车乘务员基本是小学毕业。现在我们大学教育基本普及（除了边远地区），但我国公民的阅读情况仍需要提高。

读书，有一个问题——读书为了什么？孔子当年说："古之学者为己，今之学者为人。"这句话有不同解释，其中一家解释是：古之学者为己，其中的"古"是指古代，"学者"是指学习者，"为己"是指修己，就是说古代学习者读书是为修己、修为。今之学者为人，其中的"今"是指当代，"学者"是指学习者，"为人"是指功名利禄，就是说当代学习者是为功名利禄。孔子批评的上述现象，我们今天存在吗？似乎也存在。如幼儿园读书为上好的小学，小学读书为上好的初中，初中读书为上好的高中，高中读书为了上个好的大学，考上大学后读硕、读博，为了什么呢？为了去北上广找份好工作。

前几天我到一所大学去做一场报告，他们派一个博士来接我，路上堵车，一路走一路聊。他说阎老师我特苦恼，我说你苦恼什么，他说从上初中被录取，就心里不高兴，发愁上好高中；考上理想高中后，心里还不高兴，发愁上好大学；被一本大学录取，接了通知书我就开始苦恼，考虑怎么保硕；结果被保送读硕士研究生。我说你很好啊，到北京了，应该高兴了。他说不，我又焦虑保博。我说你现在也被保上博士了，应当高兴。他说我又焦虑了，博士毕业后，我未必能留在北上广，因为我们博士生班上有好几个人，其中有几个人比我条件好，所以我又焦虑了。我说这就是你的不是了，你这样焦虑也就没完了。我觉得小学升初中、高中、大学，想上一个好一点的学校，这都对，没有错，家长也都没错。但如果把功名利禄作为读书的根本，那么问题就来了，这就是没有把读书和修身结合起来。

为什么一定要把读书和修身结合起来，我想主要有四个原因。

一是人本身有弱点。要把这些弱点磨平了，需要读书来修养。我最

近看了美国富兰克林写的一本智慧书，是一条一条的语录，很好看。我从北京乘飞机飞往乌鲁木齐，来回飞机上大概七八个小时，我就把这本书读完了。富兰克林讲的中心问题就是人的修养，包括知识的修养、身体的修养、道德的修养，这是各国普遍面临的一个问题。

古代以道德划分人——君子和小人。做君子，做正人，就要把读书和修养结合起来。在西方要做一个绅士，做一个有教养的人，也必须把读书和修养结合起来，因为人并不天生就是完美的。儒家将人性分两派，一派是“性善论”——人之初，性本善；一派是“性恶论”——人之初，性本恶。前者认为“大学之道，在明明德”，既是性本善，为何还要“明明德”？于是，产生折中解释：人生下来之后就有德，但这个德后来受了尘埃的蒙蔽，它不明了，怎么办？要明明德，使这个德光明起来，明亮起来，这就需要修养，要读书。后者的代表是荀子，《荀子·性恶篇》说：“若夫目好色、耳好声、口好味、心好利、骨体肤理好愉佚。”就是眼睛好见美色、耳朵好听美言、嘴巴喜欢美味、内心喜欢财利、身体喜欢舒适安逸。前两天有人跟我说了一个有意思的短信，说人90%的病是吃出来和撑出来的，就是因为嘴馋。怎么克服这些“恶”的东西？办法之一就是要读书、修养、学习，以理制情，磨掉人性的弱点，磨亮人性的亮点。

儒家、道家和佛家，都提倡一定要把读书和修身结合起来。我们学历史也多少学点佛学的知识，佛学认为，人生下来就有三个弱点：贪、嗔、痴。第一是贪，贪财、贪权、贪色、贪吃、贪喝、贪穿。第二是嗔，贪不着就嫉妒，也就是人们所说的“羡慕、嫉妒、恨”。第三是痴，痴呆的痴，上面一个“疒”字头，里头有个“知”，是说虽然念书了，但念歪了、念傻了，痴也是人性的一个弱点。所以佛学认为，人要修行、修养。它和儒家看法是相通的，就是人需要读书、学习、磨炼和修养，修养道德，完美人性。

二是从家庭来看需要读书。现在中小学生读书很苦，如果考不好，有的家长不仅给孩子脸色看，甚至还打孩子。我碰到过一件事情，前些年“五一”放七天长假前，有个朋友请我到她家里去吃炸酱面，因为她的孩子现在不爱念书，她说破嘴皮子孩子也不听，但她的孩子比较崇拜我，

她觉得我说的一句，顶她说的一万句，所以想让我到她家里跟他孩子说说学习的重要性。然后我问这个朋友，“你和孩子爸爸‘五一’七天假期都做什么呢？”她回答说自己看看电视，孩子爸爸串串门、会会朋友。然后我给这个朋友开了一个提高孩子读书兴趣的“药方”：要在放假前到图书馆借一摞书抱回家，不管是什么类型的，然后把孩子叫到自己面前，告诉孩子自己以前不爱看书，但是从5月1号开始自己就要改了，也要开始念书了。还有一个要求就是，这七天假期不能干涉孩子，只管给孩子做三顿饭，其他的时间都只能用来看书。开始的时候她对我这个药方很怀疑，但还是照做了。结果怎么着？七天假期结束后，她见到我非常高兴地说：“您这个药方真灵，这七天我只负责做饭，然后就看书，开始孩子还不习惯，过来跟我腻乎，我说不行，妈妈要看书了。没想到第三天孩子就坐下了，也看了几天书。”经验告诉我们，凡是孩子没有好的读书习惯，基本上是因为家长没有好的读书习惯。因此为了让孩子喜欢上读书，家长也要认真读书学习。

三是社会影响。犹太人小孩刚会爬的时候，家长就培养他对书的兴趣。大家知道“抓周”，《红楼梦》里贾宝玉抓周，抓着胭脂了，所以贾宝玉后来就在女孩堆里“混”。犹太人小孩刚会爬的时候，家长会在远处放一本书，在书上倒一点蜂蜜，小孩闻着香味，就往那儿爬，爬到书跟前就舔书上蜂蜜，因此，孩子从小对书就产生了好感和兴趣。可见，做父母的，做爷爷奶奶的，做外公外婆的，要从孩子刚一懂事开始，就培养他的读书兴趣，给他一个学习的氛围。整个社会，也要提倡读书，形成一个全社会读书的风气。

大家知道康熙帝爱读书。康熙帝活了六十九岁，他五岁上学，正式请师父，到课堂上课。六十四年，手不释卷。康熙帝八岁丧父，十岁丧母，靠他奶奶孝庄太皇太后拉扯长大。康熙帝从小养成一个好的读书习惯，这要感谢他奶奶，这个习惯养成，一直到老。我说康熙帝之所以有过人之处，因为他有过人的思想；康熙帝之所以有过人的思想，因为他有过人的学习。你没看过的书我看过，你不懂的知识我懂，你没思考的问题我思考，你思考不深刻的东西我思考的深刻，所以我能领导你、驾驭你。

四是为国家、为事业，要读书。要把读书、修己与工作、事业相结合。我研究了很多人的历史经验，一个基本经验是善于学习。我讲一个故事，大家知道宋朝有个人叫赵普，是赵匡胤的宰相。赵普是武人出身，不大爱读书。后来赵匡胤做了皇帝跟他说，你要读书，治理国家需要读书。于是，赵普开始重视读书，制定了读书制度，每天下朝回家，先到书房读书，宋朝是未正时（14 时）下朝。他下朝回府进门之后，不到上房，一头钻到书房里，反锁上门，在里头读书，至少读一个时辰，或是更长。他把读书和工作联系起来，今天朝政发生什么事情，对照思考明天怎么应对。之后回到正房，再见夫人，喝茶吃饭。

有一天上朝，赵匡胤坐在龙椅上，宰相赵普拿着奏牍呈上。赵匡胤看完了以后就退给他，没批。第二天，赵普上朝还拿这个奏牍，奏上。赵匡胤一看，又退回。第三天，赵普上朝还是拿着这个奏牍，再呈。赵匡胤见他一而再，再而三，便生气了，当着赵普和众大臣的面，把这个奏牍撕了，往地上一扔。赵普跪着把这些纸片捡起来，退朝回家了进了书房，拿浆糊把被撕碎的纸片粘贴好，并同《论语》对照思考，第四天上朝又呈上。赵匡胤想，赵普怎么回事，一而再，再而三，这都第四次了，我看看吧。仔细看完后，就御批了。

赵普有一次推荐一个人升官，这个人能干、优秀，但赵匡胤就讨厌这个人，不投缘。奏章上去了，赵匡胤看完以后就退回来。赵匡胤退朝回后宫，赵普就在后头跟着。到了后宫门，赵普就不能再跟着走了，他就在门口站着举着这个奏章。太监奏报后，赵匡胤说让他退下。但他还举着，太监又奏，这时赵匡胤不高兴了，命他马上退下。他还不走，仍在宫门口举着奏章。又过了一阵子，赵匡胤说怎么他还没走，拿过来看看。奏折大意说，明君、贤君奖功，有功劳一定要奖励，要提拔，有罪要惩罚，不能以个人的恩怨和好恶来定这个人升降，建议皇上摒弃个人恩怨和好恶，对自己推荐的这个人要加以重用。赵匡胤接受，就批了。《宋史·赵普传》记载："（普）晚年手不释卷，每归私第，阖户启箧取书，读之竟日。及次日临政，处决如流。既薨，家人发箧视之，则《论语》二十篇也。"因此后人有赵普"半部《论语》治天下"之说。我觉得赵普之所以能这么做，一个重要原因就是不断用儒家的理论来完善自己，指导工作。

康熙帝也是这样的，如果他不读书，我想他不会成为千年一帝。大家知道治河，当时黄河、运河、淮河的交汇处，经常泛滥。他亲自派人，逆着黄河往上走，一直走到星宿海，回来走到黄河入海口。在康熙帝之前没有人对黄河全程考察，并画了图，写了书。他派很重要大臣叫靳辅，做河道总督。靳辅是非常著名的水利专家，他提出一个治理黄河泛滥的方案，简单来说，黄河不是淤吗？淤了就挖，挖了淤泥垫到河堤上，河床疏通了，河水入海。原来淤泥地，卖了钱治河，不要国家出钱。这方案应该是不错的，于是就拿到会议上讨论。

大家知道《康熙起居注》，现在出版了有52本。原档半在北京，半在我国台湾，导致两岸学者查阅很不便。这事怎么办？两岸都想出版，我就给做沟通工作，北京这边我找了中国第一历史档案馆的馆长，他说可以。台湾那边我找了台北故宫博物院的院长，他说行，没问题。由此达成共识，北京由中华书局出版，台湾由联经出版公司出版，并签了协议。后来碰到细节上的问题，比如纪年、署名等，未能共识，被搁浅了。但中国人有智慧，后来经商量，书的封面一样，开本一样，纸张一样，版式一样，装帧一样，统一编号。两岸用不同的纪年方法，在2009年出版。《康熙起居注》详细记载了康熙帝每天的起居言行，具有重要的史料价值。比如治河，在乾清门御门听政会上讨论靳辅的方案时，有个叫于成龙的人反对，并陈述理由。康熙帝没有压制一方或支持一方。双方在御前辩论，康熙帝静听。没有结果，下次再议。议了几次，意见不一。康熙帝命凡是在北京做官、家在沿河附近的官员，每人写一份意见奏上。结果两种意见，基本各占一半。这怎么办？康熙帝就派了官员下去调查。调查回来报告，还是两种意见，因为利益不同：一种意见，靳辅力主疏通河道，筑高河堤，淤出土地，计价出卖，得钱治河；另一种意见，于成龙力主深挖河道，河水入海，土地处置，富户得益。御前再讨论，还是不统一。经过一年多酝酿、探讨，康熙帝拍板支持于成龙的主意，并把靳辅的河道总督职务免了，让于成龙来做。经过几年，治河成功。康熙帝去视察，果然修得不错。康熙帝问于成龙，你是怎么修的？于成龙这个人还比较老实，跪下奏道：

臣治河取得一些成效，第一，因为圣上英明，不敢居功；第二，是臣到了现场后，知道深挖河道、海水倒灌，自己的方案不行，采用了靳辅的方案，所以取得成功。臣有罪。康熙帝命靳辅官复原职，仍做河道总督。

康熙帝把历代治河的书几乎都看了，自己又乘船沿着大运河，特别到关键河段，亲自考察，听取各种不同意见，反复研究，不断实践。有大臣“拍马屁”，说要把康熙帝治河指示出个集子，让世代都学习皇上治河经验。康熙帝说不行，因为此河跟彼河，此河此时与彼时，其治理方法不同，今年治河和明年治河方法也不同，这一段治的河和那一段治的河又不一样。他说如都照我的办法去治河，肯定不行，不能出书。

以上简单说读书、读史，下面简略说修身、修己。

历史上有三个人，大家比较熟悉。一位是宋代的文天祥，他说“人生自古谁无死，留取丹心照汗青”，就是人要有一个博大的胸怀，高尚的情志。另一位是宋代的范仲淹，他说“先天下之忧而忧，后天下之乐而乐”，这是中国士大夫的一个理想，一个追求，一个完美的道德观。最后一位是宋代的张载，提出“为天地立心，为生民立命，为往圣继绝学，为万世开太平”，意思是我的这颗心为天地而立，我的这条命为百姓而立，我们看书、著书立说，是为了继承孔子、孟子的绝学，实现天下大同的理想，要把古人优秀的思想接续、发扬下去。

康熙帝有个大学士叫张英，是耕读世家，从普通的一个农户家，通过读书，考中秀才、举人、进士，后来在南书房当值。张英的夫人姚氏是一品夫人，穿的衣服是洗了又洗，不仅褪了色，而且多次缝补。张英当宰相，过六十岁生日时，自己穿的棉袄、鞋都是夫人亲手做的。另外一个大官宦家的丫鬟有事情到张府，这个丫鬟，穿金戴银，花枝招展，到了张府，要找夫人。到上房一看，一个老太太，穿带补丁衣服，带着老花镜在做针线活，这个丫鬟想她肯定是下人，便说：“老婆子，你家夫人呢？”一品夫人把眼镜一摘看了看她，说我就是。丫鬟扑通就跪在地上。后来张家与邻居吴家，因房基地发生争执，夫人写信给先生，张英回信：“一纸来书只为墙，让他三尺又何妨。万里长城今犹在，不见当年秦始皇。”姚氏明白，主动让出三尺，邻居感动，也让三尺，这就是流传至今的安徽桐城“六尺巷”的故事。姚氏教子有方，儿子张廷玉官至大学士。张氏一门，前后六代十二位翰林、二十四位进士。

既要读书，更要修身。我经常看历史人物传，这让我有个感受，历史人物成功者少，失败者多。唐、宋、元、明、清，每三年一次京考，多者一次大概一万余人，录取少的时候七八十人，多的时候三百来人，金榜就贴在今北京市劳动人民文化宫门前的红墙上。上万人来考试，三百人左右金榜题名，大部分名落孙山。

人生的全面修养，要学会处理多种关系。冯友兰先生说人生有四种境界，即自然境界、天地境界、功利境界、道德境界。这里，自然与天地、功利与道德有重叠。我认为人生要处理四个关系，也可以说是成功的原因，概括为“四合”。第一跟天合，第二跟地合，第三跟人合，第四跟自己合。失败可以有各种各样的原因，归纳起来就是“四不合”，第一跟天不合，第二跟地不合，第三跟人不合，第四自己跟自己不合。因此我们一定要使读书和“四合”联系起来，与“四不合”对照一下，来修炼自己。下面我分开来讲。

第一，天合。这个天，可以从不同角度分析：有物理学的天（如讲天体、暗物质）；有气象学的天（如讲风雨、冰雪）；有儒家的天（如讲存天理、灭天欲）；有宗教的天（如讲上帝、鬼神）等。历史学研究的天，司马迁讲“究天人之际，通古今之变”的天，我认为主要指的是“天时”。从历史哲学来看，天就是“天时”。这个“天时”有个特点，就是“变”。《周易》说：“天行健，君子以自强不息。”天体在不停地运行，所以我们要自强不息。我认为，人跟天的矛盾是永恒的，人从生下来到离开这个世界，始终跟天不合，如果人生下来跟天合就用不着讨论这问题了。所以，人生在世第一个问题就要处理怎样跟天合。地位越高，职务越高，越得想法跟天合。关于天时，魏源说：“小天时决利钝，大天时决兴亡。”成大事一定要有大天时，做小事要有小天时，总之必须有天时。北京太庙是明朝时建的，用于祭祀明朝皇帝的祖先，朱元璋牌位在第一位。朱元璋从一个皇觉寺的小沙弥，怎么成为明太祖，在北京太庙里占头个位置？就是朱元璋碰上一个大的天时。后来清太祖把努尔哈赤牌位挪到这里了，如果努尔哈赤早生一百年，赶上明朝强盛的时候，即使他有遗甲十三副，想把大明如何，也是不可能的。所以，孟子说：“五百年必有王者兴”，这个五百年只是个概数。总之，要做大事业，必有大天时。

我们这些普通人，要活着，要做事，要先看天时。天，古人太重视了。天安门，明朝叫承天门；清朝北京叫顺天府、南京叫应天府、沈阳叫奉天府，都突出“天”。天时我们不可以改变，但我们可以借天时。我个人觉得，一个人聪明智慧，就是善用、借用天时。不要怨天，谁也改变不了天，要善于借用天时、利用天时、不失天时、不违天时。

前一段时间报载93岁的台湾国民党党史专家蒋永敬先生到大陆来，他说蒋介石为什么输了？一是，不得天时；二是，不得地利；三是，不得人和。我觉得他说的第一条不对，因为天时，对国民党、共产党是平等的，对蒋介石和毛泽东是平等的。蒋介石违背了这个天时，毛泽东借用了这个天时，打败了蒋介石，国共两党当时天时是一个，蒋介石、毛泽东天时是一个。违背了天时者就遭到失败，借用了天时者就获得成功。

第二，地合。全世界所有人，无论男人女人、白人黑人、中国人外国人，只要一出生，到离开世界之前，都离不开“地”。要充分研究“地”的特点，跟地合。这个“地”还可以借，即借地利。比如，有些家长把小孩送到美国去念书，借美国的地利，培养子女，学成回国，为民服务；外地小孩到北京上学，借北京的地利发展。

我开始学历史时，特别喜欢先秦史，读《十三经注疏》，读先秦诸子，读《史记》《汉书》，白天读，晚上读，读得“昏天黑地”。后来写了文章，请教中科院历史所杨向奎先生。杨先生问我为什么要研究先秦呢，他说研究先秦的优势在西安，而北京的优势就是研究清史，所以建议我改研究清史。改变研究方向很重要，我一个月吃不下睡不着地就琢磨这事，最终改研究清史了。我前段时间讲了一场主题为“大故宫”的讲座，就是借了北京的地利。从小到大，我去了无数次故宫，这为我讲“大故宫”打下了基础。如果一个外地人讲“大故宫”，肯定不会有这种地利。身在北京，未必知道北京的地利。因此我说每个人，包括孩子，将来的发展，一定要跟地合，借用地利。有些青年在北京，找不到适合自己的工作，可以试着换个地方。

第三，人合。小孩如果小时候一味宠着，长大后很难学会处理人际关系。因此家长一定要让孩子摸爬滚打，磕碰跌跤，来学会处理人际关系。摔也不怕，磕也不怕，无论在任何情况下都不要怨天尤人，凡是尤人的时候，一定是自己有问题。我们没有权利改变任何人，只能改变自己，调整自己。我常说，人合这个平台有多大，事业就可能做多大。你一个班长的平台，十几个人，你想统帅一个军，那不可能。你要做一个军长，要有军长的平台才可以。有些人就想当然，自己的平台很小，又想的事业很大，那肯定会到处碰壁。

第四，己合。修养己合，注意以下三点。

其一，生理平衡。我认为，人生下来之后生理就不平衡，所以今天胃疼，明天头疼，后天发烧。小孩生下来之后，一直到离开这个世界，生理始终是不平衡的，所以要经常地、随时随地来管理、调整、维持个人的生理平衡。我们平时忙工作，在单位当领导的，天天研究如何管理单位，而往往忽视自身生理各个器官的变化，疏于对自身的管理。有了病了去找医生，让医生来给你平衡。平衡好了又忘了，又不平衡了。俗话说“小不平衡上医院，大不平衡上八宝山”，我们很多可贵、可尊、可爱、可敬的劳模就是因为这个英年早逝。因此为了家庭、事业和个人，我们也要主动地平衡自己的身体，尽可能地做到生理的相对平衡，千万不要等到来不及了才去重视。

其二，心理平衡。长期心里郁闷是致病、致癌的重要因素，俗话说“心能治病，心也能致病”。那为什么有些人天天郁闷，其实这是一种思维方式。大家有时间看一下《易经》，我不赞成拿《易经》算命、看风水，《易经》最基本的道理就是阴和阳的变化。事情都是有阴阳两面，你看见阳这一面，它就是光明的，你看阴这一面，它就是郁闷的，如果你碰到事情只看黑暗那面，你肯定会郁闷。我们身边经常有碰到事情只看阴、不看阳的人，这是个修养，不是天生的。要看阳那面，每天都在乐观的生活。有次我开会跟 80 多岁的秦怡先生挨着坐，她脸上的皮肤又白又细，跟 30 多岁的年轻人似的。其实秦怡先生的生活苦难多多，她如果只看苦难那面，肯定活不了大寿，她就是老看光明那面，不畏苦难，才活出光彩人生。

我年轻时被下放到南口劳动，当时要挖直径一米五、深两米的果树坑，需要先把沙子挖出来，再把土填上，然后种上果树。当时是寒冬四九天，刮着北风，我却穿着背心还出汗。你们可能觉得当时我应该很痛苦，但我觉得这是锻炼自己的机会，练出了肌肉，就不觉得冷。任何事情都是有阴有阳，我们一定要慢慢地修炼自己，越在困难的时候越要看到阳的一面。在困难的时候要看到阳的一面，在得意的时候要看到阴的一面，调整心态，不断修炼，长期坚持，我们共勉。

其三，伦理平衡。我们知道士阶层是受道德规范约束的，如行为要站如松，坐如钟，行如风，一举一动，都有严格礼法。伦理的规范，待人接物的规范，就是修养。要树立高尚的道德、礼法、理想、志业，不断修炼自己。

一个人的寿命，除了先天因素之外，非常重要的就是己合。总之，人要成就事情，要完善自我，第一要跟天合，第二要跟地合，第三要跟人合，第四要跟己合。我们在读书与实践中，逐渐地修养“四合”，努力自我完善，以期止于至善。

⑬ 郑和下西洋的终止

赵中男

赵中男，辽宁沈阳人，北京大学历史学博士。故宫博物院《故宫学刊》执行主编，兼任北京大学明清研究中心研究员、南开大学博士生导师。长期从事明史研究及编辑工作，尤其侧重明代宫廷政治史、财政史及文化生活史。先后应邀在《百家讲坛》等栏目讲述明代宫廷史专题，多次参加台北故宫博物院、大英博物馆等国家和地区的国际学术交流活动。出版《宣德皇帝大传》等专著 4 部，策划并主编“明代帝王系列传记”12 种，发起并主持“明代宫廷史研究”大型科研项目，主编“明代宫廷史丛书”20 种，发表学术论文十余篇。

郑和一共七次下西洋，其中永乐时期六次，宣德时期一次。有一个情况大家可能不太了解，郑和下西洋最后是在正统时期彻底停止，但它最早的一次暂时停止不是在正统时期，而是在永乐十九年（1421 年），就是在永乐皇帝迁都北京三个多月之后，永乐帝下了一道诏书，里面写的就是暂时停止郑和下西洋。那么从永乐十九年到正统元年，中间的这十几年的时间里边还有一个反复。这是怎么个情况呢？

永乐十九年的四月，永乐帝朱棣下了一道诏书，命令暂时停止下西洋。在他第五次北征死在榆木川之后，他的儿子明仁宗朱高炽上台了，他上台发布的诏书是彻底停止下西洋。在下西洋这件事情上，朱棣是暂时停止，朱高炽是彻底停止。但明仁宗在位九个多月就去世了，他去世以后是明宣宗上台，就是永乐皇帝的孙子。明宣宗也遵照明仁宗的政策，停止下西洋。

但是在宣德六年到宣德八年期间，明宣宗又一次派郑和下西洋，这就是大家知道的第七次。此后明宣宗发布了一道诏书，也是暂时停止下西洋，但没有彻底停止。在正统皇帝上台之后，又采取彻底停止的政策，一直到明末也没有再派人下西洋。

表 1　永乐十九年至正统元年的“下西洋”政策

庙号	姓名	年号	政策
明太宗	朱棣	永乐	六次下西洋后暂时停止
明仁宗	朱高炽	洪熙	彻底停止
明宣宗	朱瞻基	宣德	先停止，后恢复（第七次下西洋），再暂停
明英宗	朱祁镇	正统	彻底停止

这个过程当中有很多事情值得探讨，应该说最早停止郑和下西洋的时间是在永乐十九年迁都后的一次的活动，跟这个事有最直接关系的是当年北京着的一次大火。迁都北京后，宫廷举行了相当隆重的庆祝仪式，在太庙、天坛都派了皇太子、皇太孙和皇家的一些高级人员进行祭祀。因为朱棣把首都迁到北京了，他觉得这是一项举世瞩目的壮举，自己很高兴，大臣们也很高兴。但是很不幸，三个多月之后突然一场大火，三大殿被烧个精光。这次大火很凶，而且传言很多。因为营建北京城不是在永乐十九年，这个动意很早就有了，永乐初期，朱棣的徐皇后在首都南京去世，不是在北京，但朱棣没有把徐皇后葬在南京，那个时候开始他就想在北京建首都，可见朱棣早就有迁都的想法了。

后来朱棣一边北征，一边指挥北京的官员，发动上百万的劳动力在北京建都，整个过程相当艰辛。大概在永乐十四年的时候，他基本上决定了要把首都从南京迁到北京。于是就开了一个简单的“座谈会”，名义上是征求意见，实际是走个过场，结果还真有人反对，反对的人都受到处罚，都被朱棣撤职了。所以大家就觉得皇帝名义上是征求意见，其实是他自己早就定了，谁反对谁就会受到处罚。

永乐十九年的这场大火，从皇帝到大臣都有了一种迷信的想法，认为这是上天对大明的惩罚。说你看早不烧晚不烧，建首都的时候摊子铺得非常大，三大殿之外是好多木工、建筑人员，甚至在周围起火做饭，但是建首都将近二十年，都没有发生过一起大的火灾，偏偏首都建成了，一把火把三大殿全烧了，这是个很奇怪的事。所以当时人们感觉到很害怕，朱棣为此就下了一道诏书明确地讲，一场大火着得不吉利，所以应该反省一下，希望大家对朝廷提意见，包括监狱里是否有冤假错案，是否有小人得志的事，是否有劳民伤财、浪费太多、对百姓赋役过重的现象，等等。

大臣们也觉得应该利用这个机会，把迁都的弊端特别是劳民伤财、好大喜功、对国家和百姓的损耗等说出来，于是大家就提了不少意见，有些意见还比较尖锐，结果这一提意见，朱棣很不高兴。朱棣在听到一些反对意见后当场就翻脸了，他说我当时迁都是征求过你们意见的，当时你们都说迁都好，现在可倒好，着了一把大火，你们又说迁都不好，你们居心何在！

朱棣发怒之后又发了一道诏书，这个诏书叫“禁谤谗敕”，大意是说我让你们提意见，但是如果你们借机攻击、诽谤朝廷，这是要治罪的！然后就把一个提意见比较激烈的人叫萧仪的给杀掉了。前一道诏书是让大家提意见，说迁都的问题和弊端，才过了没几天，又下一道诏书，说谁要攻击、诽谤朝廷，就要被治诽谤罪，要被杀掉的。而且，这个萧仪本来是响应皇帝的号召提意见的，结果皇帝说他是攻击、诽谤朝廷，把他给杀了。那么这里就有一个问题，什么是给国家提意见，什么是诽谤、攻击朝廷，这个界限不是由司法部门来定，而是由皇帝来定。皇帝说你是提意见你就是提意见，皇帝说你是诽谤朝廷你就是诽谤朝廷，皇帝有权杀了你，这就是明朝的皇帝——朱棣。

杀了萧仪之后，还有一批反对迁都的人被撤职，有的被关进监狱，这样一来舆论就变了，于是很多人开始批评那些提意见的人，随后朱棣就下了个命令，让争论迁都有什么好处或坏处的这些人跪在午门外对骂，其实这是对大臣的一种侮辱和惩罚。据记载，言官们说你们这帮大臣不中用，引导皇帝干这个事，劳民伤财；大臣就跟言官们说，你们都是白面书生，什么也不懂。这时朱棣派人去问老臣夏原吉的看法，因为夏原吉是户部尚书，相当于财政部长，迁都的很多情况都是他一手操办的。夏原吉说，大家根据皇帝的号召来提意见没有错，是我们这些人工作做得不到位，责任在我们，皇帝不要怪罪他们。朱棣一听心里很舒服，说好吧，让跪着的那些人都回家，等于说把大家给放了。

这个时候有人就埋怨夏原吉，说你怎么老糊涂了，这件事情本来我们都有意见，可以借机提一提，你怎么还自己揽责任呢？夏原吉说了一句很有分量的话：我们这些人跟着皇帝时间长，皇帝对我们也比较了解，说深说浅了皇帝不会在意，但是皇帝对那些言官不了解，如果这些人提意见提得比较激烈，皇帝要再发怒杀几个人的话，那损失可就无法挽回了。大家一听，认为还是夏原吉有度量，因此非常佩服他，这件事情算是暂时平息了。夏原吉为大家揽责任之后，朱棣允许大家继续提意见。

有个叫邹缉的官员，在上书里讲了许多迁都的危害，这里简单介绍一下。他认为，第一，消耗太大。建北京城由于需要征调劳力和材料，消耗相当大，几乎是无底洞，当时消耗的这些财力等于是坐吃山空，所以这是很大一个损失。第二，老百姓的赋役过于沉重。庞大的北京城建设，老百姓已经没有多少余力了，最后家里边不要说吃饭，连烧火的柴火都没有了，老百姓几乎没有活路了。第三，买办、科派的弊端。因为建北京城对建筑材料要求得相当多，而且相当精。比如大青，它是一种涂料，当时北京没有，老百姓要到出产地和一些市场去采买，当时不像现在，很多地方可以买到，当时是好多家凑足一笔钱，翻山越岭到很远的地方去买，甚至还要雇人运回来，这是买办。科派官员到哪个地方出差办事，他的花费一律要由当地来负担。营建北京城这么大一摊事，就意味着需要派出相当多的官员，而每一次出差几乎都是一次腐败的机会，是对百姓的一次搜刮。所以，光是跟营建相关的官员出差，就让很多地方的老百姓生活下降到温饱线以下，北京附近包括河南、山西、山东等地方，就因为营建北京城赋役太重，老百姓最后只好剥树皮吃。第四，买马、养马之祸。大家可能奇怪，营建北京城跟买马有什么关系？因为当时除了马没有其他的交通工具，而且北京附近需要防蒙古，有驻军和北征主力部队，军队使用的战马非常多，所以明朝需要大量的马匹。但是，除了军队有一部分战马之外，官府没有那么大的实力来养这些马，都得分给老百姓来养。老百姓自己要积攒一些财力养马，包括马草、马料，而且还要让母马生驹。如果把马养死了，或者没有按照官府的定额生出马驹的话，官府的处罚额相当大，往往是卖儿卖女也赔偿不起一匹马的费用，所以这也是老百姓很大的一个负担。

营建北京城筹集木材的过程比较庞杂。举一个例子，可能北京太庙现在还有这样两三个人抱不过来的金丝楠木大柱子，这是在云贵湖广一带的森林里砍伐的，恐怕至少有上千年的生长期才能长那么粗，而且开采相当费劲。首先有人进山采伐，一般来说是进山一千，出山五百，进去两个人基本得死一个。其次是运输，很多人把树砍倒之后，因为没有办法运输，只能顺着山滚到附近的河里边，再等河发水之后冲到大河里，然后再从大河运到运河，就是从杭州到北京的大运河。这个过程非常艰辛，而且危险性相当大，特别从山里往大河里边运的时候，因为没有很先进的运输工具，安全没法保证。只要哪棵大树一翻，被砸死的人基本都有几十甚至上百个，所以危险的程度相当大。另外，人们在山里边被毒死的、被蛇咬死的、被猛兽给吃掉的、运到运河途中被淹死的，更是不计其数。所以，这种木材的砍伐和运输是相当费力的。现在大概只有北京太庙和长陵的祾恩殿还有这种大柱。因此，从整个北京城营建情况看，花费代价相当大。

大家现在看北京是一个很雄伟壮观的首都，那么为什么当时很多人要反对迁都，提了那么多反对意见呢？有两个情况值得说明，一个情况是朱元璋建国后，他知道国家现在是战争结束了，应该走向和平建设，国家需要的是稳定，不折腾，因此朱元璋在洪武后期以稳定为主。建文帝登基之后，也基本上按照朱元璋这个路数，搞的是比较安定的和平建设，没搞什么大的工程以及消耗太大的活动。但朱棣靖难夺位上来之后，搞了八项规模空前的活动：营建并迁都北京、开大运河、建长陵、建武当山、建南京大报恩寺、派郑和六次下西洋、六次打蒙古（包括邱福）、四次打安南，这些活动每一项都是消耗非常大的。俗话说“好虎架不住一群狼”，这八项活动几乎同时并举，于是明朝的国力逐渐处于透支状态。另一个情况是明朝首都原来在南京，附近是中国东南富庶地区，是经济中心，物产比较丰富，可以就近支撑南京的宫廷消费，因此政治中心跟经济中心是在一起的。那么朱棣把首都从南京迁到北京，而当时北京附近并不富裕，而且没有丰富的资源，所以迁都等于把政治中心跟经济中心分开了。但是要维持北京宫廷的各种开销，就必须把很多物资从南方运到北京，仅仅是运输的费用就相当大。如果加上开通大运河的费用，等于说明朝又增加了一大笔负担。因此，这次反对迁都风波的出现，背后有相当复杂的社会原因。

经过一场大火和君臣一番冲突之后，朱棣基于大家的建议发了一道诏书，明确讲了暂时停止下西洋。所以，最早停止下西洋是在永乐十九年的四月，就是在朱棣迁都之后的三个多月。我们知道，一个庞大的船队，除了军队外，还需要很多维修船队的材料，因此，维持整个船队的开销相当大。当时全国是什么情况呢？南北战争不断，开运河、建首都、建长陵、建武当山，整个国家等于四面出击，负担相当重，已经无力再负担一次大规模的远航活动了，所以朱棣被迫停止做这件事情，但是他没有说彻底停止，只是说暂时停止。

永乐二十二年（1424年），朱棣在榆木川过世之后，明仁宗在他的即位诏书里明确规定：下西洋彻底停止，人员撤回来，东西也不再采买了，而且说得特别坚定。明仁宗跟朱棣比起来，为什么会有这么大的差别呢？除了国家消耗太大、百姓怨声载道、大臣反对迁都之外，就是朱棣在夺位战争的时候，大儿子朱高炽一直在北平，帮朱棣坚守他的老巢，二儿子朱高煦一直跟随朱棣跟政府军作战，有好多次朱棣已经打了败仗，朱高煦率领精锐骑兵把朱棣给救了，而且几次反败为胜。所以朱棣多次对他的二儿子讲，说将来我得了天下要立你当太子。朱棣上台之后想立老二当太子，但是最后还是被迫立了老大，就是后来的明仁宗。但是朱棣对老二很纵容，结果老二就一心想着夺位，自己当太子，甚至最后发展到在南京扩大自己军事实力，想跟朱棣来个南北朝，这等于威胁到他父亲了，所以朱棣被迫撤掉老二的护卫，把他发遣到山东乐安。同时，朱棣多次离开首都南京北征，留下太子朱高炽代替他处理政务，称为监国。但是，朱棣对老大朱高炽总是不放心，不断对他进行打击和限制，所以他们俩之间便有了恩怨。这样一来，不仅因为朱棣搞的南征北讨、迁都建陵等活动消耗太大，还因为父子俩的恩怨非常深，所以明仁宗即位后来了个“拨乱反正”，彻底停止了下西洋。

明仁宗在位九个多月去世后，他的儿子明宣宗即位。明宣宗开始也是宣布停止下西洋，但是到了宣德六年（1431 年）的时候，又一次决定下西洋。郑和第七次下西洋的时间是在宣德六年，宣德八年（1433 年）整个船队回来，历时大概一年半。那么为什么明宣宗不在宣德六年之前下西洋呢？可能有三个原因：第一个是明仁宗诏书的影响，因为在那个时代有一个非常著名的惯例，即前面一个皇帝干的事，如果没有极其充分的理由，后一个皇帝不能轻易否定，这叫“祖宗之制”。所以，明宣宗上台之后，他不能贸然否定他父亲明仁宗即位诏书里讲的彻底停止下西洋的政策。第二个是当时永乐皇帝搞的南征北讨、迁都建陵等活动消耗太大，整个国家国力处于超负荷状态，明宣宗即位时永乐皇帝去世不到一年，国家的元气还远远没有恢复过来，至少在宣德五年（1430 年）以前，整个国家处于一种恢复状态，没有实力下西洋。第三个是当时有一个非常重要的大臣叫夏原吉，这个人跟明宣宗关系非常好，当年明仁宗在南京监国，朱棣在北京建首都，朱棣跟太子朱高炽之间有矛盾，但朱棣特意安排很有经验的老臣夏原吉，来辅佐他的孙子朱瞻基，也就是后来的明宣宗，所以这个人跟明宣宗关系非常好。夏原吉是坚决反对下西洋的，所以只要他活着，明宣宗不敢轻易再下西洋。

宣德五年，反对下西洋的老臣夏原吉去世了，停止下西洋的明仁宗诏书的影响也逐渐淡化了，经过五六年的时间，明朝国力也逐渐恢复元气了，在这个情况下，明宣宗觉得条件差不多了，于是他又来了一次下西洋，就是第七次下西洋。当然这次下西洋消耗也非常大，国家也受到一定影响，因此到宣德八年整个船队回来之后，明宣宗也觉得那就暂时停止吧，最后也下了一道诏书。但是明宣宗还是想要继续下西洋，他并没有下诏书彻底停止，虽然他临死之前有一道诏书的内容是停止下西洋，但是据考证，这道诏书是在他病死时老臣们以他的名义发布的，不是他本人下发的诏书。宣德十年（1435年）明宣宗去世，他儿子明英宗的即位后下诏书彻底停止了下西洋。

有一个情况值得说明，就是为什么到正统的时候，大家一致要求彻底停止下西洋？这需要分析下西洋本身能带来什么。当时整个船队组建和维修的消耗非常大，据说有一个地方发现维修郑和船队的木料，这个木料规模相当惊人。当时两三万人的船队，二百左右的船只，其中大船有不到一百艘，小船就更多了，每次的规模可能不太一样，但是这个船队规模当时应该说是世界第一，加上还要不断地建造新的大型海船，因此，维持整个船队的费用相当高。此外，即使不算船员吃的东西，整个船队正常在海上用的东西也不得了，后来是根本维持不下去了。

还有一个特殊情况需要说明，郑和每次下西洋的船队，原来号称“取宝船”，就是朝廷派出去到各地搜取宝贝的船。郑和每一次下西洋之前，朝廷都从周边少数民族和民间搜集好多宝贝，让郑和带出去做国际贸易，实际上好多是白给人家的，根本不是跟人家交换。那么带回来是什么东西呢？大宗的东西是香料、胡椒和苏木。在当时情况下，香料在国际市场上还比较值钱，但是明朝弄的太多了，据说每次下西洋都弄回来几百万斤，加上其他国家长期进贡的，最后这类香料高达几千万斤，都在南京宫廷的库里储存。

一开始香料还是“物以稀为贵”，但后来时间长了这些东西也太多了，在市场上就不值钱了，朝廷没有办法销出去，因为中国本身没有那么大的消费市场来购买这些香料。这时候就有人出了个“馊主意”，让朝廷拿着香料当工资，发给官员和军队。据说永乐帝朱棣采纳了这个主意，大概是在永乐十九年，也就是迁都前后，明朝开始正式拿香料当工资。一般的南北两京官员、军官包括一些贵族，他们的工资一部分是宝钞，即国家发行的货币，很小部分是米一类的实物等，还有一部分就是这种香料，是政府硬拿它当工资强行发给这些官员的，有时香料的比重还很大，甚至超过一半。

当然，开始的时候大家都说香料是高级奢侈品，有多种功用和好处，但后来发太多了，大家也卖不出去，根本没人买，即使家里边用香料来

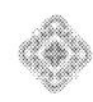

做饭、做药材，也用不了那么多。而且很多官员干了一辈子，拿回来的工资里，宝钞虽然不断贬值，米一类的实物虽然很少，但多少还算有点用处，可是香料就没有什么用，香料发多了养家糊口都成问题。因此很多官员就恨这个香料，大家觉得香料坑害自己不浅。香料是怎么来的呢？绝大部分是郑和下西洋运回来的，几千万斤堆在南京没有办法销出去，朝廷或者说皇帝才把这个东西硬当工资兑给文武官员、军队，因此大家自然就把怨气转移到郑和下西洋身上。

朝廷拿香料当工资一直到什么时候才发完呢？是成化七年（1471年），中间正好五十年。这五十年里，南北两京几乎所有官员的工资里有很大一部分是香料。当然有时多点，有时少点，有的人多一点，有的人少一点。但是不管怎样，香料作为工资一直发了五十年，因此凡是领过香料工资的官员，不但恨政府发香料，更恨运回香料的下西洋之举。

其实明宣宗恢复下西洋，没有像他父亲那样全面停止，背后还有一个原因，那就是他与父亲朱高炽，跟明太宗朱棣的关系不完全一样。明仁宗朱高炽因为在立太子和监国南京的问题上，跟他父亲朱棣矛盾比较突出，个人恩怨比较大，所以他上台之后就坚决反对下西洋。但是明宣宗不一样，明宣宗是朱棣的孙子，不仅祖孙隔代亲，朱棣确实非常喜欢这个孙子，而且二人之间也没有像朱棣和朱高炽那样的矛盾和恩怨，因此明宣宗和祖父朱棣两个人在感情上更为接近，性格也很像，很多认识比较一致。因此明宣宗上台之后，没像他父亲那样全盘否定明太宗朱棣。

这里可以举一个例子，比如北征，朱棣五次北征打蒙古，最后死在回师途中了。明仁宗上台后作了停止北征的决定，而且把北征的将领调回来之后，一个一个派到延边的各个边镇，说你们就驻守到这儿不用去打了，只要敌人来把他撵走就是了，你们也不用追，这样一来咱们省事，就不用像以前那样打很远，最后军人饿死冻死的非常多，国家消耗也很大。可是明宣宗上台后虽然没有继续北征，但是他三次率领部队到边地去巡逻，而且真有一次，趁着一小股蒙古部队来袭扰，他率领三千军队来了一次出击。可见他的做法不完全是按他父亲守边政策，也不完全是按他祖父那样几次率领大军北征，而是介于他父亲和祖父之间。

还有在建都北京的事情上，明仁宗上台之后，由于当时营建北京城的消耗非常大，并且北京作为政治中心，当时是远离中国的经济中心，明仁宗觉得是舍近求远，不应该这样，所以他下了一道诏书，把首都再迁回南京去。这个命令下了，并且已经派了一帮宦官在洪熙元年（1425 年）年初左右去南京，他告诉这些宦官，你们回去给我收拾出一些能住的宫殿就行，我开春之后就回去。当然最后他在洪熙元年五月就去世了，没有来得及回去，但他确实下令把首都迁回去。明宣宗上台后并没有执行他父亲回迁首都的决定，为什么呢？原因很简单，如果明宣宗把首都迁回南京去，等于否定他祖父朱棣的决策了，朱棣是把首都从南京迁到北京的。但如果他明确讲，我不回迁首都了，我就定都在北京，又等于否定他父亲朱高炽的决策了，因为朱高炽是下令把首都再迁回南京去。而明宣宗朱瞻基这个人，既对他祖父很有感情，又对他父亲很有感情，他没有他祖父和他父亲之间的那些矛盾，所以他的很多做法是在祖父和父亲之间找平衡，比较折中。

不过明宣宗是直接从他父亲那儿继承的皇位，而且他父亲很多做法是当时的客观形势决定的，不是脑门一热决定的，因此明宣宗的很多做法基本跟他父亲一致。下西洋这件事情也是这样，明宣宗在宣德六年以前没有下西洋，宣德六年到八年就下了一次，而且这一次还付出很大代价，最后郑和也死在途中了。所以明宣宗在最后下的诏书，也是暂时停止，但是明宣宗去世以后，大臣们借他的名义，把下西洋彻底停止了。而且停止下西洋这件事情，其实是与明宣宗生前很多奢侈腐败活动联系在一起的，所以明宣宗一死，辅政群体三杨老臣也包括张太后、宦官王振在内就借这个机会，彻底停止了郑和下西洋活动。

这里有个情况需要说明，就是郑和下西洋到底是赔得多还是赚得多？有人觉得是赚得多，因为郑和每次回来带那么多东西，不可能是赔得多，赔得多就没人再干了。但也有人主张是赔得多，为什么？因为郑和下西洋不是一两天的事，他每次出去的时候，国家要做充分准备，除了船队维修之外，还要下令南方一些公家和私人手工业基地，制作大量精美的纺织品、瓷器等工艺品，还要派大批的宦官和官员到许多地区包括周围的一些少数民族地区，搜刮好多当地的特产，包括些珠宝、好玩等，这些东西相当多，国家基本算白拿，或者给很少量的钱。然后拿着这些东西作为资本，再到沿途各国去，跟这些国家交换，但绝大部分是白给、白送，以显示明朝是天朝大国。对这些国家的慷慨大方，换来的是它们对明朝的承认和尊重。其实承认和尊重都是暂时的，据记载，下西洋的船队到一个国家，给这个国家的国王和贵族好多东西，于是他们便说明朝是天朝大国、永乐皇帝很伟大、我们对明朝很尊崇等。但郑和船队一走，这些人的脸马上变了，他们说自己的国家才是伟大的、了不起的国家，郑和是永乐皇帝派来朝拜我们的，不是我们要朝拜他们。

还有一个情况需要说明，就是尽管郑和下西洋从外国带回来不少好东西，但是这些东西不是货币，绝大部分也都是像出去时候带的一样，是一些金银珠宝和外国的特产，包括一些珍禽异兽等这些中国少有的东西。这些东西带回来之后，由于当时中国社会对这些特产没有什么需求，因此没有办法把这些东西在市场卖出去换成钱给老百姓，或者给南征北讨的部队发军饷，或者是换成营建北京城、长陵等工程消耗的建筑材料。

既然下西洋带回来的奢侈品、特产无法出售，绝大部分也都留在宫廷里，被皇帝、后妃、太监这些人挥霍掉了，还有一部分赏给了藩王等人，对国家和老百姓没有任何好处。因此，每次下西洋走的时候带出去一大堆，回来的时候带回来一大堆，时间一长就造成一个恶性循环，去的次数越多消耗就越大，带出去、带回来的东西不是给了外国人就是给了宫廷里，对于整个国家来讲基本上是得不偿失。这样一来，当时很多人就看明白了，这个活动再进行下去，对国家是非常不利的，对百姓也相当不利，仅仅对宫廷有利。

到了成化七年（1471 年）的时候，大概在郑和下西洋停了三十多年之后，宫廷里边很多郑和下西洋带回来的宝贝也都用得差不多了，有个宦官就告诉成化皇帝，说这么多年过去了，当年郑和下西洋运回来的珠宝也消耗差不多了，香料也没了，皇上您是不是再派人，像郑和下西洋一样，再到海外去弄一些珠宝来。成化皇帝当时同意了，说这件事不错，咱们找人干，于是就找了当时兵部车驾司的郎中刘大夏，也是明朝中期很有名的大臣，让他去安排下西洋的事。不料刘大夏坚决反对，他说了很有名的一番话，他说郑和下西洋，耗费钱粮数十万，军民死了将近一万人，每一次“纵得奇宝而回，于国家何益！”就算是得到那么多的宝贝特产带回来，对国家有什么用处呢？“此特一弊政，大臣所当切谏者也。旧案虽存，亦当毁之以拔其根。”他说得非常坚定，下西洋就是一个弊政，作为一个大臣，我的职责就应该向皇帝建议停止这件事情，下西洋的一些航海资料现在虽然还有，但是也应该把它们都销毁，把这件事情彻底根除。

这话说完了之后谁也没有说话，而且当时的兵部尚书（相当于国防部长）项忠，他马上从座位上走过来给刘大夏还行了个礼，说你敢说这样的话，然后指着他自己兵部尚书的座位说，看来我这个座位不久就应该你来坐了，后来刘大夏果然当了兵部尚书。从刘大夏的情况就可以看出，他对郑和下西洋的弊端以及对社会百姓造成的损失看得特别清楚，因此他是坚决反对的，并且他的意见还得到了上层官员的支持。在刘大夏等人的坚决反对之下，宫廷内外没人再提下西洋这件事了，明朝后来再也没有下西洋。

当然，郑和下西洋本身是中国也是世界航海史上的壮举，把明朝的影响扩大到世界范围，特别是航海沿线涉及的范围相当大，因此具有很大的积极意义。但是它的弊端确实非常大，表现在对国家和社会的消耗，后来被迫停止。下西洋的停止经历了一个过程，从永乐皇帝到正统皇帝，暂停、停止、恢复、再停止，可以说一波三折，它的停止是有非常深刻的社会原因的，这应当引起我们的反思与借鉴。

14 漫谈国学的人生智慧

魏润身

魏润身，男，首都师范大学文学院副教授，中国作家协会会员。短篇小说《私情》获首届长城文学奖；短篇小说《血沁》获第四届十月文学奖；中篇小说《挠攘》获第五届十月文学奖、建国45周年佳作奖；短篇小说《风骨》获当代文学奖；短篇小说《顶戴钩沉》获当代征文提名奖。出版中短篇小说集《血沁》《素琴无弦》《自残》及长篇小说《宫廷洋画师》《天缘》等十余部。著有《小说创作论》及大量论文、散文、随笔，共计500余万字。

到底什么是国学？经史子集、诸子百家、唐诗宋词、古文观止等都属于国学，都是中华文化的精华，因此国学的定义与范畴让人很难界定。其实中华文化源远流长，我认为，只要对我们今天的现实生活有指导意义、相对于西学而言的文化，都应当称为国学。这个名词本来就是在清末民初诞生的。

这些年来，全国掀起了国学热，从老人到孩子都在学国学。多少学校一开学，校长带领着全校的学生三跪九叩拜孔子，还让学生穿起了清代以前各个朝代的所谓的"汉服"，戴上古人的帽子，老师也全副武装，只剩下牙齿。更有意思的是，有的讲座搞成老师在那儿盘腿打坐，让学生也盘着腿的形式，说这是让当代学生磨炼意志的方法与途径。

这些形式的东西，其实忽略了国学的根本。就如刚刚提到的"盘腿坐"，两千多年以前，国人接待客人的时候并不是盘腿坐，而是跽坐，什么叫跽坐？就是双腿跪起来，然后臀部坐在脚后跟上。就是说凡是在客厅里接待客人，或在家里人们吃饭的时候，也并不是盘腿，而是跽坐，是非常讲规矩礼仪的。中国自古是礼仪之邦，所以古人的跽坐延续了很长很长的时间。

古代为什么叫席地而坐？因为要铺席子，实际上是因为当时就没有床，没有凳子，更没有椅子。两千多年以前，中国人大抵都是坐在席子上。礼貌的坐法就是跽坐，而不是我们今人理解的盘腿而坐，是你的屁股坐在你的小腿和两个脚后跟上，就这么接待客人或参加一些礼仪活动。必须要明确，跽坐是跽坐，盘腿是盘腿，跪着是跪着，这是三种不同的坐法。

因为坐的方式是如此，人一坐那儿就矮了。到了什么时候才慢慢地提高了坐姿？东汉末年，因为胡人来到了中原一带，他们把胡服骑射带到了中原地区，胡服骑射是游牧民族的马上功夫。与此同时，他们把非常重要的一件东西——“胡床”传了进来。今天我们也照样能见到胡床的影子，它就是我们用的折叠起来的马扎。汉族人最早坐的凳子就是马扎，马扎传到中原使人的坐姿提高了。一直往后延续了很多年，真正到了唐代，才出现了凳子和椅子。凳子坐着还不够舒服，自然又开始有了靠背，继续舒服下去两边就加上了扶手，所以椅子出现了。坐姿的改变，实际上引发了人类坐具的一系列的变化。

什么变化？原来是坐着吃饭、坐着聊天、坐着待客，我们说的是叫跽坐。因为坐得矮，古代的饮具和餐具装东西不能太浅而得高，所以锅、盆都带腿，水壶是高装的，水杯是高装的，酒杯得有脚。这一切皆源于坐姿太低，生活用具太矮了，为了方便才让许多器皿长上了脚。

随着坐姿的改变，从坐马扎到坐椅子，人们开始上桌吃饭。大家看看古代的家具，都是很矮的几案，因为古人的坐姿跟我们不一样。从马扎到椅子不断地变化，就使得中国家具当中的桌子也发生变化。一在桌上吃饭，那些器皿也就跟着变化了。自唐宋以来，不管是铜器还是瓷器，为了增高的那些脚和腿便都消失了。因此“钧汝官哥定”，这五大名瓷有大瓶大罐，但它底下都没了脚，因为坐姿提高了，才使家具器皿随之而变化。

在唐代，人们把两只脚能够舒舒服服放下来的时候，也就是我们现在的坐姿，桌子上用的器皿也随之发生变化。古代因为跽坐不方便，器皿为了增高而带腿，因为不方便而变成分餐制。后来有了椅子和桌子，人们吃东西的时候方便了，就变成了合餐制。到有了八仙桌之后，人们推杯换盏，就更得合餐了。我们现在又主张分餐是因为健康。这历史的渊源与历史的变迁，充满了文化。

由于我们坐的姿势变高了，家具变了，器皿变了，窗户的高度也变了。历史就是从这些细微处发展过来的。这不就是我们熟知的生活吗？今天我以此为引子，就是要告诉大家，我们不要一听“国学”二字，就想象它是何其的博大精深，阳春白雪。其实，它跟我们的生活非常贴近。

现在各国领导一上哪儿访问，就会有报道说某某元首在什么饭店、什么庄园下榻。我们就想，好家伙，咱们叫住宿，人家叫下榻！下榻是什么意思？为什么叫下榻？是因为床榻本来也是很矮的。古人的榻常常是席编的东西，那么榻本身绝对不沉，就像我们用的一片席一条褥子一样。古人睡觉铺上榻，起床之后又得利用这空间，就得把这榻收起来，挂到墙上去。那么晚上睡觉把榻摘下来，铺在地上就叫下榻了。这些见解，都是马未都在收藏文物的过程中研究出来的。现在很多人热衷收藏，不外乎挖空心思要赚钱，哪里想到其间蕴藏着无比丰厚的历史知识、文物知识、进化知识、科学知识。其实，这不都是学以致用的国学汇总吗？

下榻，听着多高雅多高贵，其实是打地铺来的，都是席地而坐、席地而睡衍生出来的，我们学习国学就不应当死记硬背单纯的知识，而要使思维回旋起来、发散开来。如此才能自然地联想到，单纯的坐姿、坐具的演变，又不断引发出等级地位的尊卑关系。最早古人跽坐的时候，皇帝也跽坐，跟臣子一样。因为是席地，那时候坐姿是平等的，王与民也就没有特别悬殊的区别。但是，随着社会的发展，坐姿提高了，最重要的是提得更高的是王者的坐姿，尊者的坐姿。所以，谁的权力大，谁坐的椅子就高。宋代程朱理学把封建推向了极致，到了明、清，看一看故宫里的太和殿、中和殿、保和殿里皇帝的宝座，摆放在高高的御台上，要多高有多高，下边的人早都不是坐着了，而是变成了另一种姿势——跪着。

正因为皇权越来越大，皇帝就越坐越高。那些满蒙王公、封疆大吏谁见过光绪和强势的慈禧长什么样？我在上海电视台的《文化中国》讲过 15 集的李鸿章，李鸿章被慈禧单独接见过好几次，但是李鸿章说过一回慈禧长什么样子吗？哪位官员敢抬头看一眼慈禧？没听说。西洋摄影家为国人留下慈禧的一些照片，知道慈禧长什么样的反倒是今天的我们。这就是皇权的厉害，皇上君临天下，你站着都得低头，跪下更不敢抬头看，高高在上的龙椅不断强化了中国人的奴性。

我从坐姿又讲到国人的奴性，这不是文化是什么？我们讲国学也要平等。马克思主义认为，人就是一切社会关系的总和，人就是社会，人就是国家。国学也是人学，一切要以人为核心，这样国学才有内容，有意义，而且最重要的是人人都是平权平等的。

《红楼梦》《三国演义》《水浒传》《西游记》它们也算国学吗？照样算。有人认为小说不是国学，诸子百家才是国学。那么诸子百家讲的什么？是伦理道德，是哲学理学。除了这些题材外，其他题材的又都算什么？还是开头那句话，国学的范畴谁也难界定。

面对我们的国学，国人不能膨胀，为什么？因为诸子百家、经史子集等中国古代的所有文化，没有一种思想成为真正的世界性的信仰。中国人的信仰是什么？三大宗教都不是我们中国的。所以，在国学面前，我们要客观、平静、清醒。

今天我要跟大家讲的，是一点儿人生的智慧。它距离我们很近，对我们的生活很有用。都不是博大精深的，不外是生活中的小常识、小故事。

民国初年，有一个妇女死了丈夫，她想改嫁，离开夫家。夫家就是不同意，并要求她守妇道、遵妇节：你得在这儿守孝，怎么丈夫刚死就想改嫁呢？不行。那时中国刚有了法院和律师，这位寡妇跟一位律师诉说了她坚决要改嫁的理由之后，律师就给她写了八个字的诉状——夫死无嗣翁鳏叔壮。夫死：丈夫死了；无嗣：没有子女；翁鳏：老公公成了鳏夫；叔壮：小叔子也长大成人了。

看看这个律师给这位寡妇写的诉状好不好，理由充分不充分？说女人的丈夫死了，没有子女，公公是个鳏夫，还有一个长大成人的小叔子。这个律师特别聪明，特别智慧，他要告诉世人，这个女人如果非得守在婆家，无时无刻必须面对的是两条汉子，还能待得下去吗？所以我们说，这个律师给她写的诉状充分体现人生的智慧。律师要为女人争取自由，要

想打赢官司，这诉状该怎么说怎么写，怎么做到言简意赅、有理有力有节，靠的就是人生的智慧。

人生里，我们有多少时候是幸福、快乐、愉悦的？在一生大部分的时间里，我们的感受着什么？怅惘、迷茫、失落、痛苦、空虚、郁闷、苦恼、遗憾、困惑……我们有多少真正开心的时候？编纂《三言二拍》的冯梦龙说过一句很有哲理的话："不如意事常八九，可与人言无二三。"人生中十有八九件的事情都不如意，不顺心，甚至让人堵心，真正高兴的事情有多少？每每于此，憋在心里难受，又都渴望跟别人倾诉。可是，真正要掏心窝子的话，要寻找诉说的对象太难了。因为找不到你最信任的一两个人，让你肯把自己的难言之隐掏给他。内心最苦痛的东西，每个人都有，但是都无处倾诉，这就是我们的人生。要不怎么都说"一家一本难念的经"呢！而这经，谁又轻易愿意说给他人，毕竟家丑不可外扬啊！

人生里，我们一定要有开阔的胸怀，要有乐观的精神，去面对诸多的麻烦与无奈。在生活中我们还会常常遇到被欺负、挤兑、侮辱，甚至于被诟骂的情况与遭遇。在被诟骂的时候，我们又该怎么办呢？我可以告诉大家，不理睬是办法之一，但也可以回击并痛击。鲁迅先生说：乐则大笑，悲则大叫。鲁迅的一生就是这样，手里永远是投枪和匕首，从来不窝窝囊囊地活着。我们也未尝不可学学鲁迅，别老活得憋憋屈屈的。本来我们就那般的不舒畅，那般的不愉悦，该"骂"的时候也可以"骂骂"，"骂骂"对人的身心都有大益处。

只不过，我今天讲的是人生的智慧，可不是提倡骂人，谁骂我我就骂谁，我就得跟他对打对骂，那就大错特错了。

"骂人"是有艺术的。有人说"骂人"怎么还有艺术？是的，绝对要艺术地"骂"，才保持了尊严，捍卫了名誉。大家都熟悉"晏子使楚"的故事，齐国的晏婴到楚国去，楚王骄横无礼，在大门旁开了一个小门。因为晏婴的身材矮小，所以楚王让人挖了一个小小的狗洞，让晏婴从狗洞钻进去。晏婴面对楚王这般的侮辱怎么办？他不进，晏婴说："只有狗国才挖狗洞，而我来造访的是堂堂楚国，你们到底是楚国，还是狗国呢？"

对于这样的反击，楚王傻了，毫无办法。晏婴堂堂正正地从正门进了楚王的宫殿。进去之后刚一坐下，楚王手下的人五花大绑着一个人进来说："报告大王，我们抓着一个人，是个罪犯。"楚王说："抓着什么人了，他怎么了？"下人们说："他是个小偷，偷东西的盗匪。"楚王说："他是哪儿的人，打哪儿来的？"下人们说："齐国来的。"晏婴不就是齐国的使臣吗？这个时候楚王就跟晏婴说："哎哟，你们齐国专出小偷啊，原来千里迢迢上我们楚国偷东西来啦？"面对着这样的侮辱，这不就是"骂人"吗，这不就是赤裸裸的指桑骂槐吗？在生活当中，我们也经常会遇到类似的麻烦，遭到这样的侮辱，那么我们应当怎么面对呢？

我们看看晏婴怎么面对。他说，橘树在江南生长，至江北为枳，要把橘子移栽到江北来，它就不是橘了，它的名字就叫枳，橘和枳的枝叶都一模一样，但是它们的根本区别在"其味不同"，就是枳结的果实又酸又涩，而橘树结的果实异常鲜美。他最后一句话的四个字是"水土异也"。言外之意就是说，我们齐国人本来都品德高洁，循规蹈矩，诚实守信，为什么一到楚国就变成了小偷？一方水土养一方人，正因为你们楚国是出贼的国度，我们齐国人来到你们的楚国，好人也跟着楚国的风水变成贼了，近朱者赤，近墨者黑，在你们楚国得到了最好的印证！看看晏婴把楚王"骂"得多解气。但是，这种"骂人"没有就事论事，没有怒目圆睁，这才叫四两拨千斤呐。

接着又是一个回合。楚王见晏婴身材矮小，他说了一句"齐无人也"，即你们齐国没人了是怎么着，派你来了，怎么连残疾人也来当使臣？晏婴一听马上接着说，我们大王"使贤者使贤王""不肖者使不肖王"，即齐国派有德行的使者造访有德行的国君，派那些没德行的使者造访没德行的国君，接下来他又说"婴不肖，故使王尔"，即因为我这个人没德行，所以我就出使到堂堂的楚国见您这位国王来啦！

我给大家举了这样三段话，晏婴一句都没有跟楚王对骂，顾左右而言他，"醉翁之意在于茶"，实际上把楚王"骂"了个狗血淋头。第一你们楚国是狗国；第二你们楚国是贼窝；第三你这个楚王最缺德。狗国、贼窝、缺德，这就是晏婴对楚王侮辱、凌辱自己的"迎头痛击"，可是一个脏字都没有，更别提唇枪舌剑、针锋相对了。真了不起，在生活中我们遇到这种情况，能如此的气定神闲、心平气和、从容不迫吗？常常是对方骂我，那么我立刻就要升级，立刻便要回骂。谁能做到晏婴这样？晏婴既维护了齐国和自己的尊严，也对楚王进行了最有力的回击，关键在于他的人生智慧。

我们最起码在影视中见到过“破口大骂”这种情况，其实这是一种特别愚蠢的行为。在生活中，即使你有一半的理，或者 80%、90%、100% 的理都在你手中，不管你受了多大的侮辱和委屈，你也千万别骂人，骂人是不文明、缺少修养和人生智慧的表现。而且，你只要粗脖胀筋、暴跳如雷地开口骂人，本来你有理，也变成了没理。可能我们从来没想过这个问题，因为从心理学的角度去分析，作为正常的人，绝对是先从情出发，后才想到理。如果不是这样的话，我们为什么总说“情理”，而从来没说过“理情”呢？

为什么说我们首先要站在情上而非站在理上去领会？皆因人一旦失去了情，即便你有理也会变得没理。大家都知道《窦娥冤》，我们不说故事情节了。窦娥太冤了，所以才演绎出“六月雪”，连老天爷都为她漫天飞雪、披麻戴孝。

“窦娥冤”也被称为“六月雪”，实际上是我们现在的阳历七月。而七月是仲夏，从自然规律上来讲，七月天空的云层可以骤冷，鸡蛋大的冰雹有人见过，但是雪是下不来的，为什么？即使是七月的骤冷凝聚成雪花，因为太轻，飘飘悠悠，雪花一下落就化成雨滴了。所以，阳历七月不会下雪也下不了雪，它是符合自然之理的。人类在心理上也完全认同这样的道理，但是《窦娥冤》偏偏让老天爷在七月下雪了，这是为什么？

从科学上说，阳历七月不应该下雪，从人的心理上讲，照样也不认为阳历七月会下雪。但是人们却偏偏认为《窦娥冤》中的这场雪下得好，下得感天动地，因为它占据了人们的情感领域，人们都倾向窦娥、同情窦娥，才觉得“六月雪”下得好，也就是说因为有“情”，本来不可能的事情，却变成了可能。

我们再看《白蛇传》，《白蛇传》中的白娘子原来是由蛇变成的。首先，从自然科学上讲，蛇不可能变成人。其次，从人的感情出发，有多少人喜欢蛇、专爱玩蛇的？不喜欢甚至于惧怕的人肯定是多数。但是人们心里偏偏向着白蛇变成的白娘子，这是为什么？因为对“白娘子”注入了“情”，因为有情，所以心动。

我们常常说“动之以情，晓之以理”。如果从情上不打动你，你不会倾向于白娘子。这就是文学作品，虽然它夸张了生活，但它却赢得了读者和观众。所以在生活当中不管你多有理，你都别骂人。因为有情便有理，无情便无理，合情便合理，悖情便悖理。我们常常说“通情达理”，感情通达了，那就能抵达真理，抵达道理。逆情则悖理，悖逆了人们的情感，有理也站不住脚。所以说在生活当中，当我们需要“骂人”了，得讲究怎么个“骂法”，该“骂”的时候可以“骂”，但“骂人”是需要讲究艺术的。反之，由着性子的浑骂胡骂绝对会适得其反。

大家知道梁实秋吧？他谈到过“骂人”的艺术。

第一，他认为“骂人”要挑比你“大”的人物“骂”，而且要比你“坏”的人物“骂”，你就“骂”对了。

第二，梁实秋提出，“骂人”不要连珠炮般地骂，智慧者只在紧要处，于咽喉处着刀。不断升级的对骂一点水平都没有，关键时刻轻描淡写地“骂”一句，“骂”在点子上就结了，千万不要升级对骂。

第三，“骂人”的方式，梁实秋讲“骂人”一定要从容镇定，也就是气定神闲，千万不要粗脖胀筋，不要暴跳如雷，暴跳如雷式的骂人非常危险。年轻人常常因为打架、激动、骂人，突然心梗死亡了，更别提上了年纪的。有人活到八九十岁，能够健康长寿的原因是性格温和，不急不躁。为什么青壮年人心脑血管的发生率、致死率越来越高？是因为容易情绪激动，心理失控。因为骂一句人而丢了生命，就太不值得了。

汉代的经学家马季长，把他的小女儿嫁给一个叫袁次阳的文人。新婚之夜，袁次阳对马小女说：“弟先兄举，世以为笑；今处姊未适，先行可乎？”他这话的意思就是说，在一家人当中，如果弟弟比哥哥先中了举，先当了举人，这样就会被别人耻笑，哥哥没考上，弟弟却先考上了，哥哥多难堪呀。现在你姐姐还没嫁人呢，你怎么反倒先嫁给我了？你不觉得害羞吗？大家听听，新婚之夜本该何其甜蜜，他却出了这么一个问题，这不是成心难为妻子吗？

在封建社会，不管男人娶妻还是女人嫁人，统统是父母之命，媒妁之言，不管男人女人，谁能自己决定自己的婚姻命运？男女在婚前都从来没见过彼此，没想到袁次阳说出这样让人难堪的话来。马小女该怎么办？她应该怎么回应丈夫这刁钻的挑衅？——你姐姐还没出嫁，你怎么就先嫁给我了？

马小女非常人也。她是这么回答丈夫的："妾姊高行殊邈，未遭良匹，不似鄙薄，苟然而已。"她这句话的意思是，我姐姐秉性高洁，至今也没遇到能与她匹配的好男人。而我呢，跟我姐姐就没有可比性了。我这人呐，目光短浅，苟且偷生，得过且过，要求极低，随便凑合一人嫁了就得啦！瞧瞧这小女子的几句话，把袁次阳噎得喘不上气说不出话。袁立时对马小女肃然起敬，觉得自己娶的这位夫人太不简单了，从此两人相敬如宾，度过了他们幸福的一生。

这故事说明了什么？实则马小女在"痛骂"她丈夫呢，你挤对我，我就"骂"你。怎么"骂"你？低声下气地"骂"，表面上都说自己不好，实际上"骂"你呢。所以我们说"骂人"的时候，要掌握住"骂人"的要领，选择好"骂人"的方式，拿捏好"骂人"的分寸，这是人生的艺术、更是生存的智慧。

但是，我们在生活当中却常常做不到这一点，经常会绷不住、管不住、控制不住自己。你虽然没搬板凳，没上墙头，但是你一定要就着对方骂的语气语势来回击。这样真的很愚蠢，你既骂不服对方，而且对自己的身体还有极大的伤害。我们先不说别人会怎么看你，我们说需要"骂人"的时候你可以"骂"，但关键要讲究"骂人"的艺术与方式。

德国的大作家歌德，有一次在花园里散步，在一条只能一个人通过的小路上，迎面走来他的死对头，一位所谓的文学批评家。那个人向来看不起歌德，俩人面对面地走在一条只能通过一个人的小路上，这真叫"冤家路窄"了。歌德见他挺胸叠肚气势汹汹走过来，赶紧侧身紧紧地贴到后面的墙上，让对方从这条小路上过去。没想到这位批评家哐哐哐地从他面前走过，回过头来站定骂他说："我从来不给蠢货让路！"而歌德呢，只微笑着淡淡地回了他一句："我呢，正好与您相反。"根本不骂人，一句"我正好相反"，也就是专门给蠢货让路，"骂"得多轻巧、多解气！

20世纪60年代，周总理到国外访问，一位外国记者问周总理，说你们中国人为什么管人走的路叫马路，你们不都是人吗，为什么专门走在马路上呢？这记者明显在侮辱我们中国人。周总理的回答是："这还不简单？因为我们走的是马克思主义之路，所以我们叫马路。"多么有智慧，这就是对待污蔑时的外交智慧与辞令锋芒。那位记者接着说："我们国家的人都挺直了身子，昂着头走路，你们中国人怎么尽是低头走路的？"确实，那时候中国人民的生活困难，有拉车的、挑担的，很多人面黄肌瘦、灰头土脸的。面对这么刁钻的问题，周总理说："那太简单了，因为你们美国人走的是下坡路，一低头不就栽下去了吗？我们中国人走的是上坡路，所以我们低头看路，不是吗？"多巧妙，这不也是在"骂"他吗？

所以说心态平和，淡然处世，这是一种人生智慧。

足球为什么有那么大魅力，为什么全世界人都爱看足球？但中国人看足球，多数人都在骂人。我跟大家谈谈1986年的世界杯。在1985年小组预选赛上，中国队对战香港队，比赛结果是中国队以一比二败北，被取消出线权资格。现场观众群情激愤，做出围攻球员、打砸汽车等暴力行为，造成有名的1985年"5·19事件"。刘心武写过一篇著名的纪实小说《5·19长镜头》，在这篇小说中，他谈到，事件本身的一个原因就是，国人感情宣泄的渠道不畅。间接说明我们中国人为什么足球踢得那么臭，人们还爱上足球场，还爱看足球的原因。很多国人只有上了足球场，才能宣泄，才能开骂。如果在排球场、篮球场那么开骂成吗？不成。而在足球场上，在能容纳8万人的空间里头可劲地开骂，这是个最好的宣泄平台。

既然我们从骂人的艺术谈到在足球场上的开骂宣泄，那么我接着问大家一个问题，全世界都为足球狂热，到底足球的魅力在哪儿，尤其中国足球越踢越臭，中国人却乐此不疲地热爱足球。足球的魅力到底在哪儿呢？

我写过一篇《足球与搔痒》的文章，我认为看足球如同隔靴搔痒，我们挠不着，不解气，为它着急又使不上劲，所以我们的内心才生出一种审美的焦灼。因为足球太难进球而令人焦灼，所以才有了为其抓狂的非凡魅力。

为什么足球难进呢？就在于我们人类的脚太笨！那足球门高7.32米，宽2.44米，可是22个人折腾来折腾去，死去活来就是踢不进去，没别的原因，就是脚太笨。而足球的魅力在这儿，胃口就吊在脚笨上。因为人类的初民灵巧的是他们的手，用手制造出了工具，才进化到人类社会，人才成为地球之上动物界的最高统治者。大家看篮球，刷刷刷地投篮看得人眼花缭乱、扑朔迷离，各种姿势如鱼得水，花样翻新。但是相对于篮球，好多人还是爱看足球。为什么？就是因为人的脚太笨，踢足球才能产生一种审美的焦灼感，足球永远不可能踢到97∶86，若真如此，足球这项运动便早被淘汰而消亡。这就是我对足球魅力的解读。

《水浒传》第八回“柴进门招天下客，林冲棒打洪教头”里，写林冲发配沧州途中，来到了大财主柴进的庄园。柴进非常敬重林冲，把林冲引到自己的枪棒师父洪教头面前，林冲自觉地低头施礼。想不到洪教头不抬眼皮不还礼，根本不把林冲放在眼里。柴进见此，指着林冲对洪教头说：“这位便是东京（今河南开封）八十万禁军教头林冲林武师，现在请师父与他相见。”林冲听后倒地便拜，而洪教头却说：“休拜，起来。”根本不回礼，柴进看了心中很不愉快。林冲拜完又请洪教头坐下，洪教头也不相让，自去上首坐下了，柴进看了又很别扭。

坐下之后，洪教头问柴进，大官人为什么总爱款待流放配军呢？多少犯人全是攀附权贵、骗吃骗喝的。柴进说这位绝非一般人，再次强调林冲可是东京八十万禁军教头，师父您别这般小瞧人家。这洪教头一听“休小觑他”四个字，竟然跳起来说：“我不信他，他敢和我使一棒看，我便道他是真教头。”柴进这时早已经不满洪教头的傲慢，立刻大笑道：“也好也好，林武师心下如何？”林冲回答：“小人不敢。”洪教头却以为林冲胆怯，非要和林冲比试。柴进这时有两个想法，一是要看林冲的本事，二是林冲若真赢了比武，也灭灭洪教头的气焰，便借坡下驴说：“且把酒来吃着，待月上来也罢。”这时候，一场热闹的序幕拉开了，读者谁不想让林冲教训洪教头一顿？那才过瘾呢。可是，不是现在比，先慢慢地喝着酒，等到月上高楼再说，这就是金圣叹的旁批：“说使棒，反吃酒，极力摇曳，使读者心痒无挠处。”林冲棒打洪教头的审美焦灼已经在读者心中点燃了。

等到吃下了五六碗酒，月亮照进到厅堂如同白昼的时候，柴进才起身说：“二位教头较量一棒。”比吧，现在一场胜负的大搏击马上就要开始了，可是小说写林冲此时很犹豫。他想洪教头是柴大官人的师父，若是一棒打翻了他，那柴进的面子得多难看呐，所以显得很是犹豫。而柴进见他踌躇，立刻说：“洪教头也没来多长时间，在此地谁也不是他的对手，林教头不要推辞，我就是想看看二位教头的真本事。”言外之意是什么？林冲你什么顾虑都别有，我就是要看看你二人的本事孰上孰下，分出个胜负高低呢。

柴进说这话，就是怕林冲不用真本事，不然他也不会强调洪教头也是新近才来的。林冲听柴进这么说，这才放下心来决定比武。这时只见洪教头早已耐不住性子，率先起身说：“来，来，来，和你使一棒看。”大家可盼到了这一刻，一起都来到厅后的一片空地上。

此时庄客们抬出一束杆棒，洪教头脱衣服，扎裙子，抄起一根棒子又大喊“来，来，来”。在柴进的催促下，林冲也拿起一根棒子说：“师父请教。”面对洪教头的嚣张，林冲很是儒雅。这洪教头恨不能把林冲给吞了，使出山东大擂，打将入来。两人打了四五个回合，只见林冲跳出圈子，喊了一声“少歇”，也就是等会儿。柴进看在眼里，问林冲你怎么不接着打？使出你的本事来啊！谁想到林冲说，小人我输了。柴进一听这是什么道理，跟林冲说我还没见你真打，三两下怎么可能输了呢？林冲说我还戴着枷呢，索性就算我输了吧。柴进一听哈哈大笑说，那是我疏忽了。便叫下人拿出十两银子，对一旁押解林冲的差人说，麻烦你们二位把林冲的枷卸下，发生什么事情有我担待，林冲这位犯人跑不了，你们二人放心吧。

两位差人知道林冲性格平和，更兼白得十两银子是多好的事情，立刻给林冲开枷。此时的洪教头，见林冲一直犹犹豫豫缩手缩脚，更是气焰十足，重新提起棒来要接着打，不料柴进叫道：“且住！”——又断了，原来柴进叫人拿出二十五两银子来说：“二位教头比试，非比其他，这锭银子，权为利物，若还赢的，便将此银子去。”意思就是赢了还给二十五两银子的大奖。金圣叹又批：“奇文，前林冲叫歇，奇绝矣，却只为开枷之故；今开得枷了，方才举手，柴进又叫住，奇哉！真所谓极忙极热之文，偏要一断一续而写，令我读之叹绝。”

其实，读者的心里多着急，怎么还不让林冲把气焰嚣张的洪教头打翻在地呀，又转了半天时间之后，林冲才一棒把洪教头打倒了。洪教头不但被打翻，最终的结局更是灰溜溜地离开了柴进的庄园，名声扫地，把自己的饭碗也砸了。

文学情节的魅力，就是你越焦急地想知道结果，作者偏偏跟你兜圈子，且不让你过瘾，且不让你兴高采烈、酣畅淋漓呢！足球这种运动产生的审美效果与文学同理，隔靴搔痒，看你焦灼不焦灼。

从到底什么是国学我们讲到人生的智慧；从人生的智慧我们讲到“骂人”的艺术；从“骂人”的艺术我们又讲到足球的魅力与文学审美的焦灼。这些都是生活，但是又与我们的传统文化密不可分。国学就应当这样讲，如果诸子百家、四书五经、唐诗宋词、四大名著不跟我们今天的社会生活紧密地联系起来，死记硬背多少诗词歌赋都没用，那只是冠冕堂皇地做样子。国学不是孤立的、僵死的，现在任何国学的经典文献我们都能在网上查到，只有学以致用、活学活用，才能增长我们的知识，加强我们的修养，开拓我们的思维，提高人生的境界。

15 阅读《资治通鉴》的三个层次

刘后滨

刘后滨，江西吉水人，中国人民大学历史学院教授、博士生导师。毕业于北京大学历史系，获得学士、硕士和博士学位，曾任美国哈佛燕京学社、美国亚利桑那州立大学等学术机构访问学者，兼任教育部历史学类专业教学指导委员会委员、中国唐史学会副秘书长，发表学术论文50余篇，出版专著多部，代表作有《盛唐政治制度研究》（合著）、《唐代中书门下体制研究》《大唐开国》《唐代选官政务研究》等，主编（合作主编）《资治通鉴二十讲》《唐宋历史评论》。入选教育部"新世纪优秀人才支持计划"，获北京市高等学校教学名师奖、北京市优秀教学成果奖、宝钢优秀教师奖等教学奖励。

我是一个在大学历史系教中国古代史的老师，《资治通鉴》是我读得最多的古代历史书之一，所以愿意跟大家分享。我先介绍《资治通鉴》是一本什么样的书，编写《资治通鉴》的司马光是一个什么样的人，了解这部书以后，再说我们应该怎么来读它。《资治通鉴》的体量庞大，我们需要探讨阅读本书的方法。

一、司马光与《资治通鉴》

我一直认为在中国古代历史书当中，有两部书是成就最高、不可替代的，它们就是史学史上两位司马的著作，汉代司马迁编纂的《史记》，宋代司马光编纂的《资治通鉴》。就《资治通鉴》的不可替代性，我写过一篇小文，[1] 论述这部书为什么值得读，为什么这部书在不同的群体当中都受到关注。这部书的不可替代性，体现在以下几个方面。

第一，《资治通鉴》的体例很特殊。中国的古书，我们说正史当中有《二十四史》，《二十四史》是纪传体史书，记皇帝的叫本纪，记大臣的叫列传，它是以人为中心的。而《资治通鉴》是一部编年体史书，它完全是按照年月日记载，即某年某月某日发生了什么事情。中国的编年体史书，前面有《左传》，但是《左传》不太好读，而且它讲的是先秦的历史。《资治通鉴》涵盖了从战国以后，一直到北宋建国以前的编年史，可以说没有一本书可以替代它。

第二，《资治通鉴》的史学成就最高。中国古代学术最高水平出现在宋代，代表宋代最高学术水准的书是《资治通鉴》，毫无疑问它是中国学术的一个顶峰。陈寅恪先生说“宋贤史学，千古罕匹”，不是虚话。

第三，《资治通鉴》的主编司马光是个严谨务实、有崇高学术理想的学者。司马光编《资治通鉴》的时候，是中国学术史上最具有学术追求的时代，是一个最不追求某种功利的著书立说的时代。如果说司马光也有功利，那么他的功利是要写出一本让从此以后的帝王都必须读的书。他的时代背景不一样，他的编纂宗旨就是要写给治国者看的。司马光本人具有很高的学术修养和学术追求，他是中国古代读书人当中一个很标准的儒者，是一个希望自己著书立说能够传诸后世的人。中国儒生的人生目标有三个境界，太上立德，其次立功，其次立言，叫三立。立德不是我们每一个人都能立的，尧、舜这样的圣人才会在历史上立德。立功也是有要机会的，在乱世才可立功，当然这个太平时代也可以立功，但立功不是每一个人都有机会。可是立言每个人都有机会，司马光觉得人活这几十年，得留下点什么，因此他特别看重他的这本书。这是一开始要强调的我对这本书的理解。

司马光编《资治通鉴》的一个助手叫刘恕，他自己又编了一部书叫《通鉴外纪》，编完之后写了一个序，回顾当初协助司马光编《资治通鉴》

---

① 参见刘后滨：《〈资治通鉴〉为什么不可替代？——兼论历史学在大学通史教育中的地位》，《中国大学教学》，2015年第8期。

的时候，司马光跟他谈过一段话，说的是为什么要编这样一部书。大概意思是说，到宋代的时候，历史书已经有一千多卷了，读书人都读不完，一般的人一辈子也读不完，可司马光认为历史很重要，希望有一本书，从头到尾内容很完整、很连贯，又能够让人读得完。所以司马光说："予欲托始于周威烈王命韩、魏、赵为诸侯。"这是中国历史上一个划时代的事件，三家分晋，中国历史进入战国时代。司马光用一个词"托始于"，他从三家分晋这件事情讲起，一直讲到五代的结束。五代结束是在960年，960年北宋建立，赵匡胤"陈桥兵变"。司马光编这部书是要按照左丘明编《左氏春秋》的体例，即"编年体"，要仿照东汉史学家荀悦编《汉纪》的文字风格，文字很简要，要而不繁，可是叙事要很周到，网罗众说，成了一家书。司马迁的《史记》也是为了"究天人之际，通古今之变，成一家之言"。这给我们一个提示，任何通过文字留下的历史记载，都不等于是历史的原貌，只是一个文本。司马迁最终是要成一家之言，这就对写历史的人要求特别高，这一家是一个什么样的家？这给我的提示，就是在北宋的时代就有《资治通鉴》这样一部书，在后来成为可供各式各样的人来读的通史书。其实，我们今天也缺少一部这样的书，因为我们还没有产生伟大的历史学家，中国历史上当然有，但我们今天还没有。

《资治通鉴》不是那种借助历史卖弄文字随性发挥的书，它不会使历史学沦为街谈巷议，也不是陈寅恪批评的那种"文儒老病销愁送日之具"，当然它也没有沦为政策的注脚。《资治通鉴》是给皇帝写的，不能编成一本八卦故事集，不能有闲适文人的做派。当然很有可能使其成为一个御用文人，司马光在这个地方很警惕。为什么司马光要警惕不被御用，因为他有一个理念，觉得读书人掌握天地之间的道，道权可以高于君权。所以，《资治通鉴》的成就非常高，正如已故的北京大学历史系教授王永兴先生所说："司马光，陕西涑水人，号称迂叟，涑水迂叟之言，代表宋代史学之《资治通鉴》乃二十年夜以继日而筑成之史学大厦，至于文儒老病销愁送日之具所构成之清代史学，其非收功楹栋远，则不言可以自明矣。"

实际上清代的史学成就也很高，尤其是乾嘉学术，我们今天研究历史，跳不过清朝的那些著作。但是它的境界，在中国史学史上的评价却无法与宋代史学相比。所以陈寅恪认为清代史学是“文儒老病销愁送日之具”。一个人年纪大了，无聊的时候，读读历史书，读读短篇的文人笔记，就可以打发时光了。但是，《资治通鉴》不是这样的书。

梁启超也特别看重《资治通鉴》，认为它不光是记载历史，还是天地间一部好文章、大文章，是有西汉风格的文章。还有两个清朝人对《资治通鉴》的定位评价很高。王鸣盛，乾嘉时期的学者，说“此天地间必不可无之书，亦学者必不可不读之书也”。他自己也有书传世，但是他认为都比不上《资治通鉴》。晚清的大学者张之洞说，如果想要了解一下历代发展的大势，必须要读《资治通鉴》，别的书是无法替代它的。与张之洞同时代的曾国藩，给一个年轻人写信时谈到读书的问题，他说你要去读书，在我看来，所有先哲经世之书，莫善于司马温公《资治通鉴》，因为《资治通鉴》这部书“其论古皆折衷至当，开拓心胸”。这句话很重要，很多人去读历史书，可能会从书里面找谋略，找心计，找手腕，结果越读内心越阴暗。而读《资治通鉴》这样的书，你会越读心胸越开拓，越亮堂。很多时候，你看到一些历史人物，一般人认为他已经走上了悬崖，走进了死胡同，但你从历史书中会读到豁然开朗，柳暗花明又一村。读历史书会让你看到很多完整的人生，而不至于被人生最艰难最困顿时候的处境所蒙蔽，就是会让你开拓心胸。《资治通鉴》记载人物、事件，会折中至当，它能够像王夫之说的“放于道而得道之中”，既有高悬的理想和目标，又能够切合事宜。话说回来，《资治通鉴》是接地气的，不要以为这部书讲的多深奥，而且这部书论事“能穷物之理，执圣之权”。

《资治通鉴》还详细记载了一些“名公巨卿所以兴家败家之故”，读完以后“使士大夫怵然知戒，实六经以外不刊之典也”。带兵也好，治国也好，个人修身也好，读《资治通鉴》都是有好处的，“阁下若能读此书，将来出而任事，自有所持循，而不至失坠”。持循是一个很重要的概念，年纪稍大一点慢慢就能体会。有的时候我们会失去一个持循，我们脚不方便要有一个拐杖，我们心里要是不那么方便的时候，也要有一个持循。人作为人，什么事是可以依循的，可以持守的？你读读《资治通鉴》，至少它某种程度上在教我们体会人生的意义，历史是可以提供关于人生价值的一些启发的。

司马光在历史上的评价是有争议的，尤其是他作为保守派的领袖，始终反对王安石变法，这一点在历史上受到批判。但从宋朝人留下的文字记载看，司马光在当时的声誉非常高，他死后得到的谥号是“文正”，这是宋代文人能够得到的最高级别的谥号。北宋得“文正”之谥者只有王曾、范仲淹和司马光三人。后代当然还有，譬如极力推崇司马光的曾国藩，世称“曾文正公”。

司马光定位自己是一个什么人呢？他说自己就是一个“迂夫”，就是一个迂腐的人。他写了篇文章，题目叫《释迂》，解释为什么叫自己迂夫，他希望做人迂一点，不要那么精，机关算尽，到头来其实也是一场空。司马光觉得迂一点没有什么坏处，他有一个比喻，像种树一样，种一年的树，砍下来可以当柴烧；种两年的树，可以用作房子的椽子；种五年的树，可以为楹，即做一个小柱子；种十年的树，才可以是栋梁之材。所以要收功楹栋远，人生要算总账，不要总计较每一份付出的当下回报。

司马光希望自己能够做一个对社会对历史有积极影响的人。虽然在当时，在他有生之年，有可能和掌权的人，甚至和整个社会潮流有些格格不入，就像上牙齿和下牙齿不合缝一样的“龃龉可憎”，甚至“穷为布衣，贫贱困苦以终其身，然其遗风余烈，数百千年而人犹以为法”。他说，假如你是按照“狭道以求容”那样去做人，你不追求一个道，你违背道去让别人喜欢你，尤其让长官喜欢你；“迩志以取合”，把自己可能达到的志向或者人生目标放低了，以取得与世俗的合拍；“卑言以趋功”，低声下气以趋媚时俗，逢迎权势，获得一时之功。那么，结果一定是“虽当时贵为卿相，利止于其躬，荣尽于其生，恶得余泽以及后世哉！”司马光追求的是让自己的余泽能及于后世，在他看来，像自己这样的人，又不会理财，又不会当官，还不会让皇帝高兴，自己不如迂一点，“患不能迂而已矣，迂何病哉！”自己就是这么迂，还想让自己再迂一点。这是他自己写的文章，清晰地阐明了自己的人生观。

后人对这一篇《释迂》有很多的引申，我觉得很有启发。清朝人钱大昕说，“白乐天号迂叟”，其实迂叟不是司马光自己独创的，是从白居易那里借来的。白居易生活的唐朝党争很激烈，他在现实政治当中，与世俗有点格格不入，自号“迂叟”是说自己要超脱一点。清朝人郭嵩焘也写过一句话，“收功楹栋远，谁解诵迂书”，也是希望做人能够迂一点。现代的史学家陈寅恪说过一句话，“少喜临川新法之新，老同涑水迂叟之迂”，在王安石和司马光之间，他觉得自己很矛盾，他年轻的时候喜欢王安石新法之新，年纪大的时候又认同了涑水司马光迂叟之迂。这不是自己“打脸”，而是一种心态和境界的变化。

二、《资治通鉴》文本的三种特殊形态

以上简要介绍了司马光其人及其主编的《资治通鉴》是一部什么样的书。我们今天面对这样一部伟大的史学著作，一方面是肃然起敬，另一方面也会感觉不知从何读起。下面谈点个人阅读体会，先要介绍一下《资治通鉴》作为叙事文本，通过几个例子，来看《资治通鉴》文本呈现的几种特殊的形态。

第一种特殊的形态是“臣光曰”。就是司马光记载完一件事情以后，他标注“臣光曰”直接来一段提示，以避免读者读歪了、读不懂。

例如，下面引用《资治通鉴》汉献帝建安二十四年十二月的记事。本来编年体史书记事一定要有年月日才叫准确，可是历史上很多事情无法记载这么详细。有的连月也不知道，只知道是某一年发生的，那司马光就放在这一年的最后。如果知道是某一个月发生的，不知道日期，就放在这个月的最后。有具体日期，就按照日期先后来编写。这段叙事只系于月份，“十二月，魏王曹操上表孙权为骠骑将军，假节，领荆州牧，封南昌侯”。曹操给汉献帝写报告，推荐任命孙权为上述官爵，孙权就派遣校尉梁寓奉贡，到许昌去向汉献帝谢恩。后来孙权再派人带着报告去向曹操称臣，称说天命，说曹操有天命，应该取代汉献帝当皇帝。

这些事情肯定不是在一天发生的，来来回回一定好长时间了，所以《资治通鉴》只记为十二月。这是严谨的写法，要突出的是整个事件。要写一个完整故事，用编年体的体例，哪个环节、哪个人物放在什么时候出现，

都是很有讲究的。

曹操把孙权派人送过来的这封劝进的报告，公开拿出来念，跟大家说，这小子不地道，“此儿欲踞吾著炉炭上邪！”意思是那小子想把我抬到火炉上烤，不要以为孙权安的是什么好心。当然曹操的这个话，大家都看得懂，正如曹操自己所说，汉末军阀很多，谁也不敢率先称帝，一旦你率先称帝，就把所有野心家及其相互之间的矛盾全部引到你身上来了。所以翦伯赞说，曹操要把皇袍当衬衫穿在里面，都不敢当袍子穿出来。曹操说孙权这个家伙很坏，而底下这些官员如陈群却认为孙权说的有道理，因为汉朝的天命已经不在了，“汉祚已终”，汉朝的天命不是从今天开始没有的，是早就没有了。“殿下功德巍巍，群生注望，故孙权在远称臣，此天人之应，异气齐声，殿下宜正大位。复何疑哉！”他们一个劲儿地劝曹操称帝，取代汉朝。曹操说，若天命在吾，我就做周文王，也不做周武王，我的儿子可以做周武王推翻商朝那样的事情。

这是一段叙事，记载了一段完整的故事。司马光在《资治通鉴》里面不能不记载，因为孙权跟曹操这一个过招是很重要的一次。记载完了以后，他希望人家怎么理解呢？司马光生怕别人读歪了，读不到点子上，所以干脆来一段“臣光曰”。大意是说，为什么曹操不敢称帝？不是曹操不想，也不是他没有能力，关键是那时候有一种教化、风俗的约束。因为东汉从光武帝以来，就特别倡导教化，倡导一种气节，尤其是名义。曹操难道是不想篡汉自立吗？因畏名义而自抑也。“名”对中国人太重要了，没有这个名，你干不起来这个事。为什么《资治通鉴》从三家分晋写起？因为三家分晋就是东周的周威烈王坏了名，本来三个家族，在晋国他们是大夫，按照周朝的礼制，天子、诸侯、卿、大夫、士，属于不同的等级。大夫就是大夫，不能做诸侯的。周威烈王以天子的名义，任命三家晋国大夫做诸侯，这完全乱了规矩，没有礼了。礼是要有等级秩序的，是要讲名分的，礼以器成，器以藏礼，重器不可以示人。那些青铜礼器，不是谁都可以铸造的。司马光在《资治通鉴》开篇就强调了“惟名与器，不可以假人”，在这里再次强调曹操是畏于名义而不敢篡汉自立，因为汉献帝再弱也没有宣布将帝位传给曹操。在这件事情上，司马光特别希望读历史的人能看懂，

提醒读者不要以为有实权，就可以想干什么就能干什么。对于统治者来说，则不可以轻易将名与器给予他人，否则就是“自毁墙脚”。

再举个例子，就是唐初的玄武门事变。李世民通过政变，当了皇帝。这件事情司马光在写《资治通鉴》的时候又遇到了麻烦。李世民在《资治通鉴》中是一个很正面的皇帝，是一个圣明君主，可是他是通过宫廷政变、杀兄逼父登上皇位的。在记载完政变的经过以后，《资治通鉴》接着记载李渊接受现实，立李世民做皇太子，下令国家的日常政务都由皇太子来处理，处理完了以后，给皇帝说一声就可以了。立李世民做皇太子这件事情，发生在武德九年六月初七癸亥日。

司马光又担心读者会产生混乱，以为抢班夺权，搞宫廷政变，把权力抢到了手，就可以成为伟大的帝王。那样理解就麻烦了，不符合司马光主张的礼治原则。怎么办？又不能因此否定李世民。于是，他就来了一段“臣光曰”，做了三个假设。这三个假设当然体现了他的标准，他的准则就是要维护儒家的嫡长子继承原则，要立嫡以长，这是礼。李渊有四个嫡子，李建成、李世民、李元吉、李元霸，为正室窦氏所生，其中李元霸早夭。原本李渊确实立了嫡长子李建成，在武德九年六月四日早上发生的玄武门事变中，李世民杀掉了其他两个。李世民给司马光出了一个大大的难题，所以司马光在这一段议论中接连做了三个假设。一是假如李渊能够推功而立，老二李世民功劳大，李渊让李世民继承皇位不就行了吗，那不就可以避免兄弟相争了吗？二是假如老大李建成能够让贤，自己功劳不如老二李世民，那他就让给老二继承皇位，自己跑了不就得了吗？三是假如李世民能够谨守礼制，虽然自己功劳很大，地位很高，可是毕竟是老二，皇位继承权还是让给哥哥，又有什么了不起呢？假如这三个人都各让一步，不就不会有这么一个兄弟阋墙、宫门喋血的悲剧了吗？

以上两例是“臣光曰”的文本形态，体现了司马光怕读者看不懂，直接说明自己叙事意图的良苦用心。

第二种特殊形态是“考异”。面对某一件事情的不同记载，如果司马光觉得其中某个记载不可靠，在编撰《资治通鉴》时便不加采用。但是，对于没有采用的记载，司马光要做考异，将不同记载的史料另外编了一部三十卷的《资治通鉴考异》。在考异里，他要做判断，自己为什么不采用这一段材料，说明这个材料的问题在哪里，以提醒后来的读史者。

例如，在考异里面保留了这样一段记载。武则天当皇太后的时候，以皇太后的身份临朝称制，高调而果断处理了几起谋反事件。那时候高宗去世了，中宗也被废掉了，睿宗做个傀儡皇帝，然后就有人起来造反了。在扬州，徐敬业起兵反对武则天临朝称制。徐敬业的祖父叫徐懋功，又叫徐世勣、李勣，由于政治原因，他老改姓名。他是瓦岗起义军，即最早推翻隋朝统治的起义军的领袖，徐敬业是他的孙子，他的儿子已经不在了。徐敬业在扬州汇集了一批政治上不得意的人，其中有一个特别有理想，但是总是受挫折的人，叫骆宾王。

骆宾王七岁的时候就有远大理想，因为他七岁就写诗吟唱出“鹅，鹅，鹅，曲项向天歌”。为什么是“曲项向天歌”，因为他希望他说的话，皇帝也能够听得见，能上达天听。唐朝科举考试科目中有童子举，七至十三岁的儿童可以参加童子举，如果诗写得好，就可以到皇宫陪皇子们读书。骆宾王很有想法，但是一直仕途不顺，投奔徐敬业后，给他起草了一篇《讨武瞾檄》，文章最后喊出“请看今日之域中，竟是谁家之天下”的豪言壮语，文笔非常好。

扬州有人造反了，武则天当然不怕，一个月就镇压下去了。这一场扬州谋反事件，同时牵涉了另外两个重要人物。一个是当时的元老宰相裴炎，当时没有任何人超过他的资历，这是唐高宗去世之前托孤的人，即把唐中宗李显托付给他的人，也是把武则天托付给他的人。这个人自唐高宗初年就出来做官，几十年来一直担任高官，最后做到宰相。还有一个是程务挺，军队当中最有实权的人。徐敬业、裴炎、程务挺，这三个人，因为谋反事件都被杀掉了。

在镇压了扬州叛乱和清除了裴炎、程务挺之后，唐朝人写的一部野史笔记《唐统纪》中记载了一个武则天当众训斥群臣的场景。就是召集群臣，破口大骂，大意是说：我没有辜负天下，你们知道我来挑这个担子容易吗？“朕侍先帝二十余年”，什么意思呢？唐高宗在位总共有三十来年，至少有二十多年是我帮助皇帝打理朝政的，各种人事任命，国家政策的制定和出台，都是我协助皇帝来批办的；那个时候宫中将我和先皇称为“二圣”，作为皇后，我是参与议政的；二十多年以来，“忧天下至矣”，简直就是鞠躬尽瘁、死而后已，现在还在朝廷做官的所有人，你们的官位都是我任命的，“天下安乐，朕长养之”，老百姓生活很安定，无疑也有我的功劳（客观来说，武则天从当皇后到当皇帝的半个世纪，是中国历史上农民反抗官府最少的五十年）；“及先帝弃群臣，以天下托顾于朕，朕不爱身而爱百姓”，挑起这副担子容易吗，我已经六十多岁了，造反的这些人，领头的都出于将相群臣，你们辜负我也太深了；徐敬业，不要说你这个位置，你爷爷的位置都是我给的（徐敬业爷爷从瓦岗起义以来，经历了隋末到武则天当皇后期间所有的政治变故，但一次也没有受到冲击）。武则天接着说，实话告诉你们，现在还在世的各级官员，你们当中如果有想给我摆老资格，有人比裴炎的资格还老吗？有将门贵种、能纠合亡命者超过徐敬业的人吗？有在军队当中威望超过程务挺将军的人吗？这三个人都被诛灭了，你们当中有人觉得自己能超过这三个人，想造反就造反吧；要是没有这个本事，就别自取其辱了，别惹天下人笑话。群臣趴下一片，不敢仰视，异口同声：“唯太后所使”。

这个场景司马光就觉得不符合历史事实，他在考异里保留下来，但加了一句按语：“恐武后亦不至轻浅如此。今不取。”意思是说，这个话有点泼妇骂街的味道，不像个帝王说出来的，没有帝王的威仪。我也不知道是真的假的，你们觉得像武则天说的话吗？这种时候就需要读史的人做出自己的判断。司马光没有将自己不采用的史料完全删废，而是留下来作为读史者做出判断的依凭。也许有人会觉得，这种话风恰恰很像武则天说的，这也是帝王气势，但是司马光不相信。

第三种特殊的形态是在叙事中提出明确的告诫。就是一些在一般人看来不是什么大事，可是司马光觉得重要，偏偏要记载下来。例如，唐朝末年，唐昭宗的景福二年三月某日，朝廷任命渝州刺史柳玭担任泸州刺史。这件事情用一句话记载就够了，朝廷的一次人事任免，这很正常。可是这个调动有点特别，从渝州调到泸州去当刺史有什么特殊的呢？渝州在重庆，泸州比渝州离长安更远。司马光为什么要记载这件事？他是想用这件事情来告诫后人，也告诫皇帝，就是“好详名公巨卿兴家败家之故”。柳玼不是一般人，柳玼的父亲柳仲郢、祖父柳公绰及叔祖柳公权，都是一代名臣、士林领袖。

柳家几代人到柳玼的几十年时间里唐朝是什么情况呢？官场上政治风气不好，牛李党争，分别以牛僧孺和李德裕为首的两派官僚之间搞权力斗争，团团伙伙，朝政混乱。党争激烈的时候，很多人就比较投机，有的人因为牛党在台上，就拜牛党的领袖做老师。过了几年牛党下台了，李党上台了，就去娶李党成员的女儿做媳妇。过两年牛党又上来了，于是陷入人生的尴尬境地。这样的年轻人中，最有代表性的有两个人，一个是杜牧，一个是李商隐，“此情可待成追忆，只是当时已惘然”，他们两个最后多蹉跎啊，这是因为他们当初没有持守。可是有的人，譬如柳家，不管谁在台上，都按自己的风格做事，持守家门礼法，最后两派都用他。司马光之所以把这次看似平常的人事变动记载下来，就是要借此推奖柳家的家风。柳家自柳公绰、柳公权以来，以孝悌礼法为士大夫所宗。柳玼曾经当上御史大夫，皇上曾要任命他做宰相，可是他不会巴结人，也不喜欢在两党之间搞平衡，所以掌权的宦官也讨厌他，就让他长期在外地任职。

司马光利用这次人事任免的记载，在叙事中引用柳玼告诫子弟的一段话，“立身行己，一事有失，则得罪重于他人，死无以见先人于地下，此其所以可畏也。”他说我们柳家已经好几代人受到世人尊重，我们做得很到位。一般来说，门第高，是可担忧而不可仗恃的事情，所以家族强大，反而一定要更加谨慎。“故膏粱子弟，学宜加勤，行宜加励，仅得比他人耳。”门第与一个人的人生安全风险系数成正比。

三、阅读《资治通鉴》的三个层次

以上讲的是《资治通鉴》的文本形态，也就是翻开书后，我们需要知道它讲述历史时用的什么特殊的文字表述方式和体例。接下来简要讲一下阅读这样一部经典的史学著作需要相互照应的三个层次，我将之概括为解读文本、还原事件和探究真相。

第一个层次是解读文本。文本的解读是一个很复杂的理论问题，首先是要认字。也许有人会说，认字不难，不认识的还可以查字典。陈寅恪说“读书需从识字始”，可是认字不是一个简单的问题，不是说小学生查字典就叫认字。很多时候你认得这个字，或者说这个字也认得你，但是它在整句话或整个段落中的意思，尤其是字里行间透出的信息，你可能根本没有捕捉到。没有任何一个人敢说认完了所有的字，或者说只要查了字典就读得懂所有的书。当然字的读音你可以查拼音，但是要解读文本，读懂每一个字在文本中的确切含义，就不是那么简单了。从最基础的层面说，《资治通鉴》的叙事文字中，涉及年代、职官、地理、礼乐等方面的知识，就属于文本解读的任务。当然还有各种典故和史家笔法，只有在广泛阅读古典文献的基础上才能不断积累相关知识，触类旁通。

第二个层次是还原事件。事件可以还原，但真相不能还原。我说的事件还原，还是文本意义上的，就是要汇集所有材料，将一个历史事件的前因后果、来龙去脉梳理清楚。确切地说，是将各种说法或者叙事脉络梳理清楚。解读文本以后，我们要去还原一个事件。这本书记载的这件事情，只是说法之一，好在历史总是有很多蛛丝马迹，还会有各种说法以各种方式留存在不同的地方。历史学家的说法是，“上穷碧落下黄泉，动手动脚找材料”。

第三个层次是探究真相。我们相信真相只有一个，可是历史上的真相，你可能永远也没有办法还原，但可以探究。历史记录不是事实的再现。历史的绝对真相虽不可得，人们从不同的角度和不同的立场，会带来对事件真相的不同理解。但我们相信历史具有真相，而且探求真相的过程能够不断扩展人们的思维空间，提高问题意识，在历史真相的无限隧道中不断接近真相。

学历史的人最喜欢追问“为什么”。我们在读《资治通鉴》的时候，既不可尽信书，也不能不信书，保持一种批判的态度，以质疑的精神，多问几个为什么，然后不断扩展阅读面，一步步分析，做出自己的判断。

我比较熟悉的是《资治通鉴》中有关唐代的历史叙事。一个是李世民即位之初遇到的群臣争功事件，是否如书中所载的逻辑展开，带头抗议的李神通到底是出于何种考虑？另一个是贞观四年带兵打败东突厥凯旋的李靖被弹劾事件，到底是弹劾者的个人意图还是其角色行为？体现了何种隐秘的君臣关系和权力格局？我希望今后能够把这些阅读体会写出来。[①]

再强调一下，司马光编撰的《资治通鉴》，是一部伟大的史学经典著作。阅读这样一部大书，即使你是再聪明的人，也不会让你觉得没有思维驰骋的空间。历史学的学问空间足够大，不会让你屈才。

① 此次讲座之后，作者曾撰文举例分析阅读《资治通鉴》过程中如何在解读文本、还原事件的基础上探究历史的真相。参见张耐冬、刘后滨：《〈资治通鉴〉叙事中的史事考订与历史重述——基于唐太宗即位之初“诸将争功”事件书写的个案分析》，《中国人民大学学报》，2017年第1期；刘后滨：《是谁弹劾了凯旋的李靖》，《文史天地》，2016年第10期。

16 我的哲学观

周桂钿

周桂钿，男，1943年生于福建省长乐县（今为福州市长乐区），1964年考入中国人民大学哲学系，1978年考入中国社会科学院研究生院，1981年起任教于北京师范大学哲学系，曾任系主任，教授、博导。研究中国哲学，出版三十多部著作，发表论文五百多篇。多部著作获教育部、北京社科联奖，获中国社科院颁给“做出突出贡献的硕士学位获得者”称号。曾任中国哲学史学会副会长、中国孔子学会副会长、中国朱子学会副会长、国际儒学联合会学术委员会主任、日本京都大学文学部客座教授。现任中国政法大学国际儒学院副院长。

哲学是什么？学习哲学有什么用？如何学习哲学？这三个问题，不但社会上平民百姓有疑问，甚至从事哲学工作的一些人也不自信，但这是不能不加以认真讨论的。只有弄清楚哲学是什么，才能知道哲学的功用以及学习哲学的方法，哲学是什么是回答一切问题的基础。

一、哲学是智慧之学

哲学是什么？过去，有的书上说，哲学是关于世界观的学问。有的又说，哲学是自然科学和社会科学的概括和总结。还有其他各种说法，诸如哲学是对人生的反思，哲学是苦口良药，艰涩而有用。十几年前，李秀林老师曾出版了一本专著——《哲学是什么》，我感到很奇怪，这不是大家都知道的常识吗？还有必要写一本书来讲吗？现在我发现还有一些哲学工作者不知道哲学是什么，这也是我再讲这个题目的缘由。前人的哲学定义都是正确的，问题在于理解。有些人虽然对于定义背得滚瓜烂熟，而实际上仍然对哲学一窍不通。有的哲学工作者对于哲学殿堂，连门都没进，更说不上登堂入室。

我认为，哲学是智慧之学。恩格斯在《自然辩证法》中说："理论思维仅仅是一种天赋的能力。这种能力必须加以发展和锻炼，而为了进行这种锻炼，除了学习以往的哲学，直到现在还没有别的手段。"从恩格斯这段话中可以体会出：理论思维需要锻炼，锻炼的唯一手段是学习以往的哲学。由此可以推出：学习哲学可以锻炼理论思维，从锻炼中可以得到启发。哲学与体育相似，体育是锻炼身体的，哲学是锻炼理论思维的。哲学就是一种理论思维运动。体育是身体运动，可以提高体力；哲学则可以提高理论思维能力，提高分析问题和解决问题的能力，这种能力就是智力。智力提高了，人就变得聪明了。因此，哲学又被称为"爱智之学"。"爱智之学"，使人聪明的学问。诸葛亮在中国人心目中，既高于大一统时代的丞相，也高于他的主公、三分天下的皇帝刘备，说明中国人是推崇智慧的。学哲学能够提高智慧，推崇智慧而不想学习哲学，那就无异于"叶公好龙"了。

哲学的内容包括什么呢？这又得从体育讲起。体育分许多项目，有球类、田径等。球类中又分足球、篮球、排球、手球、乒乓球等，田径也分许多项目。凡是能锻炼身体的运动，都在体育范畴之内，有的虽然还没有列入比赛项目。同样道理，哲学也分许多方面，关于人生的最根本的理论问题，人类所追求的真、善、美及其综合（境界）的基本理论问题，也就是世界观的问题，都属于哲学研究的范畴，都是哲学。过去，有些人对世界观仅仅理解为宇宙的本原问题，只讲唯物论与唯心论的对立，不讲善、美的问题，只讲真的问题，以为求真就是哲学问题的全部，因此认为中国没有哲学，孔子不是哲学家，而庄子则是唯心主义的。实际上，孔子是求善的伦理型哲学家，庄子是求美的艺术型哲学家，都是世界级高水平的哲学家。用求真的模式、标准来衡量、判断求善、求美的哲学，不可能得出公正的结论。

哲学的定义应该从全世界的哲学中概括出来。从欧洲的哲学中概括出来的哲学定义不具有世界的普遍意义。欧洲中心主义者认为欧洲就是整个世界，欧洲第一就是世界第一，在欧洲有普遍意义也就是世界普遍意义。我们不敢苟同。我们认为中国有哲学，孔子、庄子都是伟大的哲学家。同时也承认世界其他地方，如印度、日本等国家也有哲学和哲学家。

西方唯物主义哲学家是与科学家结盟，中国哲学家是与政治家结盟。中国政治哲学的核心是以民为本，有利于人民的政治，受到人民的拥护，得民心者得天下；不得民心，人民起义推翻政权，实现改朝换代，是“民心决定史观”。当官一任，造福一方，尊重保护每一个民众。

中西哲学各有优缺点，西方哲学建立在优胜劣汰的观念上，更多讲对立和斗争，一方消灭另一方。强者称霸，强者拼命争取生存权，形成激烈竞争，推动发展。中国哲学建立在“和”的基础上，互相尊重，相互融合，形成大国政治的局面。“和”的文明使中华民族在数千年历史中没有中断过，创立了世界历史文化最瑰丽的成果。中国哲学家提出设计方案，政治家去实施，历史学家做总结，形成深刻、丰富的政治智慧。中国在“和”的条件下吸取“争”，西方在“争”的条件下吸取“和”的内容，中西哲学都在取长补短，共同发展。

因此，哲学应属智慧之学，它不仅包含求真，也包含求善、求美，中国历史上有许多哲学家，这些哲学家的思想与政治结合后，就形成了政治哲学智慧。

对哲学有了明确定义以后，就便于讨论哲学的功用。

二、学好哲学，幸福一生

学哲学不会产生物质财富，因此被认为无用。哲学是智慧之学，学哲学可以提高智慧，学好哲学，拥有大智慧，就可以使自己一生幸福。因此，哲学无用，无用之用，是谓大用。

首先，哲学能够锻炼理论思维。由于哲学包含真、善、美几方面内容，因此理论思维也包括这些方面的内容。求真，能培养科学精神；求善，能提高道德水平；求美，能造就艺术素养。融汇三者，贯通一切，就能升华为“境界”。因此，有人认为哲学就是境界学。境界是人的总体文化素质，是对待世界人生的总态度。从这种意义上说，哲学就是关于世界观的学问，也可以说是对人生的反思。概言之，提高人的思想境界，是哲学的主要功用。

解决衣、食、住、行的问题，是“用”。这是满足物质需求的“用”。还有另一种“用”，即满足人们精神需求的“用”。这类“用”包括文学、艺术、哲学和宗教等方面的内容。两种“用”互不替代。哲学作为精神产品，作为时代精神的精华，应该能满足最高层次的精神需要。在物质需要基本满足之后，这就是最大的需要，也是哲学最大的“用”。

在经济尚不发达时，人们更多地追求物欲的满足，在这时候跟他谈哲学，不太能容易引起他的兴趣。当经济发展到一定水平后，人们不再迷恋金钱，而是更愿意冷静地寻找自己的适当位置，更有愿望认真地提高自己的文化素养和实际能力，积极地展示自己的才华和本领，为社会做尽可能大的贡献。这时，哲学的用处开始彰显。

庄子讥笑惠施不善“用大”，王充对于摧残“大材”感到愤慨，杜甫伤感于“古来材大难为用”。社会发展了，哲学的“用”处就大了，所有具备远见卓识的人都会看到哲学的大“用”。哲学的“用”处是存在的，由于此“用”是隐形的、模糊的、长效的、慢效的，鼠目寸光的、急功近利的人是难以看到的。

孔子周游到卫国，看到人口很多，很赞叹。弟子问：“人口多了，当政者应该做什么呢？”孔子说：“富之。”让他们富起来，首先要满足他们物质生活的需要。弟子又问：“富以后，还要做什么呢？”孔子说：“教之。”对他们进行教育。教什么没说，根据孔子思想可以推想，教的是礼乐文化，道德情操。

秦朝统一天下以后，没有使人民富起来，很快就被人民所抛弃。汉朝文帝时代使人民富起来，得到人民的拥护。富了，就容易出现贫富两极

分化，富者更富，富者骄暴，伤害人民；贫者更贫，无法维持起码的生活，被逼走上造反之路。这两种情况都不利于社会的安定，就需要文化教育。正如孟子所说“富而无教，则近于禽兽”，富以后缺乏文化教育，人性变坏，像禽兽一样。

孔子“富而后教”思想深刻反映了人性的特点，与马克思主义相一致。马克思主义认为，人们首先要吃饭、穿衣，然后才能进行宗教活动和哲学研究。哲学是人类更高层次的精神需要，看似没用，却是社会和谐文明的基础。没有它，人类社会就会停留在野蛮状态。哲学看似无用，实有大用。健康和智慧都是千金难买的，只有蠢人才以为无用。

其次，哲学能够提升人的思想境界。在同样条件下，得失悬殊，下面给大家讲两则小故事。

（1）孔子周游列国，弟子孔蔑在一处当官，孔子问他得失如何。孔蔑说，未有所得，只有三失：公事又苦又累，过去学的，用不上，这是一失；俸禄少，不够给亲戚，亲戚疏远了，这是二失；公事紧急，没时间吊丧探病，朋友也疏远了，这是三失。孔子听了不高兴。孔子会见在另一处当官的弟子宓子贱，也问了同样的问题。宓子贱说，其当官后所失没有，所得有三：一是过去学的，现在运用，加深了理解；二是俸禄虽少，给亲戚不多，亲戚更亲了；三是公事虽然急，利用夜间去吊死视病，朋友也更亲密了。

同一个老师教的学生，同样从事政治工作，一个三失，一个三得，为什么得失会如此悬殊？有的专心致志，学得就好，学到哲学，提高了智慧，胜任政治工作；有的心猿意马，思想开小差，一知半解，不能真正领会精神，只会死背硬记，不能运用于实际，只能滥竽充数。

（2）古代有一个孤老头，没有子孙，家徒四壁，别人觉得他太苦了，他却感到很快乐。他说自己有三乐：天地之性人为贵，生为人，高于万物，一乐也；男尊女卑，生为男人，二乐也；许多人活不过七十，我已九十多岁，三乐也。他说贫困与死亡并不可怕，不影响快乐。

地质学家崔克信出生于 1909 年，1957 年被错划为“右派”，工资降了两级。工资虽少，仍然比普通工人农民活得好，他知足常乐；许多工作，“右派”不能参与，他清闲时经常帮人做点好事，他认为这是助人为乐。

因为是“右派”，受到周围的人冷落，时间长了，也习惯了，不受外界影响，自得其乐。有此三乐的心态，崔克信平安渡过种种难关，活到2013年，寿至104岁。

同样条件，智者有所得，心态就好，所到之处，都是阳光，都是快乐。即使条件差一些，也能天天享受快乐，一生幸福。

三、学习哲学的方法

学哲学也像踢足球。不是把足球当财富抱回家，藏起来，据为己有，而是把足球放在球场上，跟别人一起玩，在踢中达到提高球艺、锻炼身体的目的。学哲学不能把哲学当作绝对真理、永恒知识，死背硬记在头脑中，而应把哲学当作思考的对象，反复加以思考，并与同行进行各种方式的争论，以促进思考，达到提高思维水平的目的。

思考是学哲学的重要方式。教师讲授哲学，要引导学生思考，启发学生思考。学生如何思考呢？这就要用辩证法。首先从联系比较中思考，例如道家为什么要自然无为？儒学为什么要积极进取？孔子为什么这么讲，孟子为什么又那么说？董仲舒和王充有什么不同，与时代背景又有什么关系？其次要从现实出发，探讨理论问题。存在决定意识，同样的社会环境为什么会有不同的思想？目前的状况，社会出现新现象，与哲学理论是否一致？最后综合古今中外的事实，来检验哲学观点，看是否正确、严密，可以思考的问题多得很。值得注意的是，为了进行思考，必须先学习显现的哲学思想，仔细了解他们的观点及论证方法，才能更有效地思考。也像踢足球，先要有场地和足球，否则，在厨房里踢腿，不能取代在足球场上踢足球。“学而不思则罔”，只学习，不思考，就像买了几百个足球放在家里不踢，或者只是摆着欣赏、展览，不踢不能锻炼身体，不思考不能锻炼理论思维。

人们接触实际，会引起思考。深入轰轰烈烈的群众运动，能引起更多的思考。关心家事、国事、天下事，对人间的现实苦难身怀同情，对人类的前景颇多忧患意识，这是能推进深入广泛思考的重要前提。自身苦难经历往往成为哲学思考的基础。有同样经历的人，学不学以往的哲学大不一样。学了以往的哲学，就比较能够进行理论思考，而没有学习哲学的人就可能只会就事论事，不会理论思考，也没有远见卓识。

总之，学哲学就是要思考，要把哲学理论与实际相结合进行思考。这个实际包括古今中外的事实，自己切身体验到的生活感受以及各种科学知识。生活感受与各种科学知识离不开社会实践。因此，学哲学要在实践中思考，要联系一切事物进行思考。

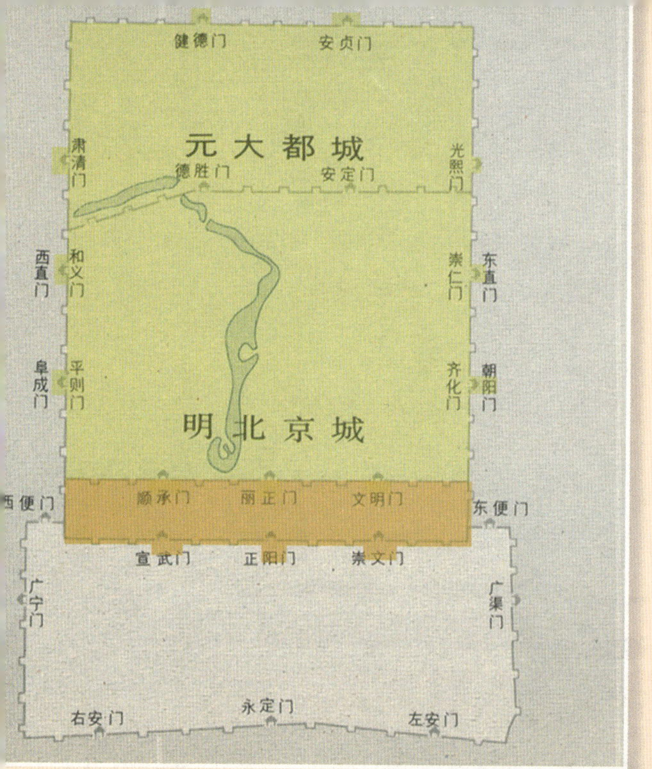

图 1–1 元大都城

图 1–2 慈宁宫花园地基遗址

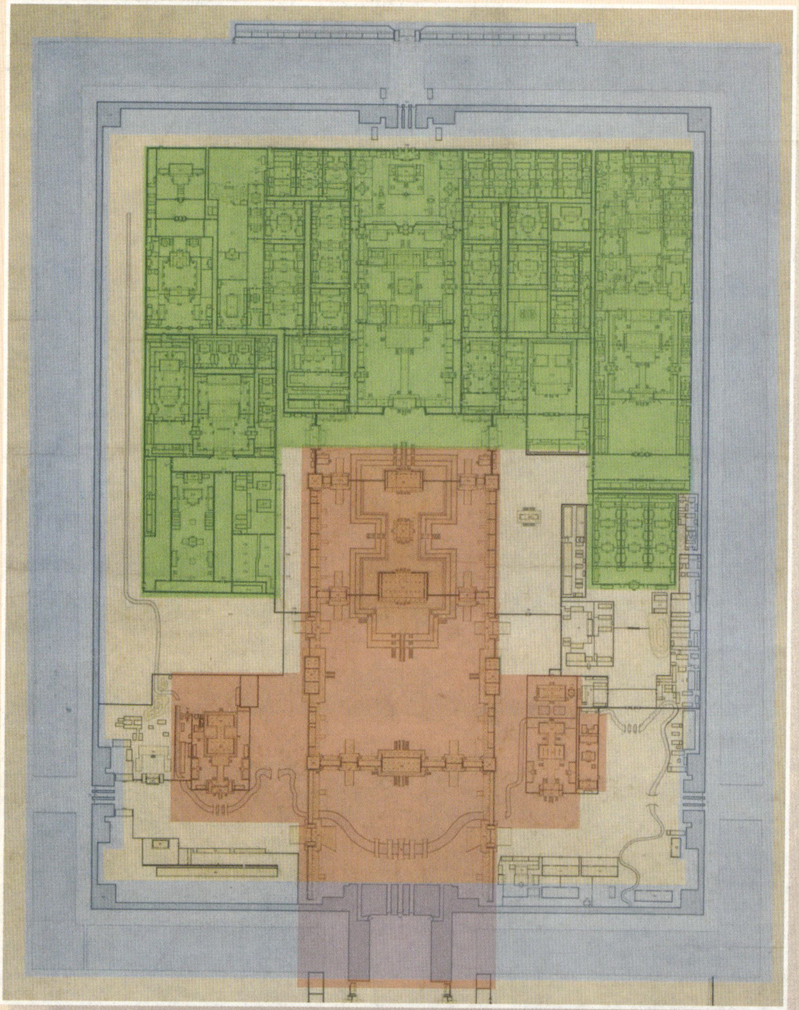

图 1–3
紫禁城功能分区

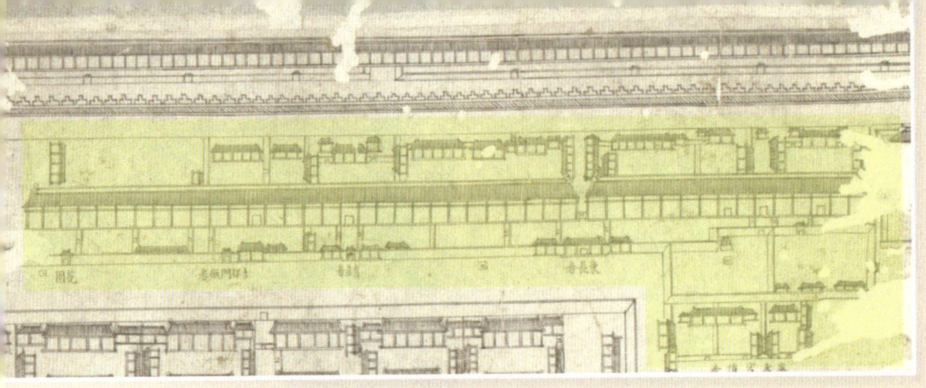

图 1-4　乾隆京城全图：东北部的服务机构

图 1-5　午门：历史传统最鲜明的建筑

图 1-6　角楼：紫禁城最俏丽的建筑

图 1–7
太和殿：
紫禁城最重要的建筑

图 1–8
乾清宫：
紫禁城故事最多的建筑

图 1–9　坤宁宫：紫禁城满族风情最集中的建筑

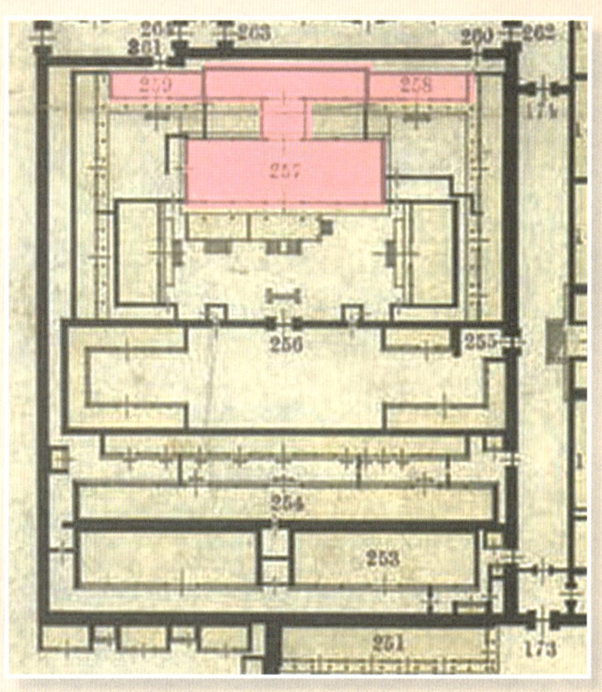

图 1-10　养心殿（平面图）：紫禁城最实用的建筑

图 1-11　奉先殿：行家人之礼的祭祖建筑

图 1-12　文渊阁：最集中清代文化建设成就的建筑

图 5-1　《清明上河图》中妇女的穿着

图 5-3　政和印

人與物者其多至不可指數而筆勢簡
勁意態生動隱見之殊形向背之相準
不見其錯誤叢亂之跡殆杜少陵所謂
毫髮無遺憾者非吾作夜思日累歲積
不能到其亦可謂難已此圖當作於宣
政以前豐亨豫大之世卷首有祐陵瘦
筋五字籤及雙龍小印而畫譜不載金
大定間燕山張著有跋據向氏書畫記
謂與西湖爭標圖俱選入神品既歸元
秘府至正間為裝池官匠以似本易去售

图 5-2　明朝李东阳跋文

图 5-4　盖有“苫布”的独轮车

图 5-5 模拟航拍图

图 5-6 城市地图

图 5-7 惊马闯郊市

图 5-8　望火亭

图 5-9　官衙门口的瞌睡兵

图 5-10　船桥即将相撞的刹那间

图 5-11　消防站被改作军酒转运站

图 6-1　乾隆戎装像

图 6-2　慧贤皇贵妃朝服像

图 6-3　嵩献英芝图

图 6-4　午瑞图

图 6–5　郊原牧马图

图 6–6　乾隆皇帝观马术图（局部）

图 6–7　万树园赐宴图（局部）

图 6–8　射猎聚餐图（局部）

图 6-9　阿玉锡持矛荡寇图

图 6-10　倦勤斋天顶贴落

图 7-1　乾隆行乐图贴落

图 7-2　倦勤斋室内贴落

图 7-3　玉萃轩通景图贴落

图 7-4　厅堂仕女图通景贴落

图 7–5　乾隆皇帝观孔雀开屏图

图 7–6　圣伊纳教堂天顶画

图 7-7　长春宫壁画

图 7-8　储秀宫兰花贴落

图 7-9　倦勤斋室内二楼贴落

图 8-1　冰嬉图（局部）

图 8-2　岁朝图·踩岁与煴岁

图 8-3　金瓯永固杯

图 9–1　黄釉刻云龙碗（皇后用）

图 9–2　黄地绿云龙碗（皇贵妃、贵妃、妃用）

图 9–3　蓝地黄云龙碗（嫔用）

图 9–4　绿地紫云龙碗(贵人用）

图 9–5　姚文瀚紫光阁赐宴图（局部）

图 10–1　黄缎地绣五彩金龙棉朝服

图 10–2　皇帝龙袍

图 10–3　灰色玉璧纹江绸袷袍（常服）

图 10–4　道光皇帝便服像

图 10-6　红珊瑚朝珠

图 10-5　戴冬朝冠的乾隆皇帝像

图 10-7　孝贤皇后朝服像

图 11-1　蓝色缎绣彩云金龙纹朝袍

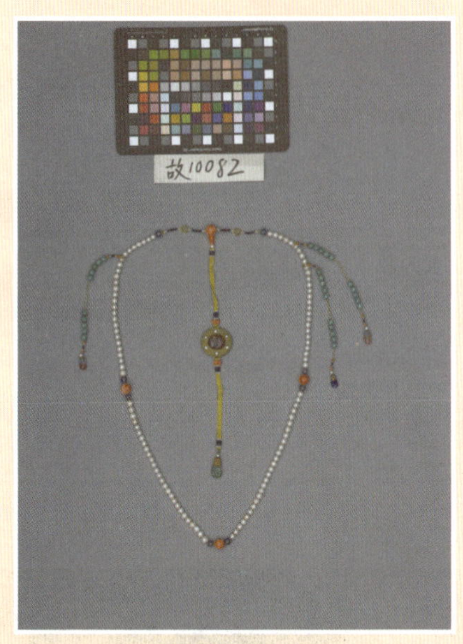

图 11-2　东珠朝珠

图 11-3　香色纱绣彩云金龙纹女朝袍

图 11-4　黄色缎绣彩云金龙纹龙袍

图 11-5　蓝色暗团龙纹江绸常服袍

图 11-6　油绿色暗云龙纹缎行服袍

图 11-7　黄色缎绣彩云金龙纹棉甲

图 11-8　明黄色绸绣紫葡萄纹氅衣